MASHLE

MAGIC AND MUSCLES

HAJIME KOMOTO

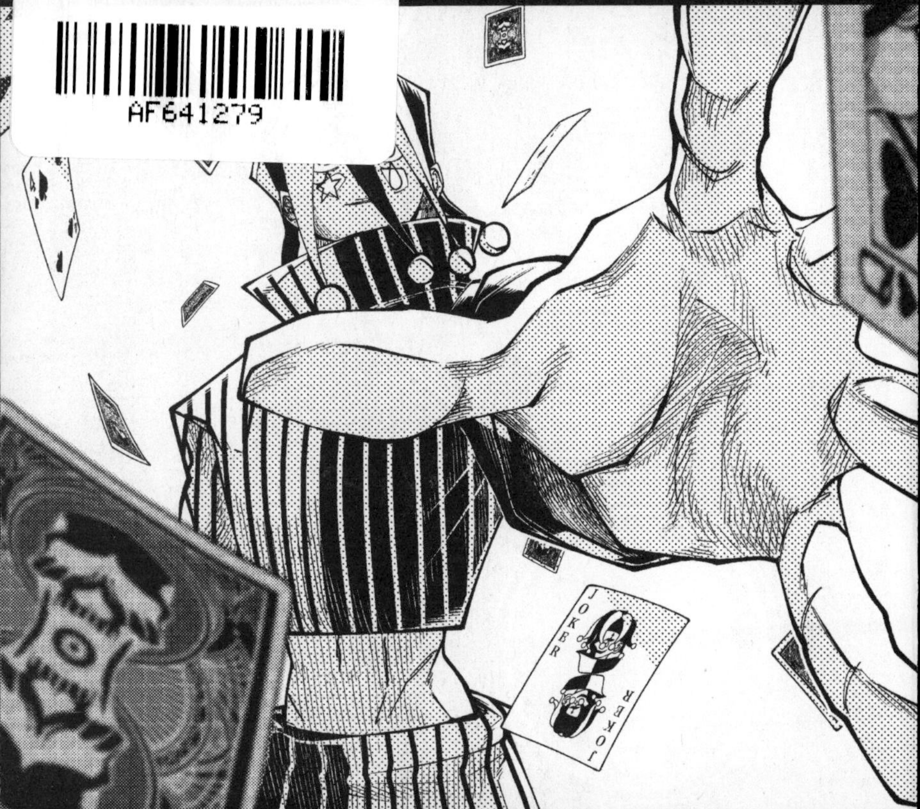

13

Rayne Ames und der stärkste Hellebarde-Magier

CHARAKTERE

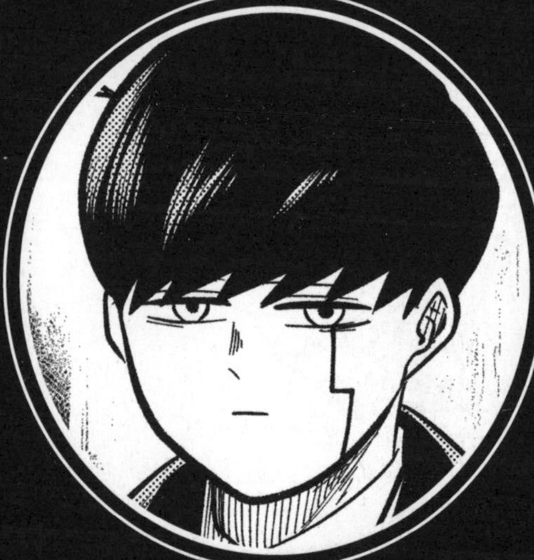

Mash Burnedead

Ein ungewöhnlicher Junge mit muskulösem Körper. Er kann nicht zaubern, stellt sich aber jeglicher Magie. Sein Weltbild ist sehr unkonventionell. Er schätzt Familie und Freunde und liebt Windbeutel. Außerdem hat er Schwierigkeiten, zu erkennen, ob eine Tür aufgezogen oder aufgedrückt werden muss.

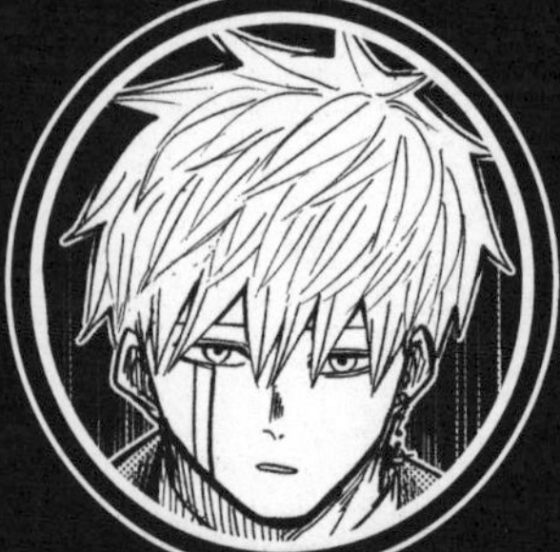

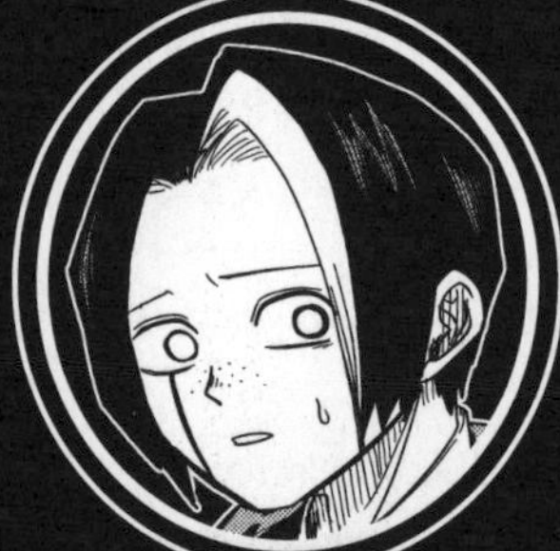

Lance Crown

Ein gut aussehender Junge, der bei der Aufnahmeprüfung die höchste Punktzahl erreicht hat. Er hat einen ausgeprägten Schwesterkomplex.

Finn Ames

Lustiger Zimmergenosse von Mash und sein allererster Freund

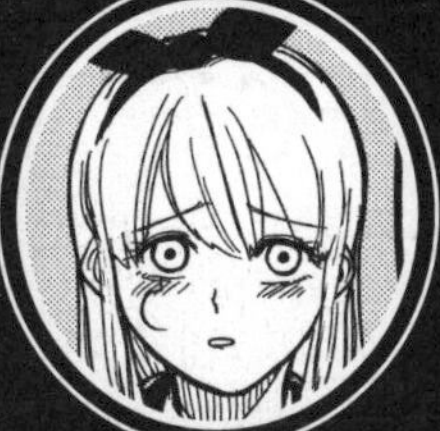

Lemon Irvine

Hat sich bei der Aufnahmeprüfung in Mash verliebt.

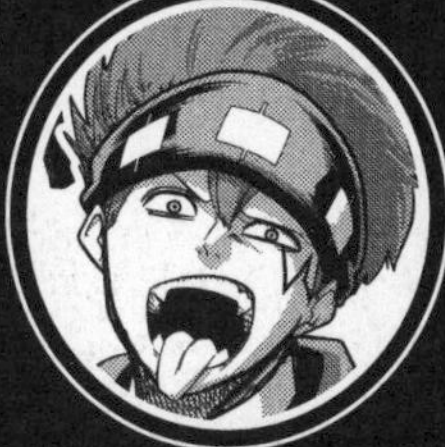

Dot Barrett

Ein direkter und aufbrausender Typ. Er kommt nicht gut bei Mädchen an und hasst attraktive Kerle.

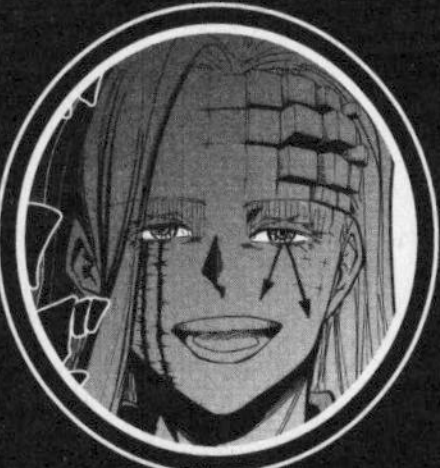

Innocent Zero

Der Boss einer Organisation, die im Dunklen operiert. Kann Zeitmagie anwenden.

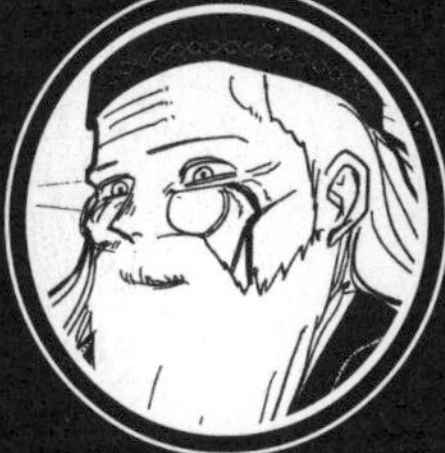

Direktor Wahlberg

Schulleiter der Easton-Magieschule. Er erwartet viel von Mash.

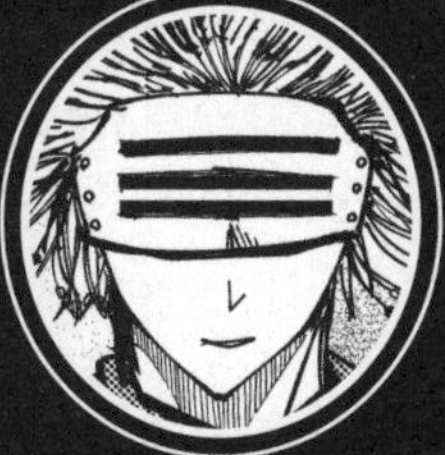

Doom

Innocent Zeros ältester und stärkster Sohn.

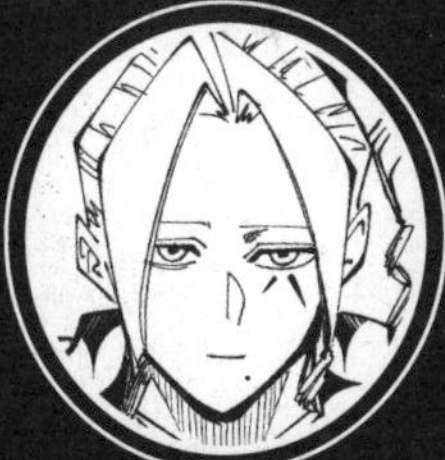

Ryoh Grantz

Der Gottesseher und Kommandant der Magie-Schutztruppe ist narzisstisch veranlagt.

STORY

In dieser Welt bestimmt Magie über alles! Tief im Wald lebt ein Junge namens Mash. Hartes Training hat ihm einen stahlharten Körper beschert, aber er hat ein Geheimnis: Er kann keine Magie anwenden! In der magischen Welt ist das ein Grund zur Vernichtung. Um sein Geheimnis zu wahren, geht Mash auf die Magieschule mit dem Ziel, sich den Titel „Gottesseher" zu verdienen - jemand, der von den Göttern auserwählt wird. Seine Stärke verhilft ihm zur Abschlussprüfung, bei der über diesen Titel entschieden wird!!
Innocent Zero und sein ältester Sohn Doom erscheinen zum Ende der Prüfung, stehlen den Stab des Anfangs und planen einen Angriff zur Sonnenfinsternis. Mash unterzieht sich einem knallharten Training bei Adams dritten Schüler, Meistermagierin Meliadoul!! Dot, Lance und Finn trainieren ebenso unter verbündeten Gottesehern. Zwei Tage vor der Sonnenfinsternis attackiert Innocent Zero die Menschen mit einer Armee von Halbmenschen. Die Stadt liegt im Chaos, doch Mashs hartes Training hat ihn aus der Bahn geworfen. Meliadoul versucht, ihn mit der Triebfeder des Lebens wiederzubeleben. Wird er rechtzeitig wach werden?!

Inhalt

110. Kapitel

Die Gottesseher und die Armee des Bösen

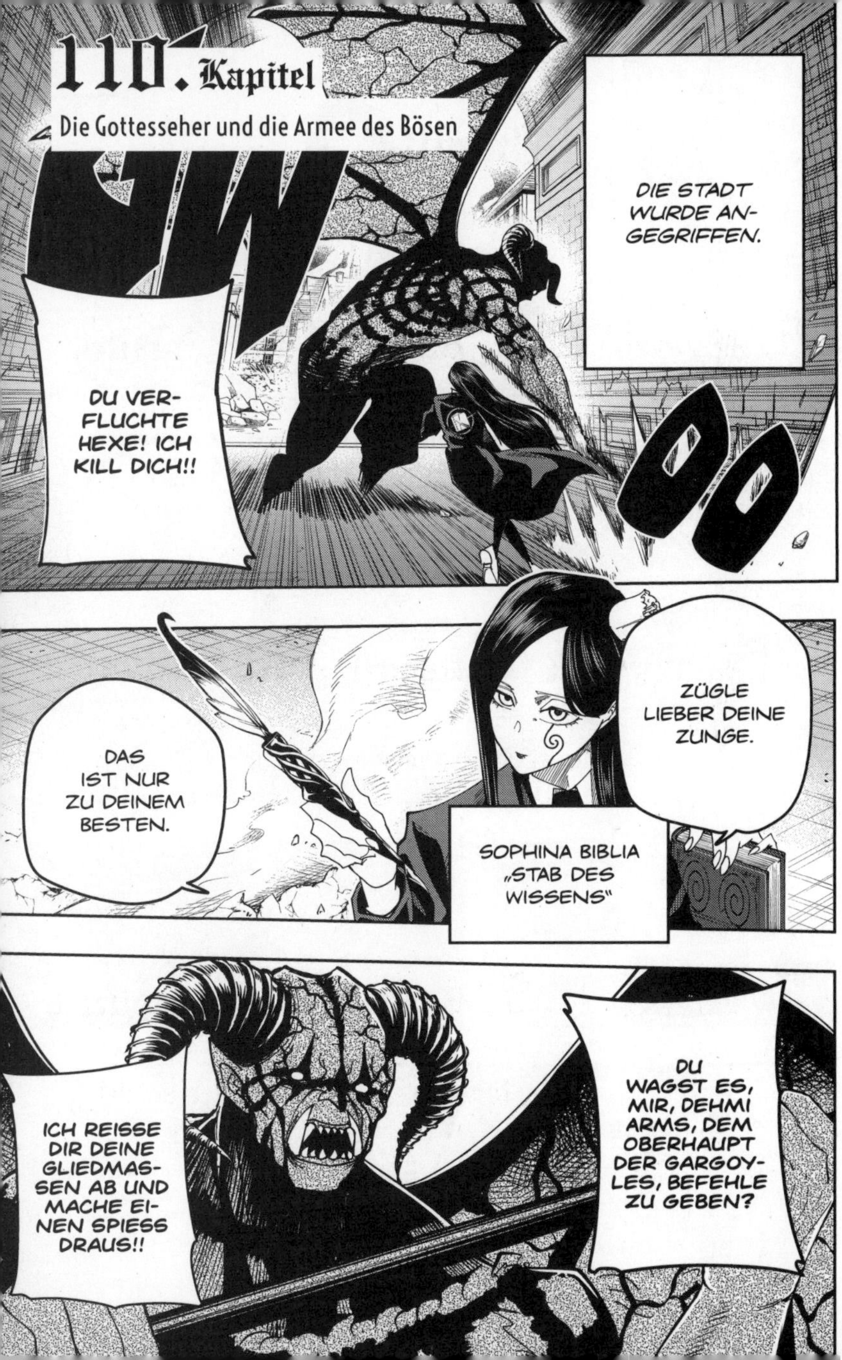

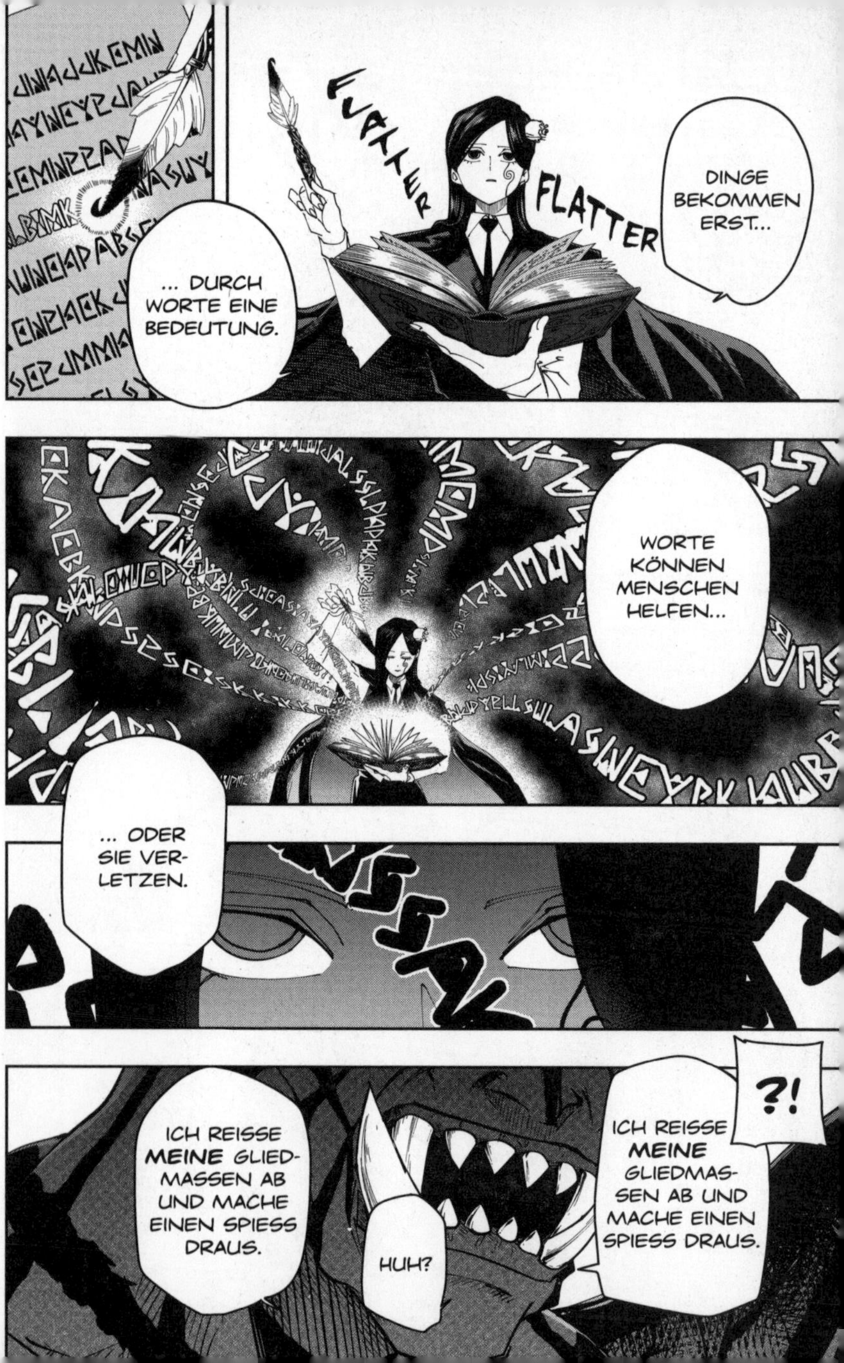
DINGE BEKOMMEN ERST...
FLATTER FLATTER
... DURCH WORTE EINE BEDEUTUNG.
WORTE KÖNNEN MENSCHEN HELFEN...
... ODER SIE VERLETZEN.
?!
ICH REISSE MEINE GLIEDMASSEN AB UND MACHE EINEN SPIESS DRAUS.
HUH?
ICH REISSE MEINE GLIEDMASSEN AB UND MACHE EINEN SPIESS DRAUS.

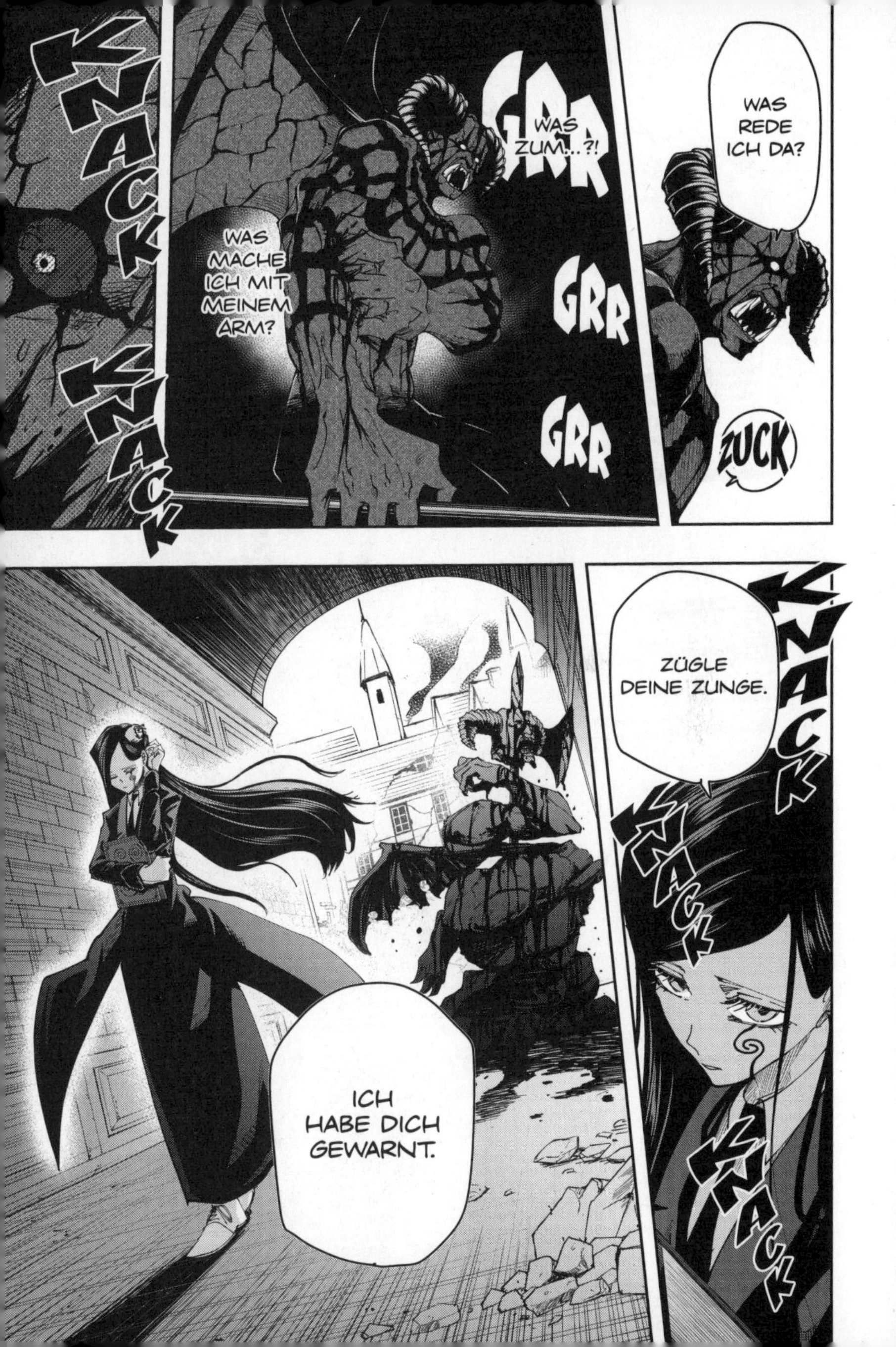
WAS REDE ICH DA?
ZUCK
GRR
WAS ZUM...?!
GRR
GRR
WAS MACHE ICH MIT MEINEM ARM?
KNACK
KNACK
KNACK
ZÜGLE DEINE ZUNGE.
KNACK
KNACK
ICH HABE DICH GEWARNT.

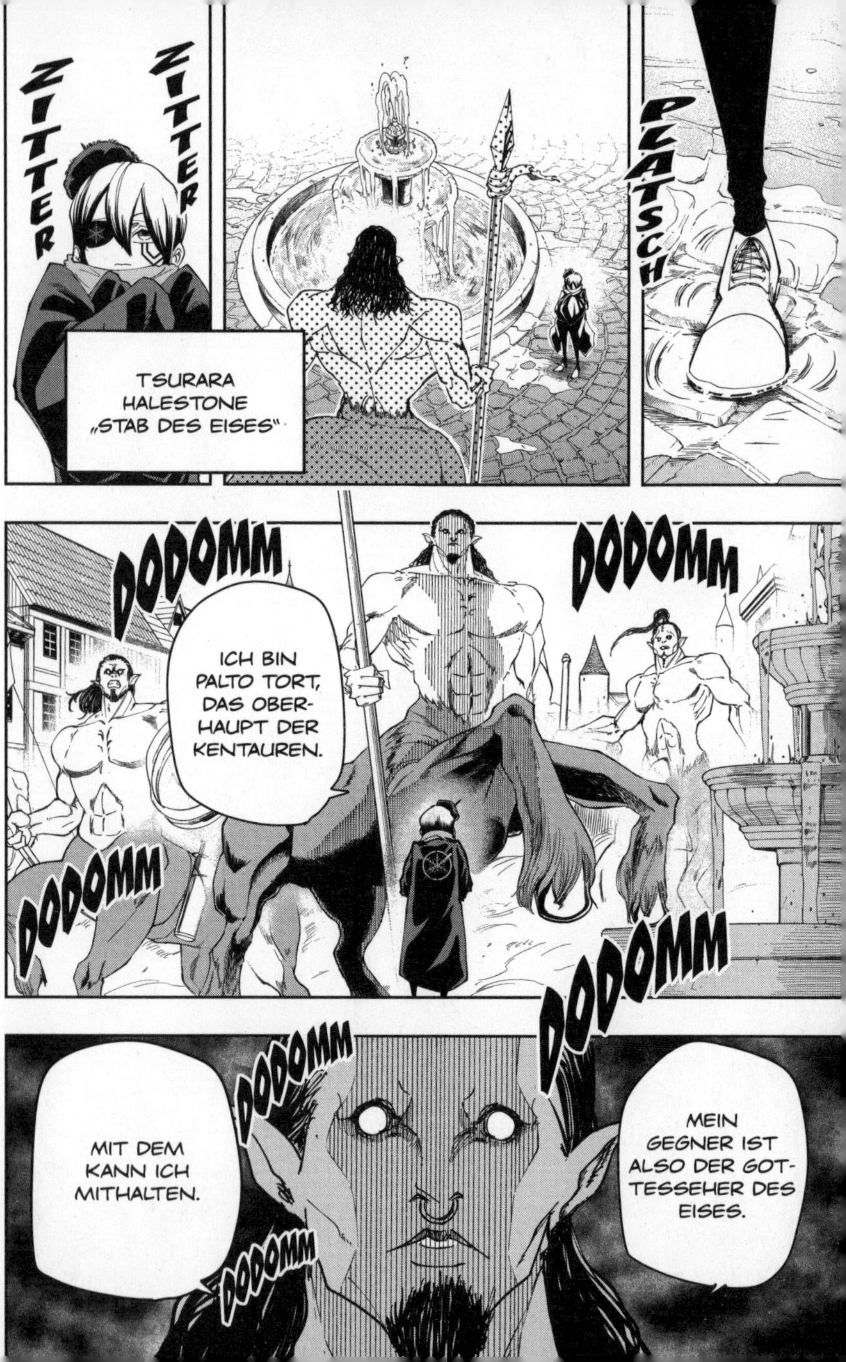
PLATSCH
TSURARA HALESTONE „STAB DES EISES"
ZITTER ZITTER
DODOMM
DODOMM
ICH BIN PALTO TORT, DAS OBER-HAUPT DER KENTAUREN.
DODOMM
DODOMM
DODOMM
MEIN GEGNER IST ALSO DER GOT-TESSEHER DES EISES.
MIT DEM KANN ICH MITHALTEN.
DODOMM

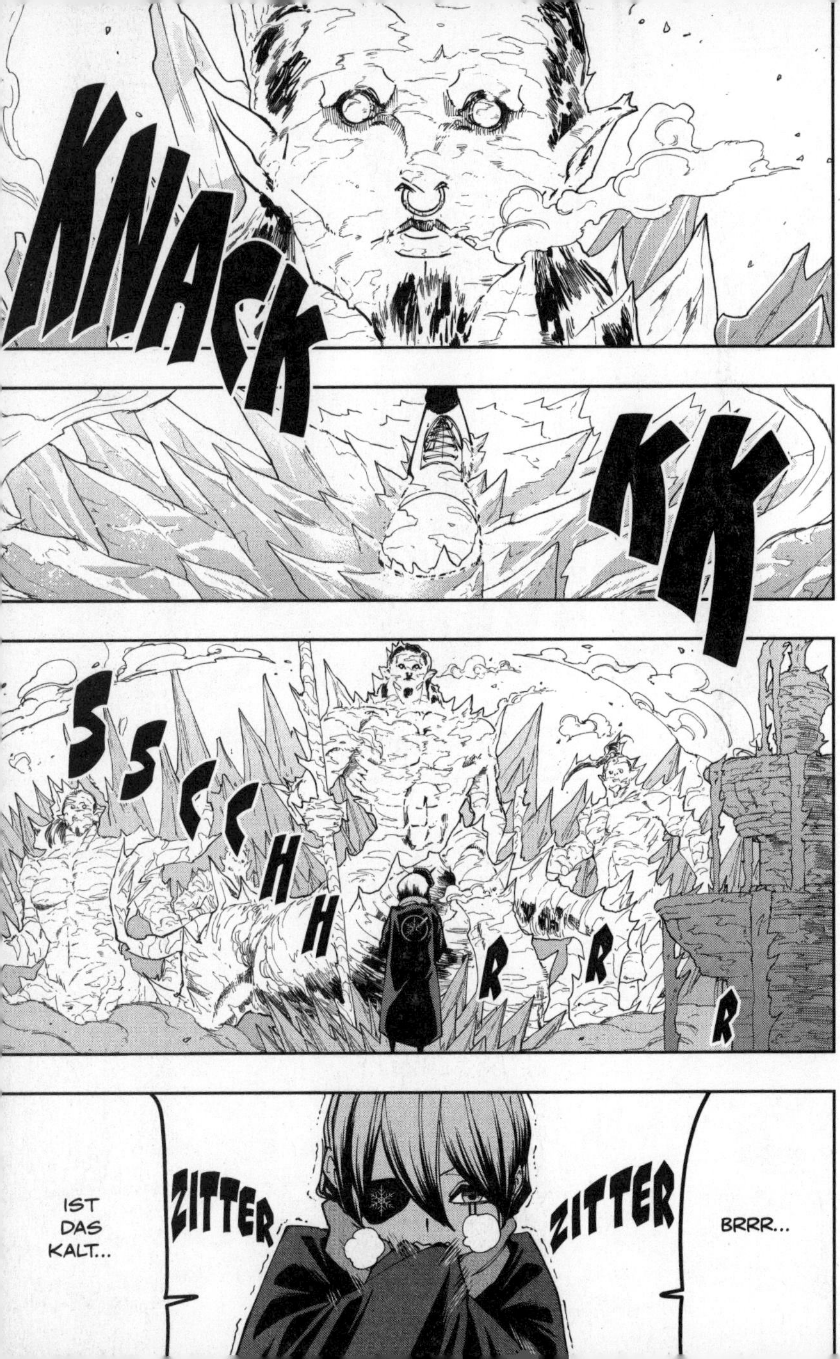
KNACK
KK
SSCCHHRRRR
BRRR...
ZITTER
ZITTER
IST DAS KALT...

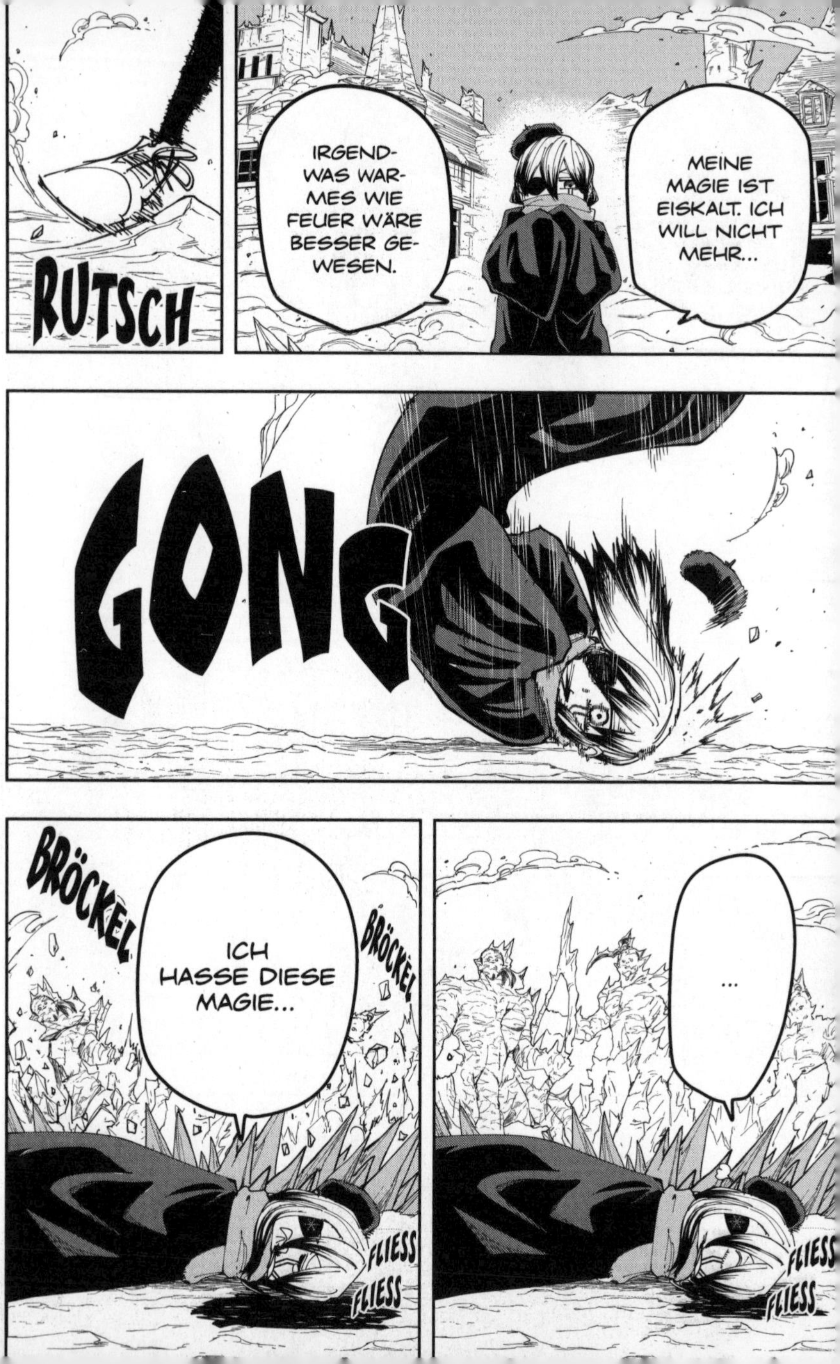
MEINE MAGIE IST EISKALT. ICH WILL NICHT MEHR...
IRGENDWAS WARMES WIE FEUER WÄRE BESSER GEWESEN.
RUTSCH
GONG
BRÖCKEL
BRÖCKEL
ICH HASSE DIESE MAGIE...
FLIESS
FLIESS
...
FLIESS
FLIESS

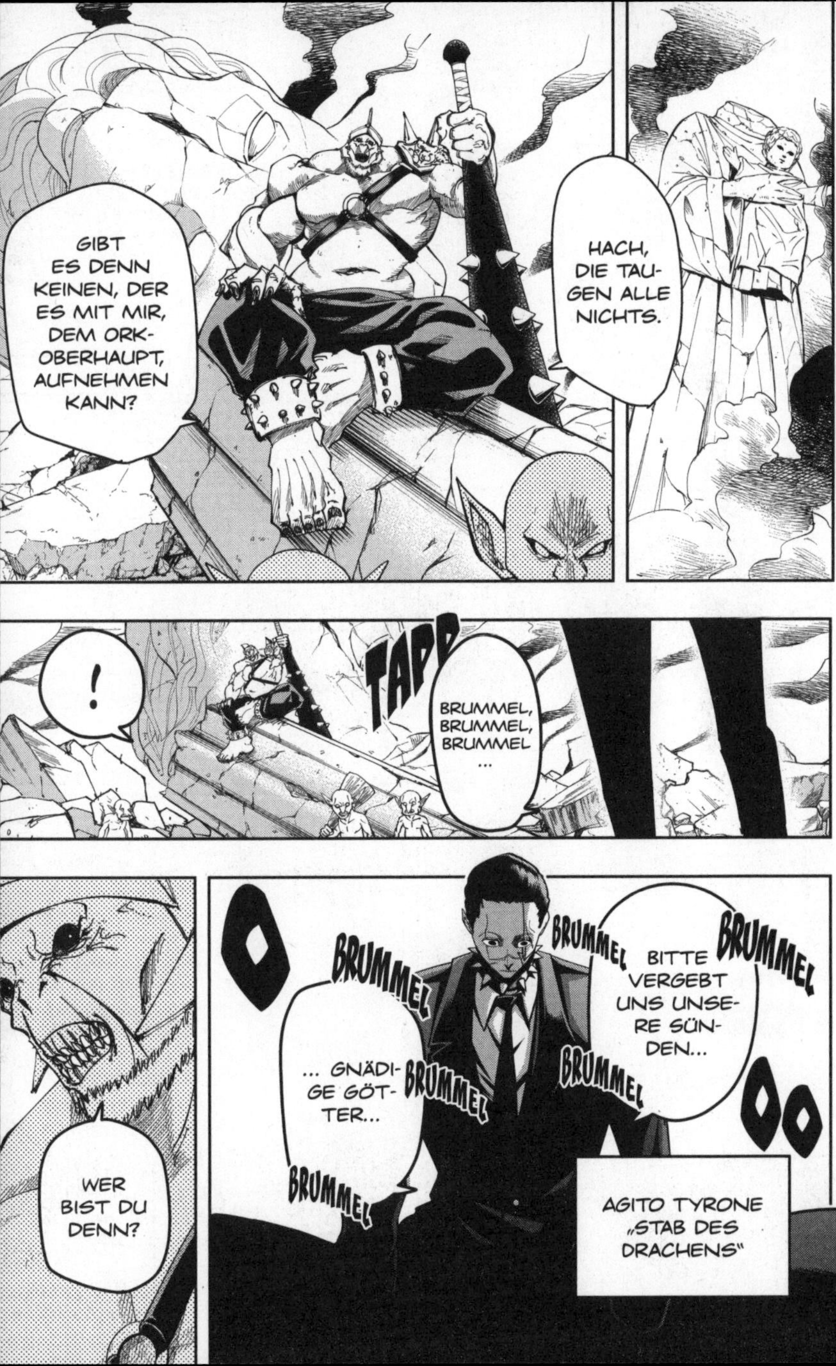
HACH, DIE TAUGEN ALLE NICHTS.
GIBT ES DENN KEINEN, DER ES MIT MIR, DEM ORK-OBERHAUPT, AUFNEHMEN KANN?
BRUMMEL, BRUMMEL, BRUMMEL ...
TAPP
!
BRUMMEL
BRUMMEL
BITTE VERGEBT UNS UNSERE SÜNDEN...
BRUMMEL
BRUMMEL
... GNÄDIGE GÖTTER...
BRUMMEL
BRUMMEL
AGITO TYRONE „STAB DES DRACHENS“
WER BIST DU DENN?

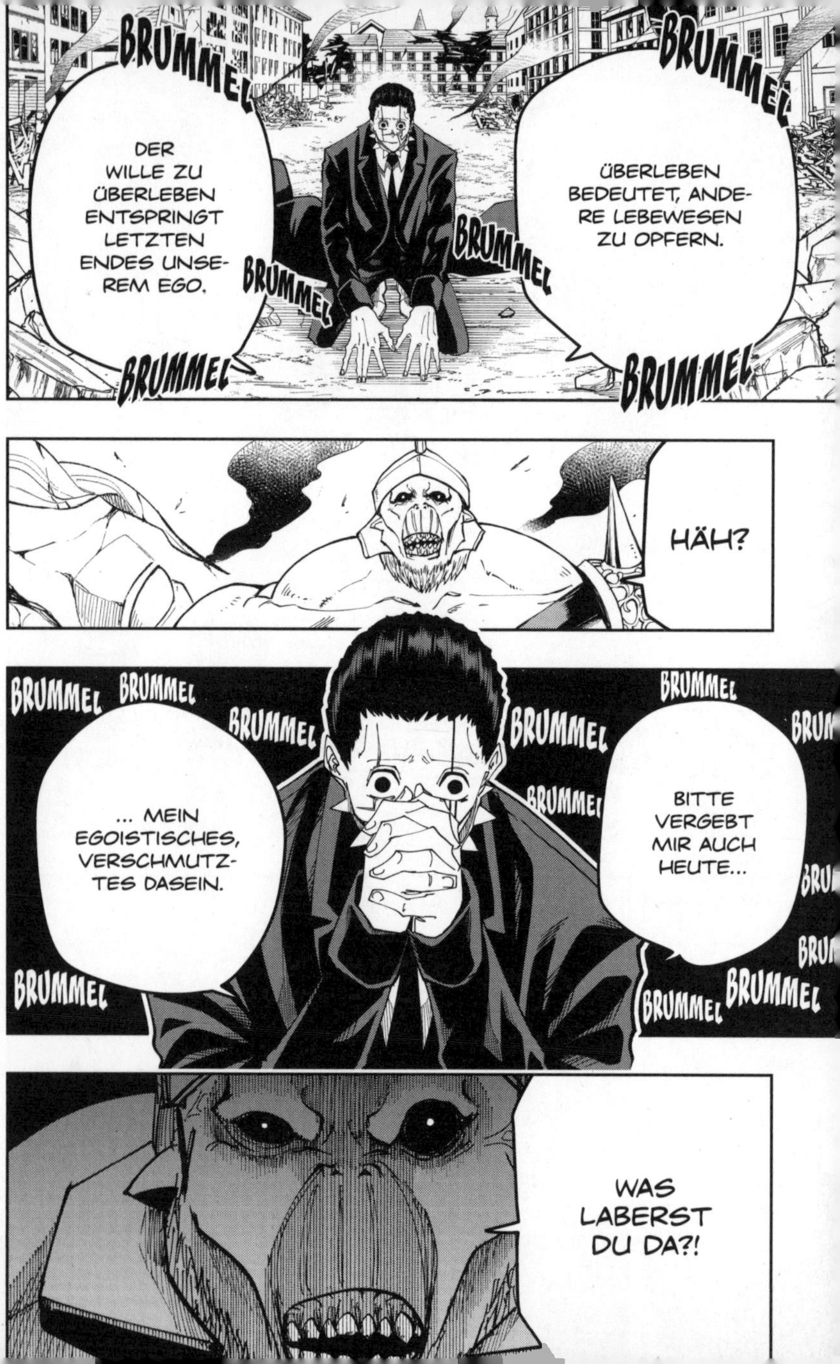
BRUMMEL
BRUMMEL
ÜBERLEBEN BEDEUTET, ANDERE LEBEWESEN ZU OPFERN.
DER WILLE ZU ÜBERLEBEN ENTSPRINGT LETZTEN ENDES UNSEREM EGO.
BRUMMEL
BRUMMEL
BRUMMEL
BRUMMEL
HÄH?
BRUMMEL
BRUMMEL
BRUMMEL
BRUMMEL
BITTE VERGEBT MIR AUCH HEUTE...
... MEIN EGOISTISCHES, VERSCHMUTZTES DASEIN.
BRUMMEL
BRUMMEL
BRUMMEL
BRUMMEL
WAS LABERST DU DA?!

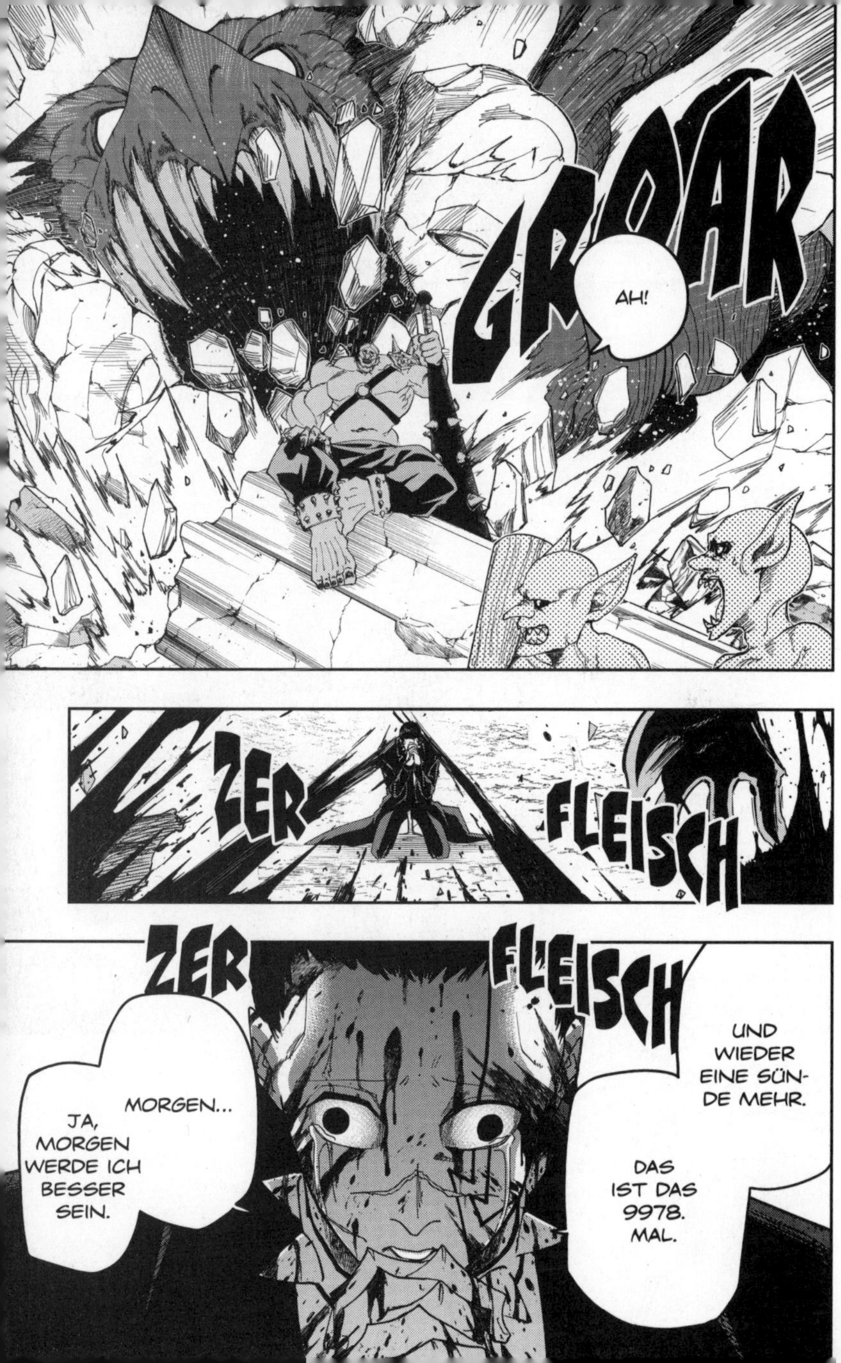
GROAR
AH!
ZER
FLEISCH
ZER
FLEISCH
UND WIEDER EINE SÜN-DE MEHR.
DAS IST DAS 9978. MAL.
MORGEN...
JA, MORGEN WERDE ICH BESSER SEIN.

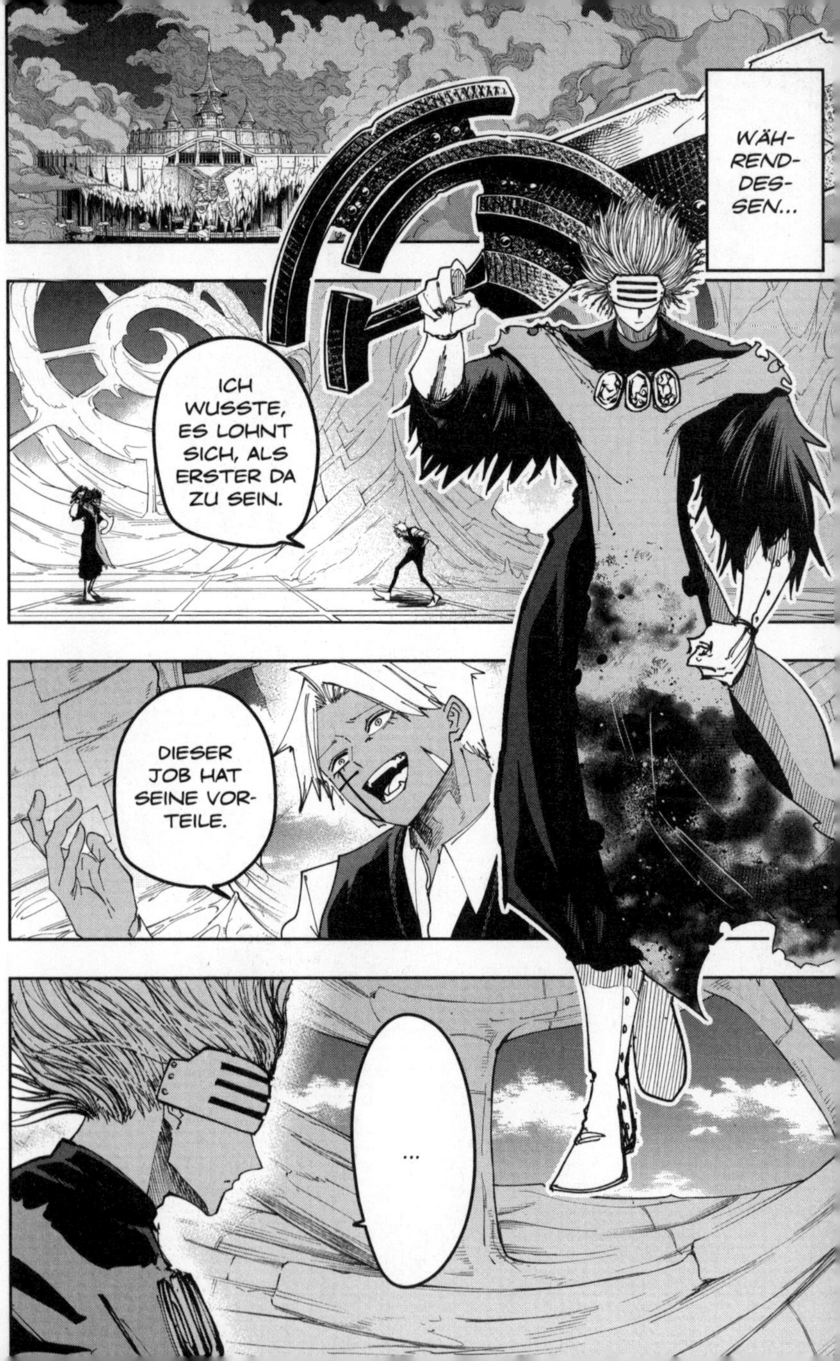

WÄHREND-DESSEN...
ICH WUSSTE, ES LOHNT SICH, ALS ERSTER DA ZU SEIN.
DIESER JOB HAT SEINE VORTEILE.
...

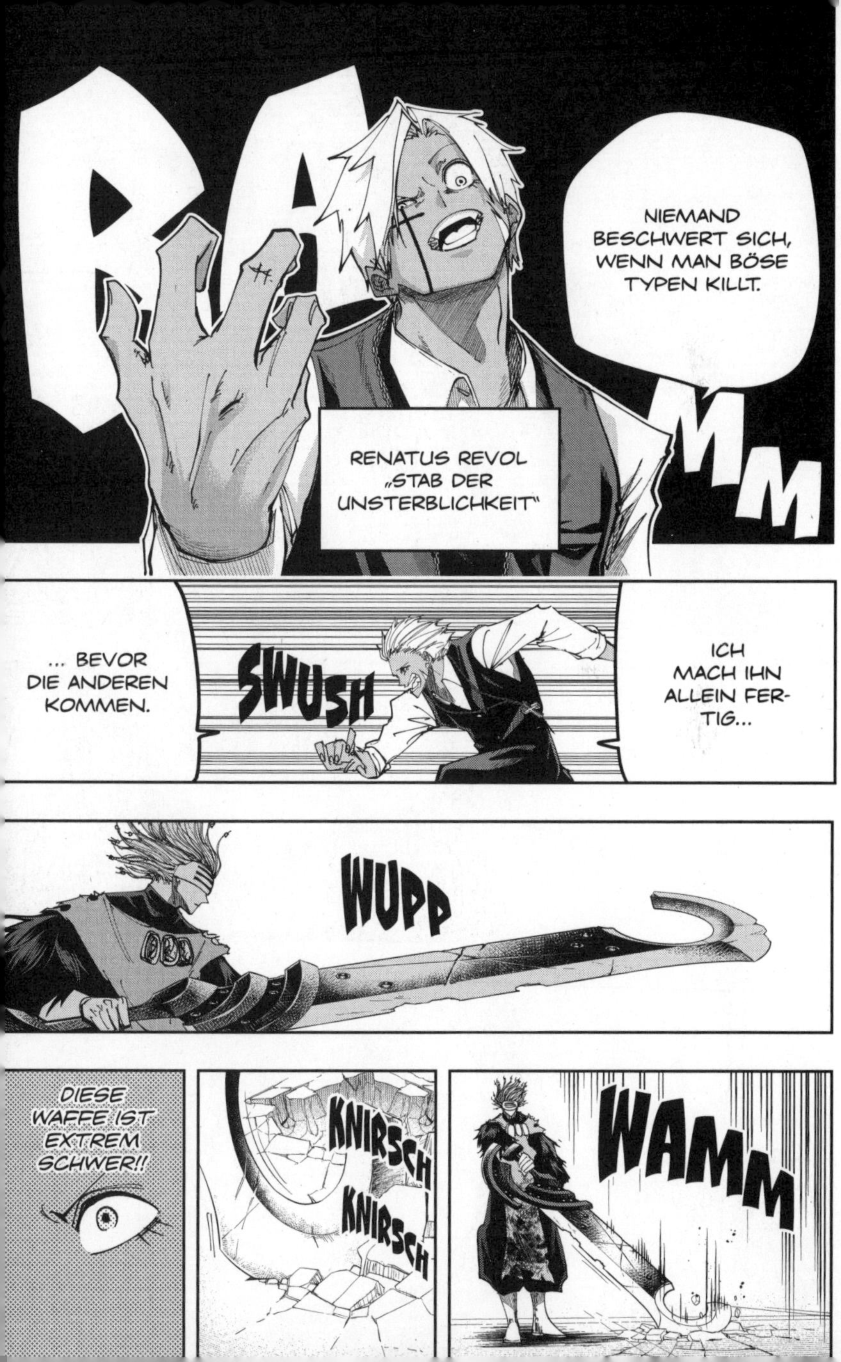
BAAMM
NIEMAND BESCHWERT SICH, WENN MAN BÖSE TYPEN KILLT.
RENATUS REVOL „STAB DER UNSTERBLICHKEIT"
ICH MACH IHN ALLEIN FER-TIG...
SWUSH
... BEVOR DIE ANDEREN KOMMEN.
WUPP
WAMM
KNIRSCH KNIRSCH
DIESE WAFFE IST EXTREM SCHWER!!

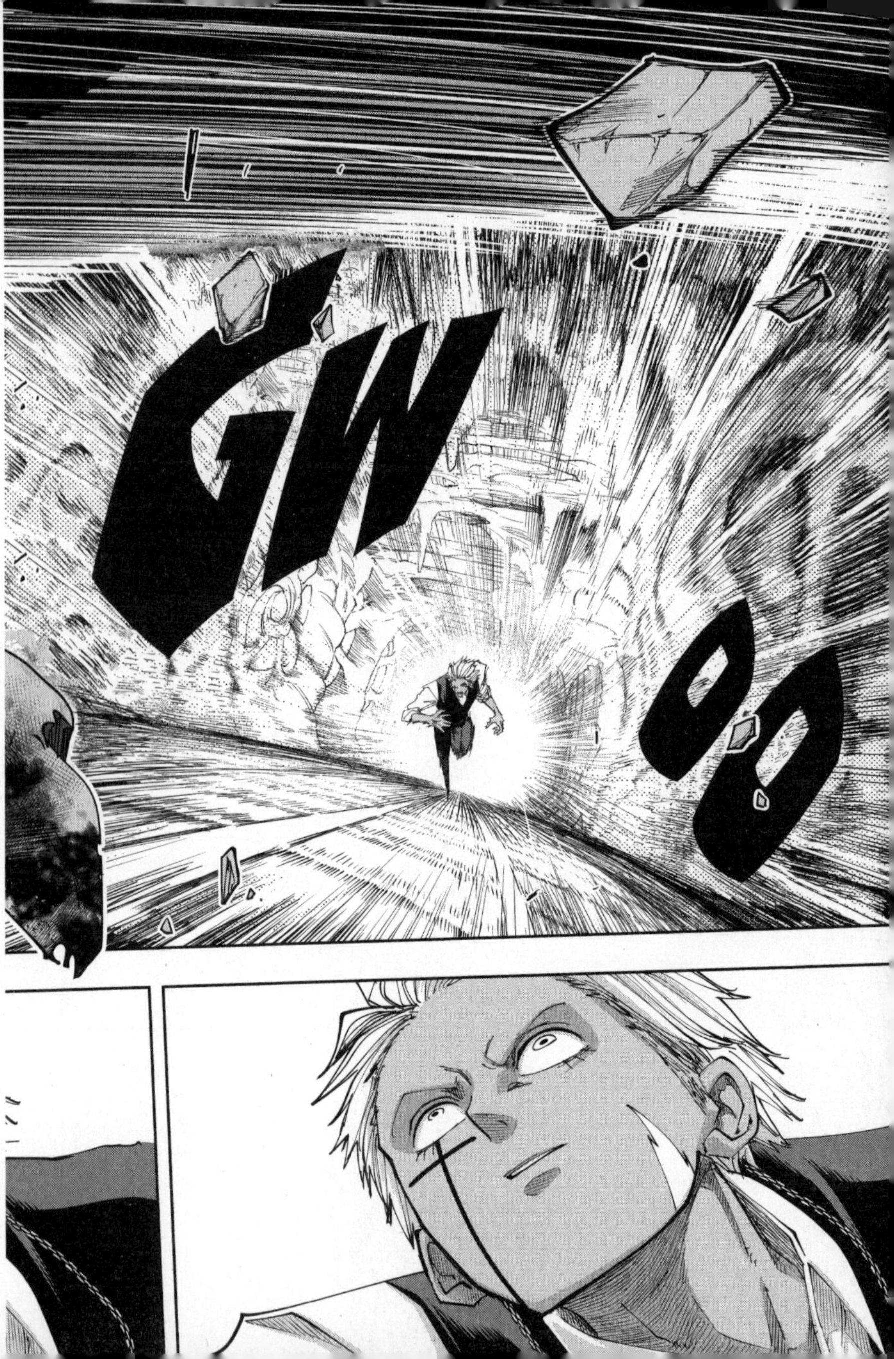
GW
OO

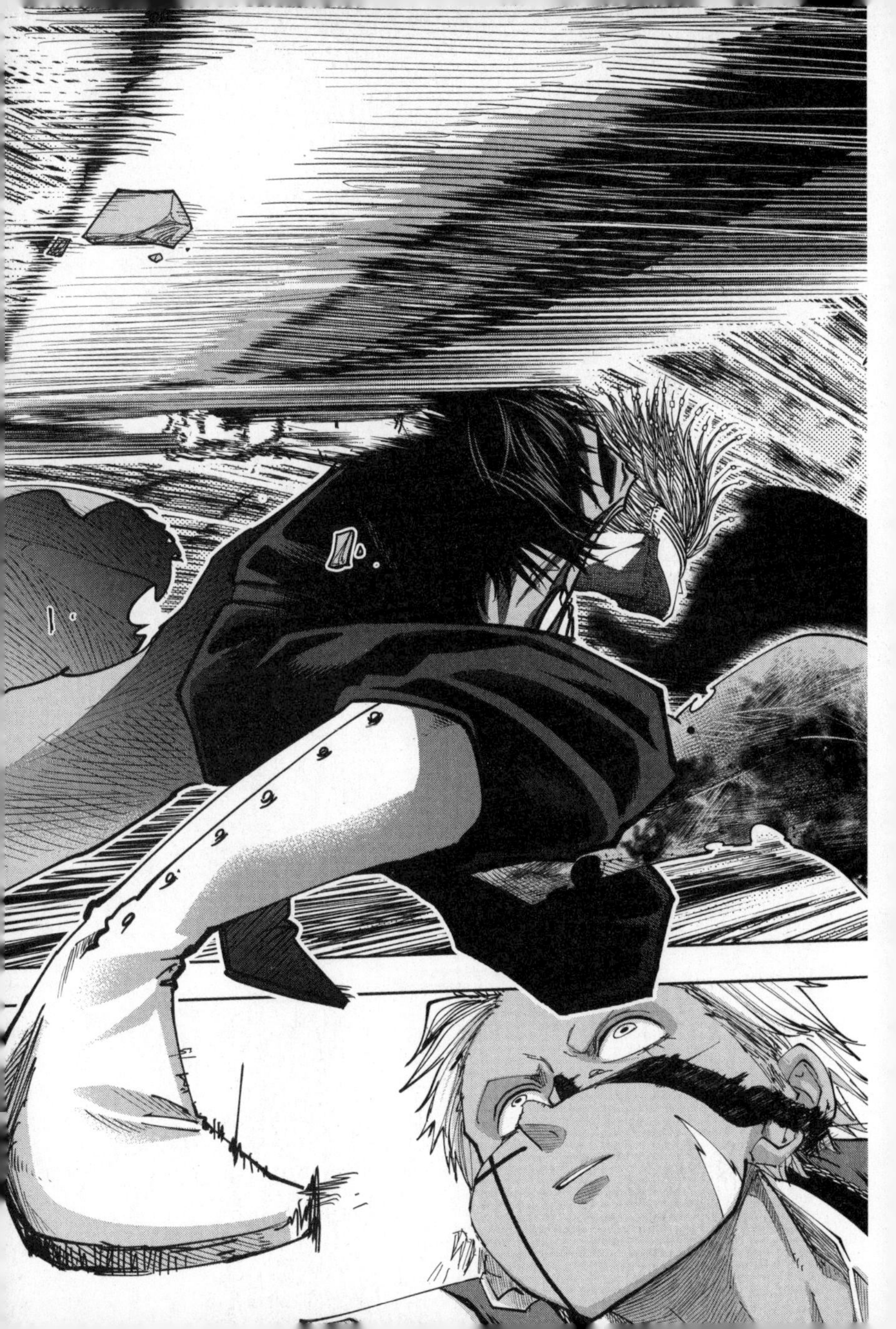

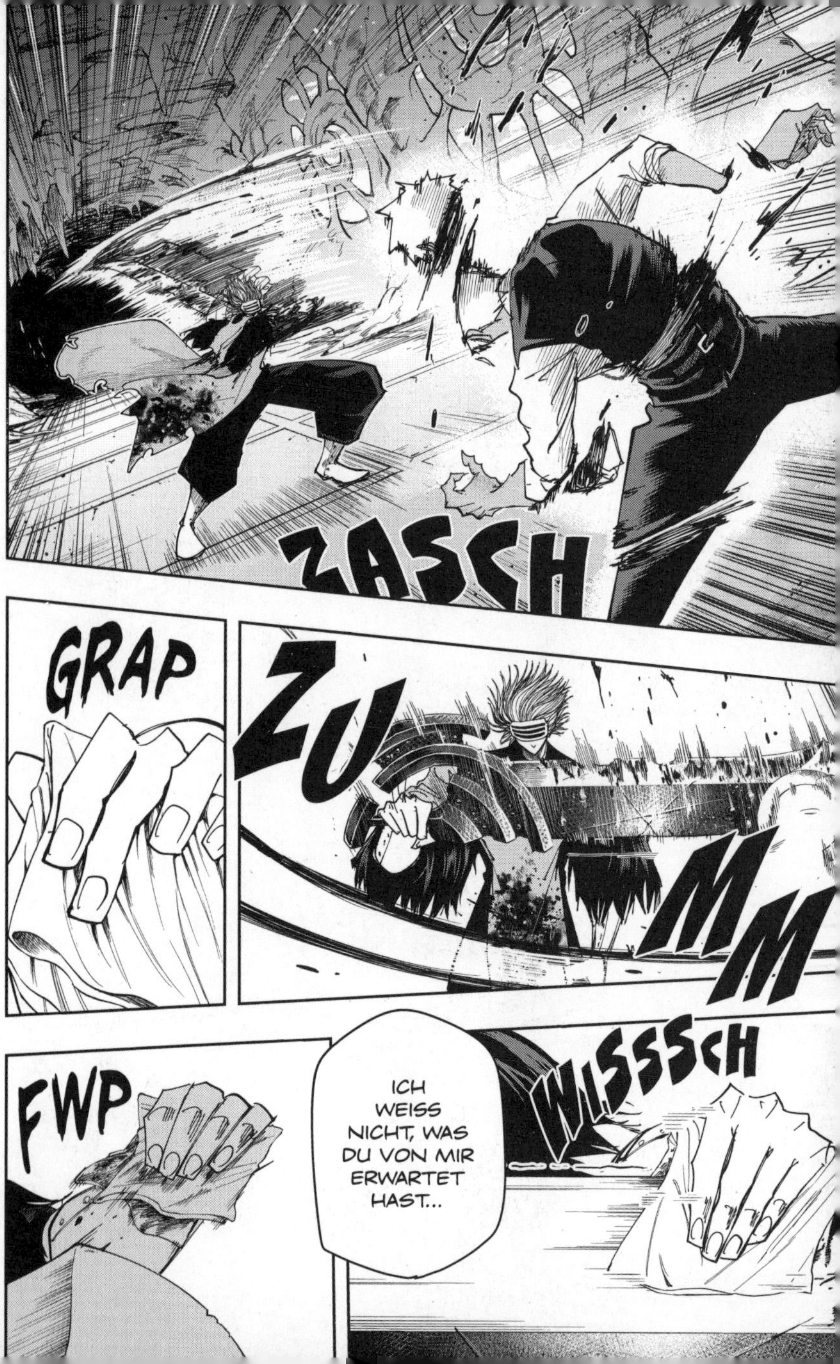
ZASCH
ZUMM
GRAP
WISSSCH
ICH WEISS NICHT, WAS DU VON MIR ERWARTET HAST...
FWP

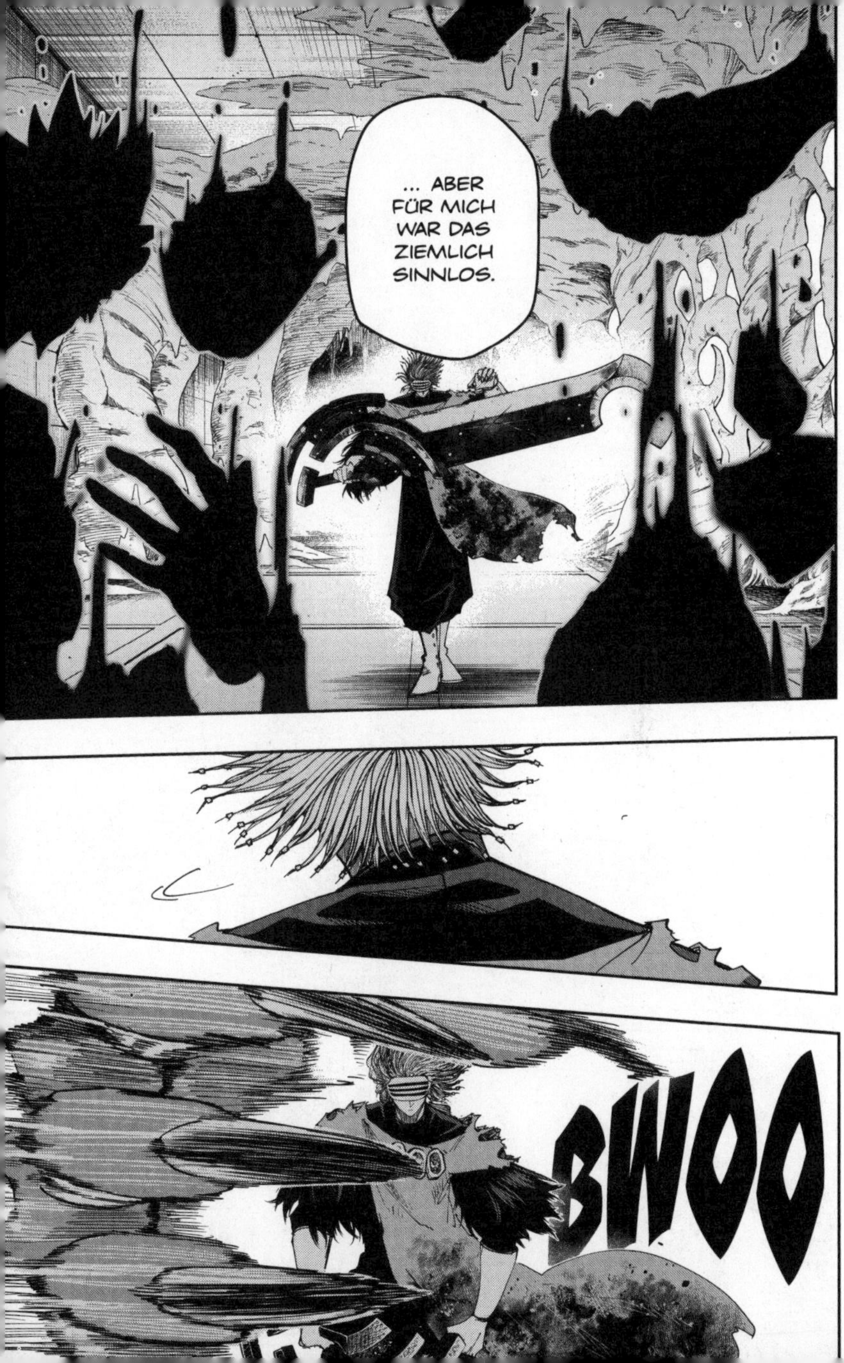
... ABER FÜR MICH WAR DAS ZIEMLICH SINNLOS.
BWOO

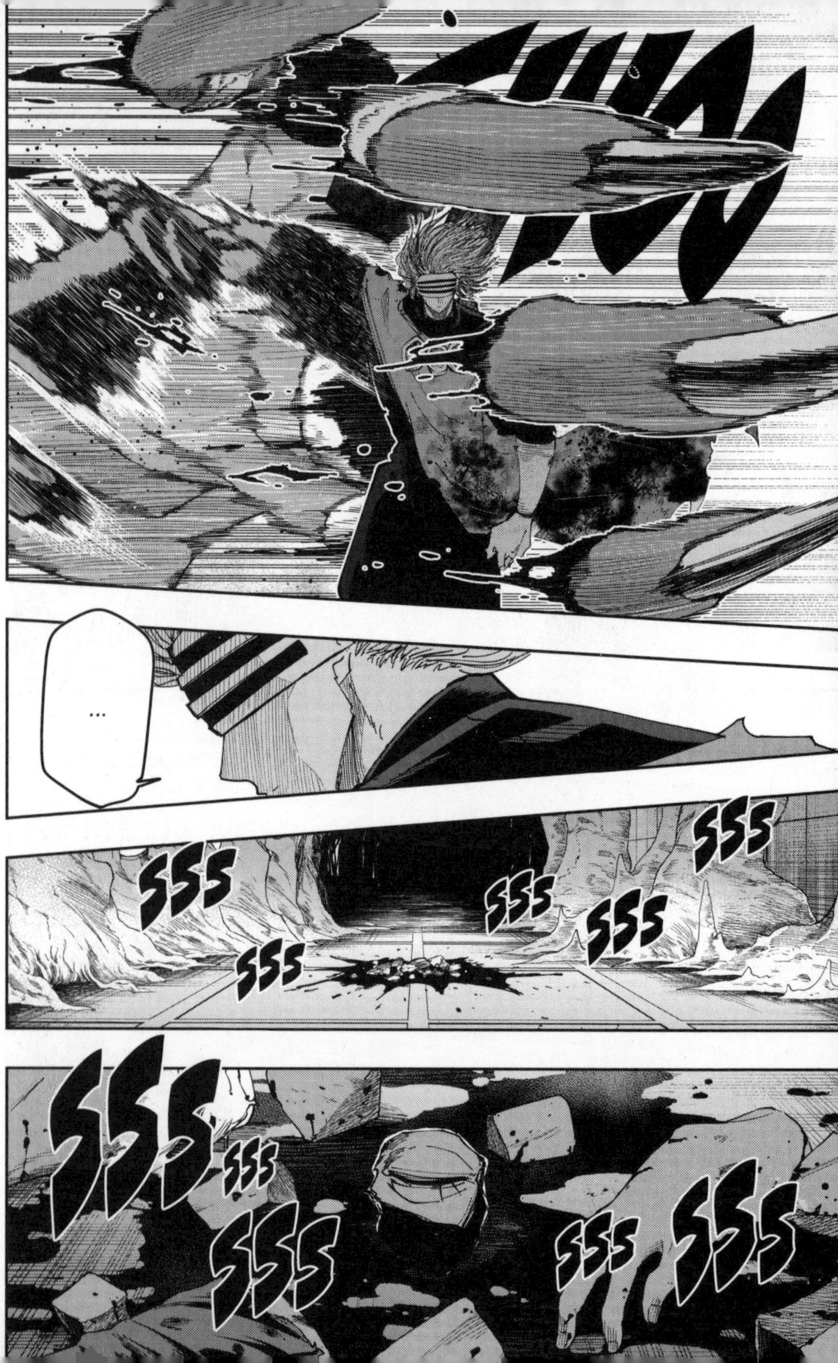
…
SSS
SSS
SSS
SSS
SSS
SSS
SSS
SSS
SSS
SSS

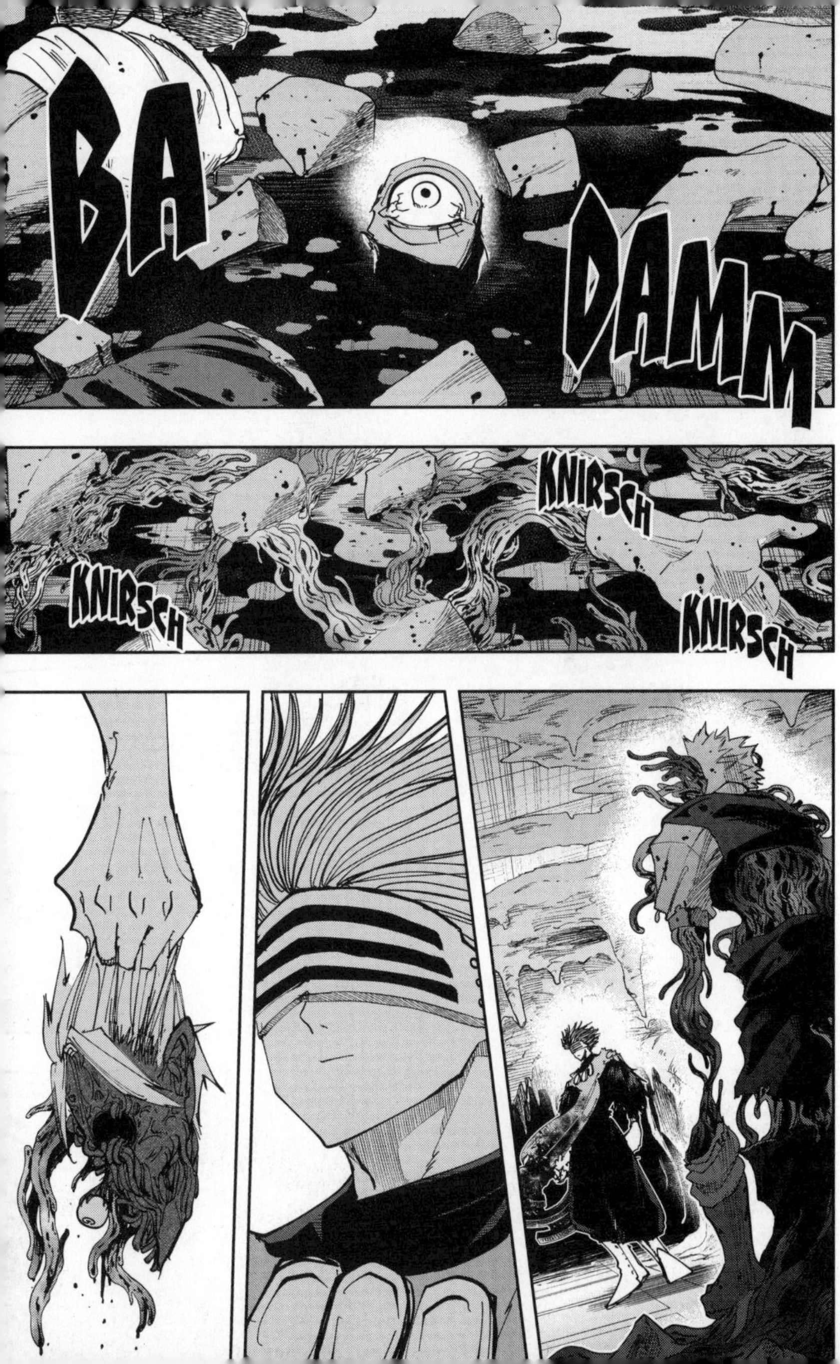
BA
DAMM
KNIRSCH
KNIRSCH
KNIRSCH

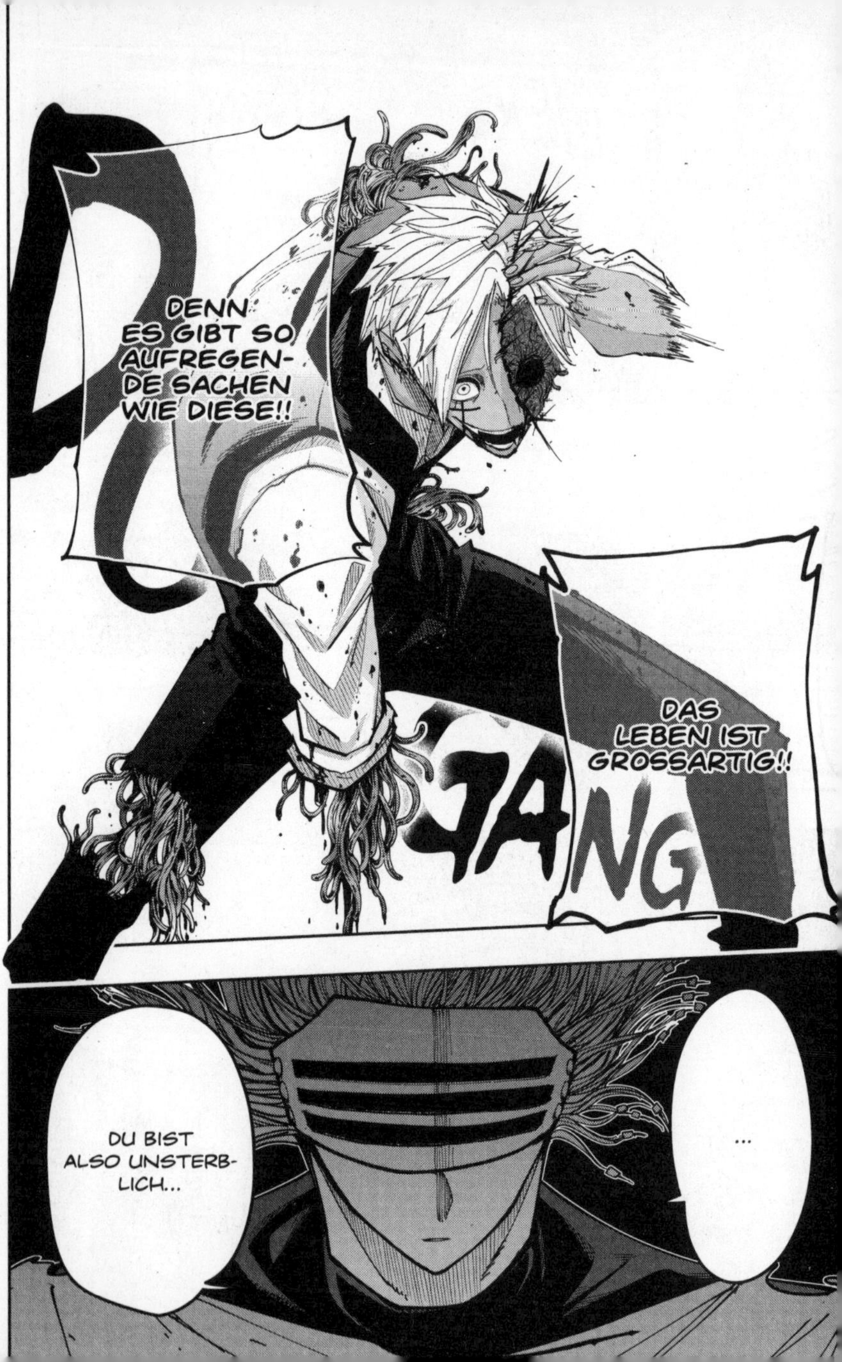
DAS LEBEN IST GROSSARTIG!!
DENN ES GIBT SO AUFREGENDE SACHEN WIE DIESE!!
...
DU BIST ALSO UNSTERBLICH...

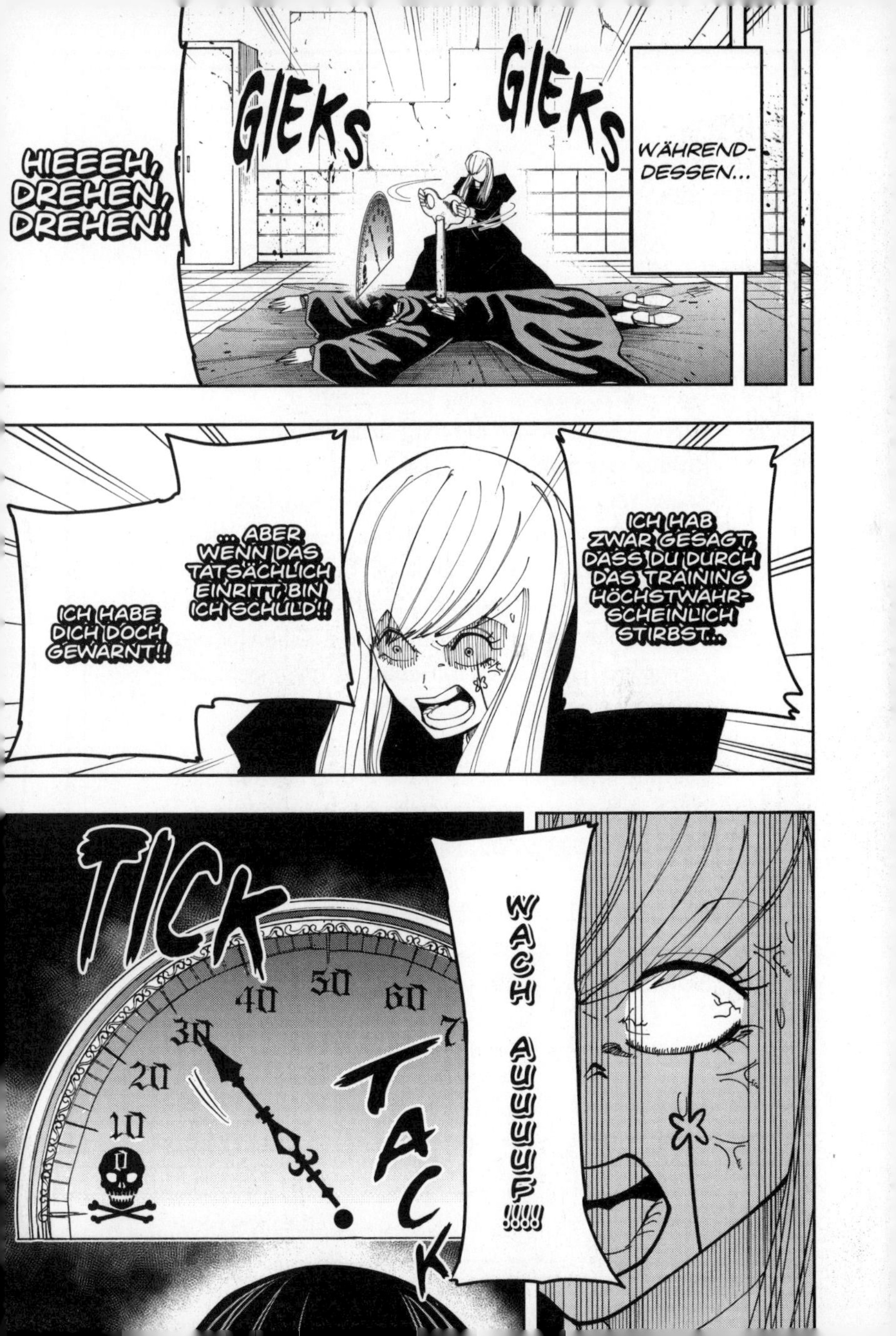
WÄHREND-DESSEN...
GIEKS
GIEKS
HIEEEH, DREHEN, DREHEN!
ICH HAB ZWAR GESAGT, DASS DU DURCH DAS TRAINING HÖCHSTWAHR-SCHEINLICH STIRBST...
... ABER WENN DAS TATSÄCHLICH EINTRITT, BIN ICH SCHULD!!
ICH HABE DICH DOCH GEWARNT!!
WACH AUUUUF!!!!
TICK
TACK

An alle, die diesen Band gekauft haben: Vielen Dank!!

Dank euch wird ein Anime produziert.
Ich habe jede Woche Meetings zum Produktionsmaterial. Alte Zeichnungen von mir sollen verwendet werden. Als ich sie sah, fand ich sie total schlecht. Auch als ich damals meinen Bürojob schmiss und ins Finale bei einem Talentwettbewerb kam, dachte ich, dass meine Zeichnungen eine 2 von 5 waren. Ich hatte ein schlechtes Gewissen meinen damaligen (und heutigen) Redakteuren gegenüber, weil meine Entwürfe so schlecht waren.
Es tut mir leid!!!
Aber die Animemacher sind alle großartige Künstler. Deshalb bin ich sehr gespannt, was rauskommt!!!
Wir haben es geschaaaaafft!!

PS: Danke für die Windbeutel, den Seetang und die Bo-bobo. Meine Nichte will ein Windbeutel-Spielzeug und ich fürchte, das gibt Stress.

Vielen Dank!!

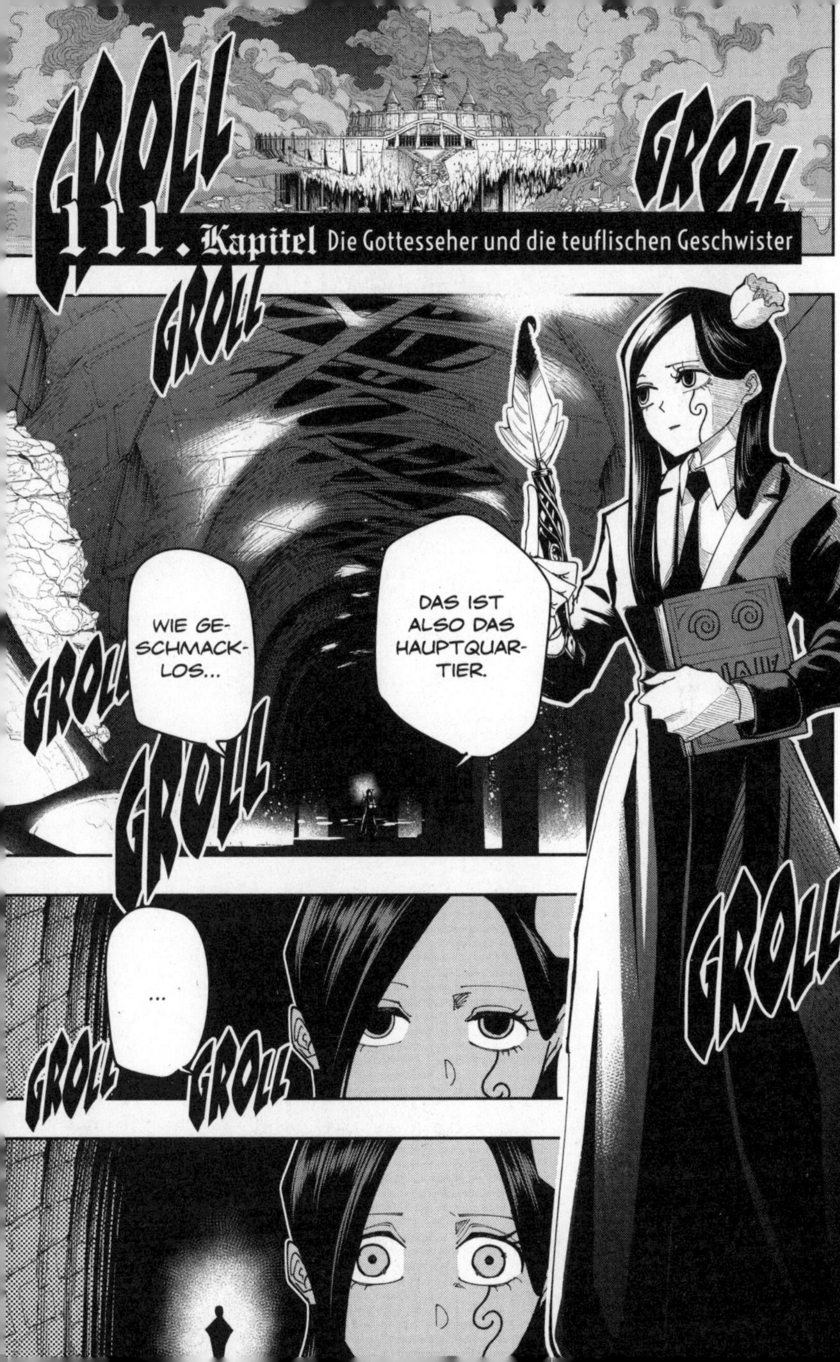
GROLL
GROLL
111. Kapitel Die Gottesseher und die teuflischen Geschwister
GROLL
DAS IST ALSO DAS HAUPTQUARTIER.
WIE GESCHMACKLOS...
GROLL
GROLL
GROLL
...
GROLL
GROLL

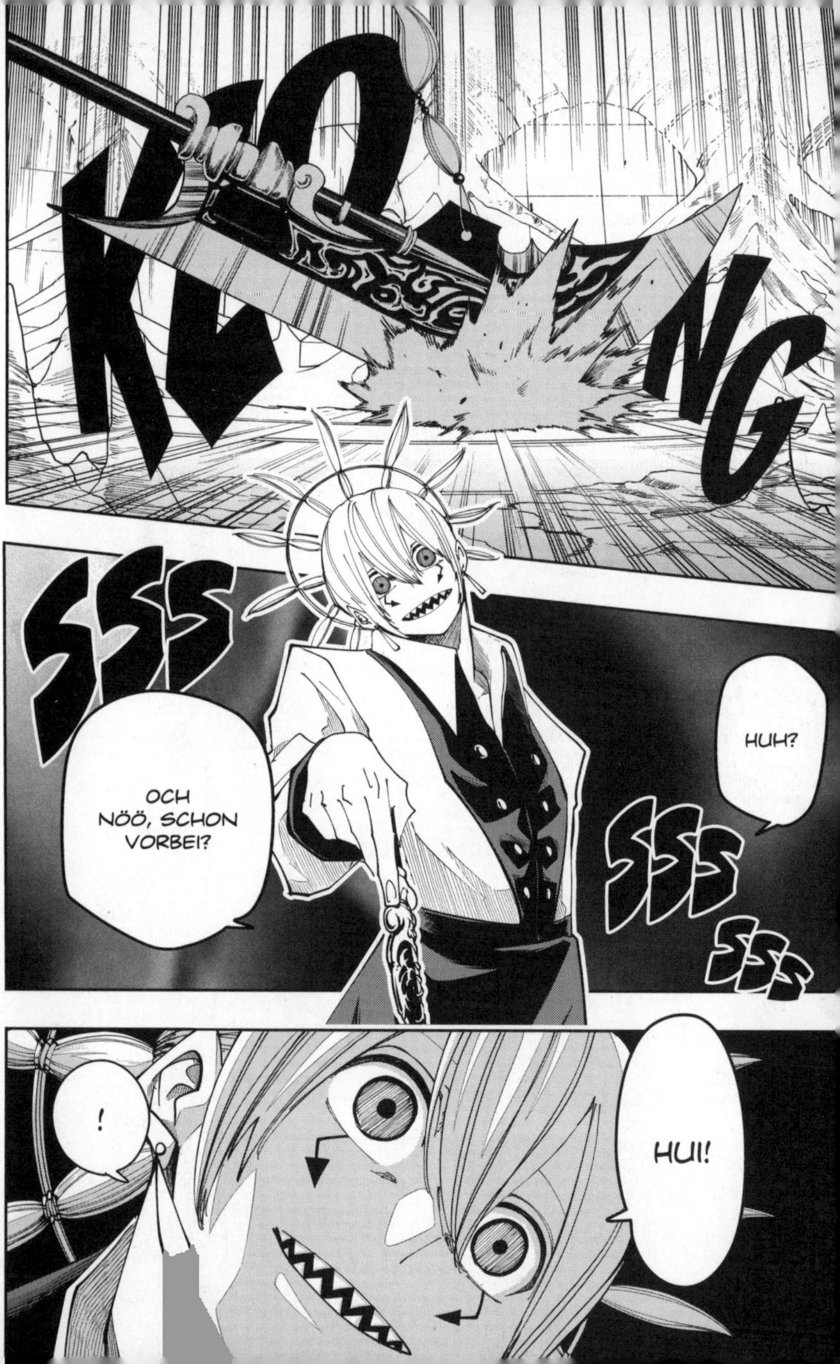
KLONG
HUH?
SSS
SSS
SSS
OCH NÖÖ, SCHON VORBEI?
HUI!
!

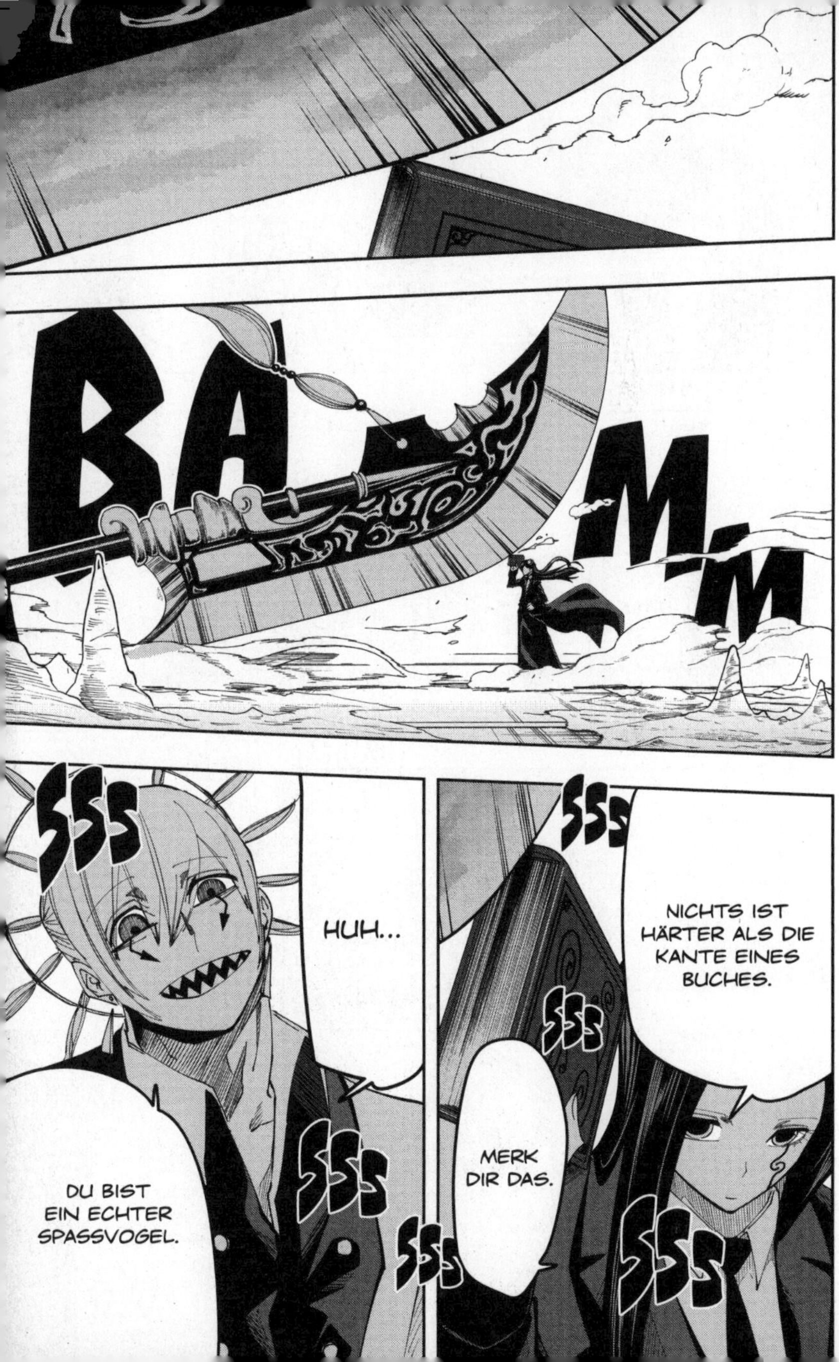
BAMM
SSS
NICHTS IST HÄRTER ALS DIE KANTE EINES BUCHES.
MERK DIR DAS.
HUH...
DU BIST EIN ECHTER SPASSVOGEL.

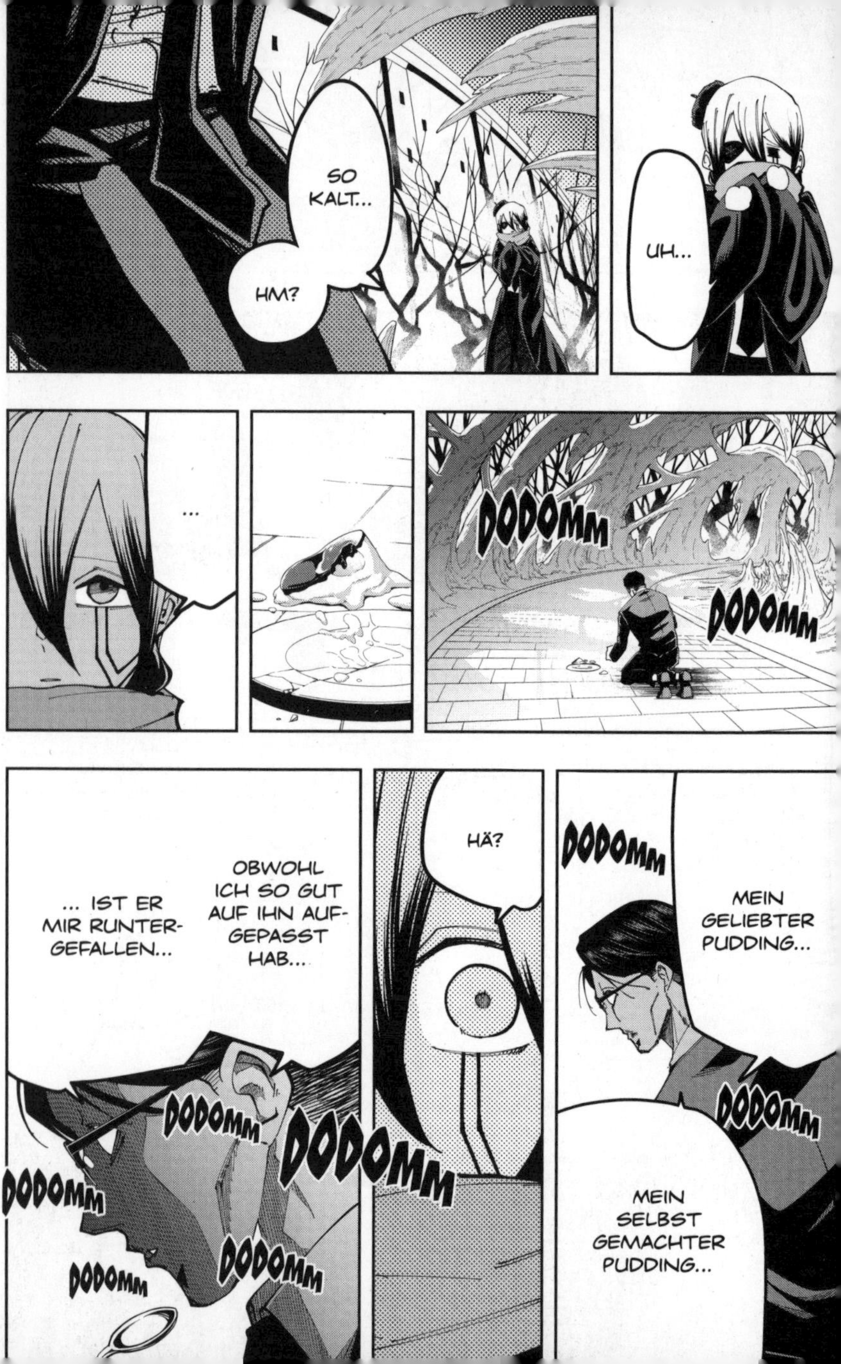
UH...
SO KALT...
HM?
DODOMM
DODOMM
...
DODOMM
MEIN GELIEBTER PUDDING...
DODOMM
MEIN SELBST GEMACHTER PUDDING...
HÄ?
OBWOHL ICH SO GUT AUF IHN AUF-GEPASST HAB...
... IST ER MIR RUNTER-GEFALLEN...
DODOMM
DODOMM
DODOMM
DODOMM
DODOMM

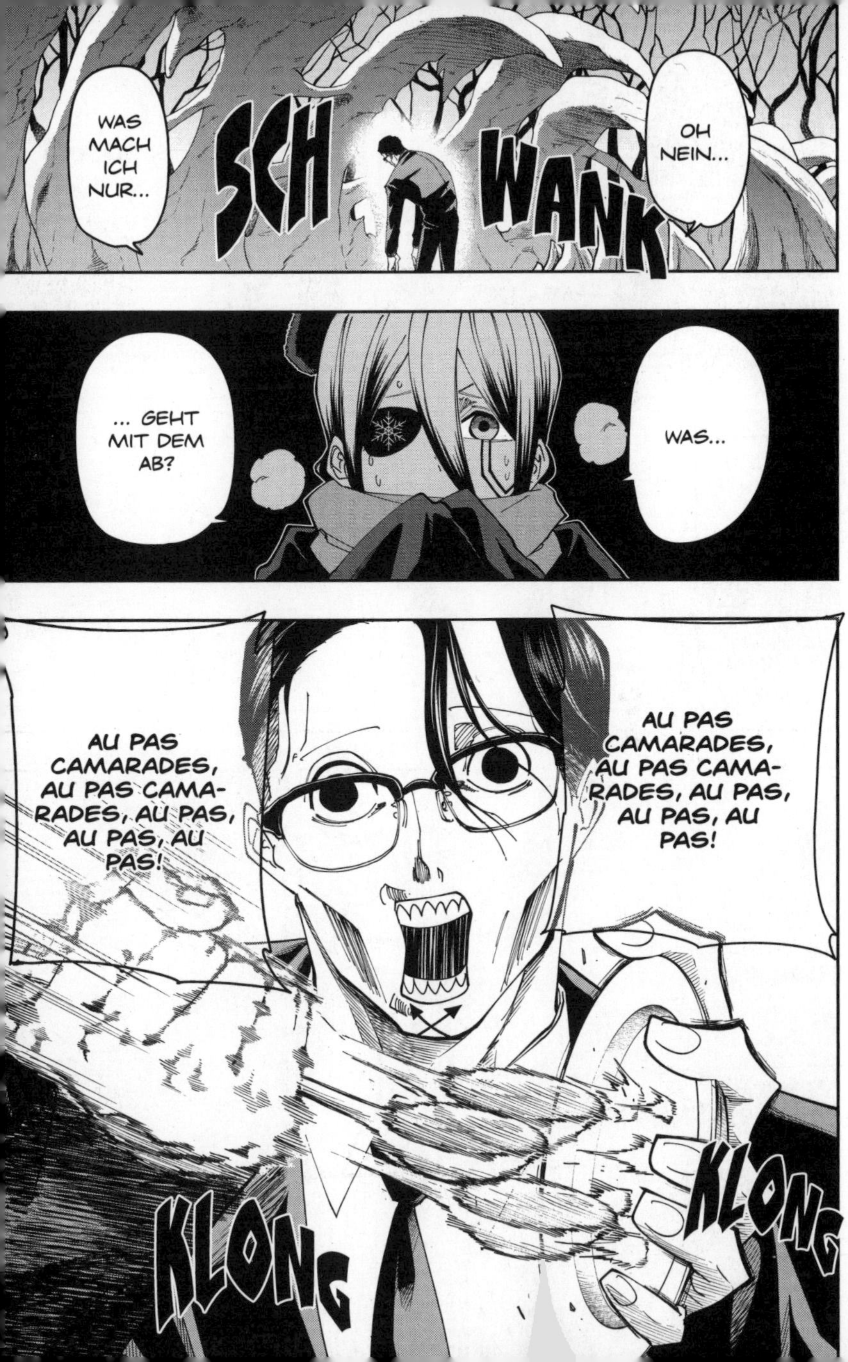
OH NEIN...
SCHWANK
WAS MACH ICH NUR...
WAS...
... GEHT MIT DEM AB?
AU PAS CAMARADES, AU PAS CAMA-RADES, AU PAS, AU PAS, AU PAS!
AU PAS CAMARADES, AU PAS CAMA-RADES, AU PAS, AU PAS, AU PAS!
KLONG
KLONG

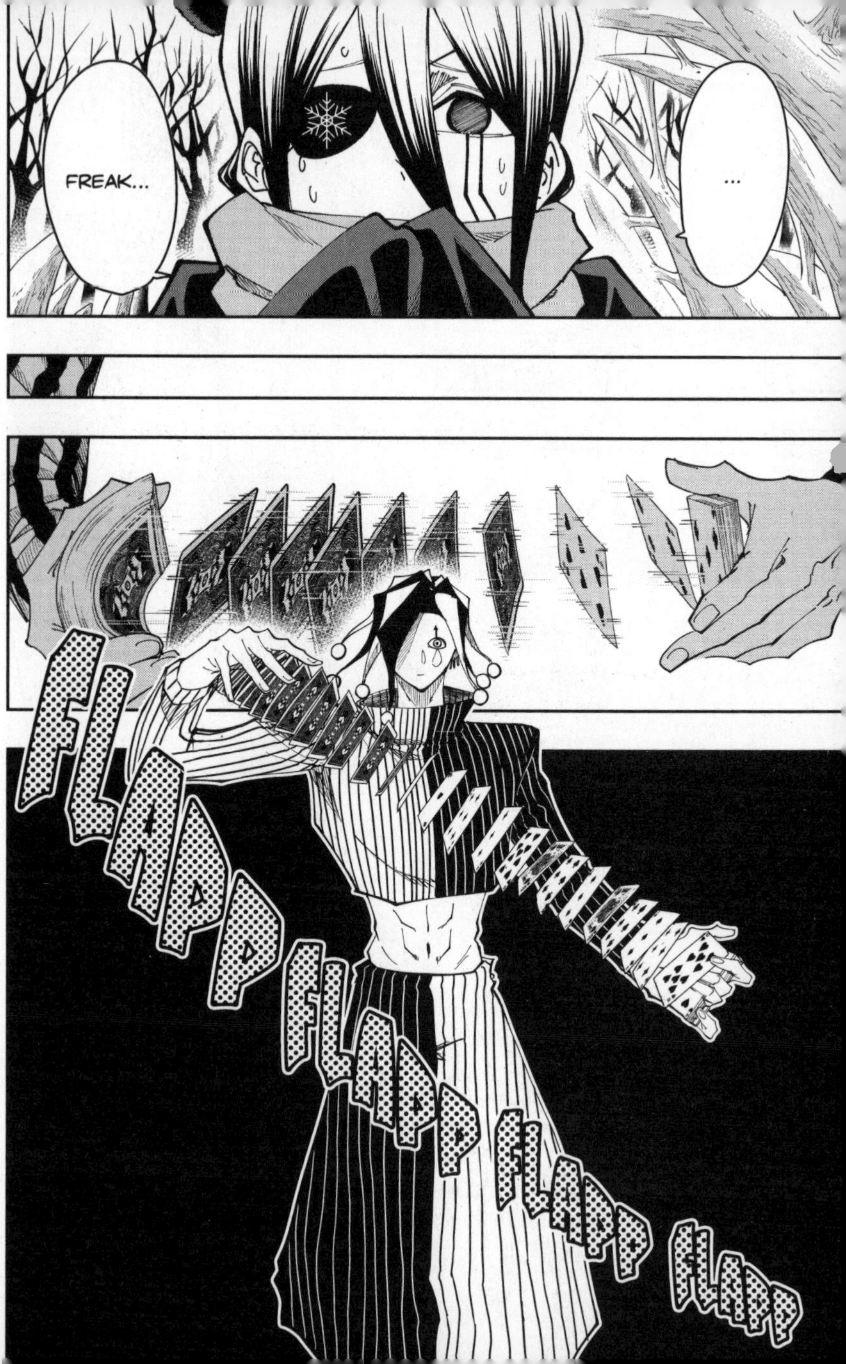
...
FREAK...
FLAPP FLAPP FLAPP FLAPP FLAPP

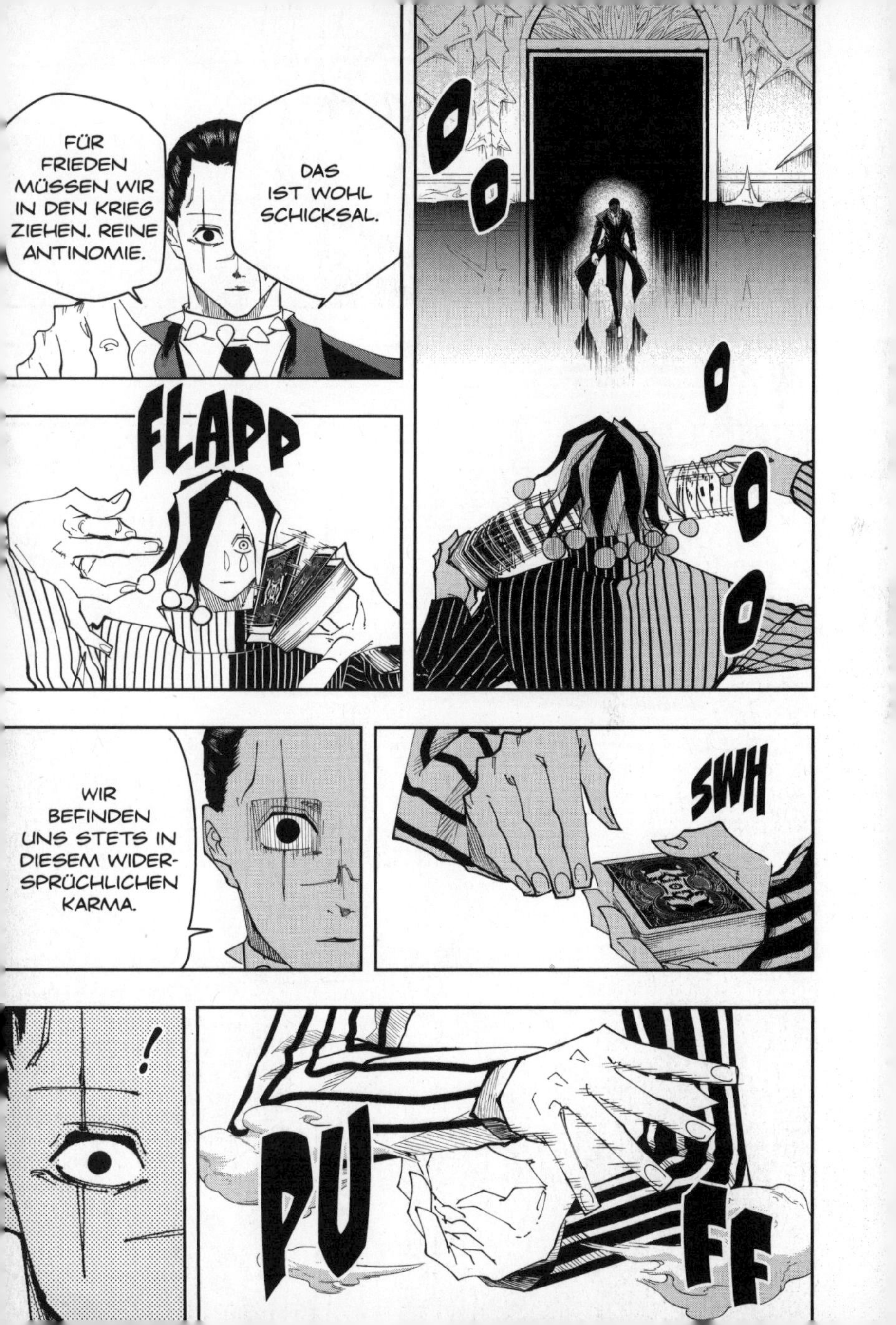

DAS IST WOHL SCHICKSAL.
FÜR FRIEDEN MÜSSEN WIR IN DEN KRIEG ZIEHEN. REINE ANTINOMIE.
FLAPP
SWH
WIR BEFINDEN UNS STETS IN DIESEM WIDER-SPRÜCHLICHEN KARMA.
PUFF
!

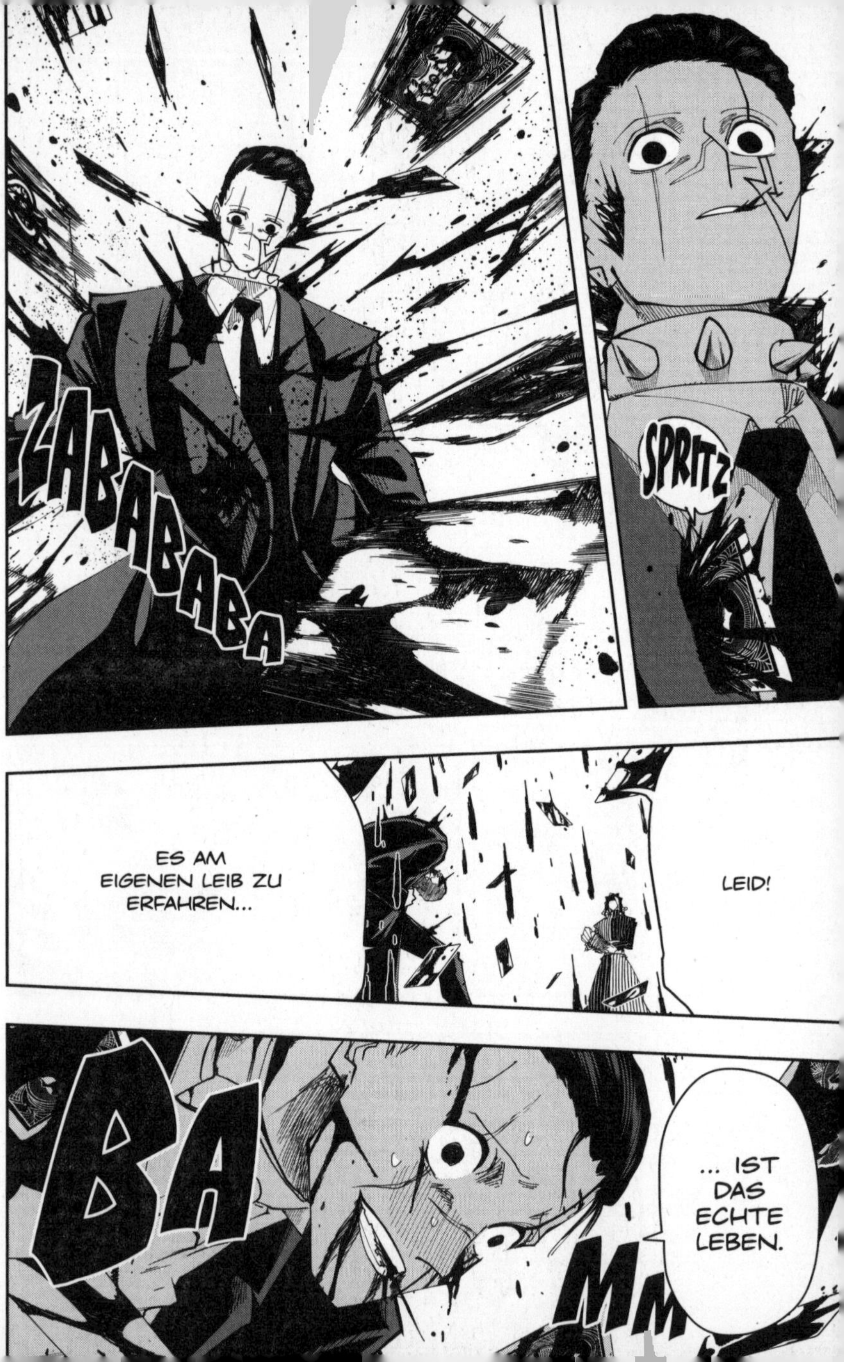
SPRITZ
ZABABABA
LEID!
ES AM EIGENEN LEIB ZU ERFAHREN...
... IST DAS ECHTE LEBEN.
BA
MM

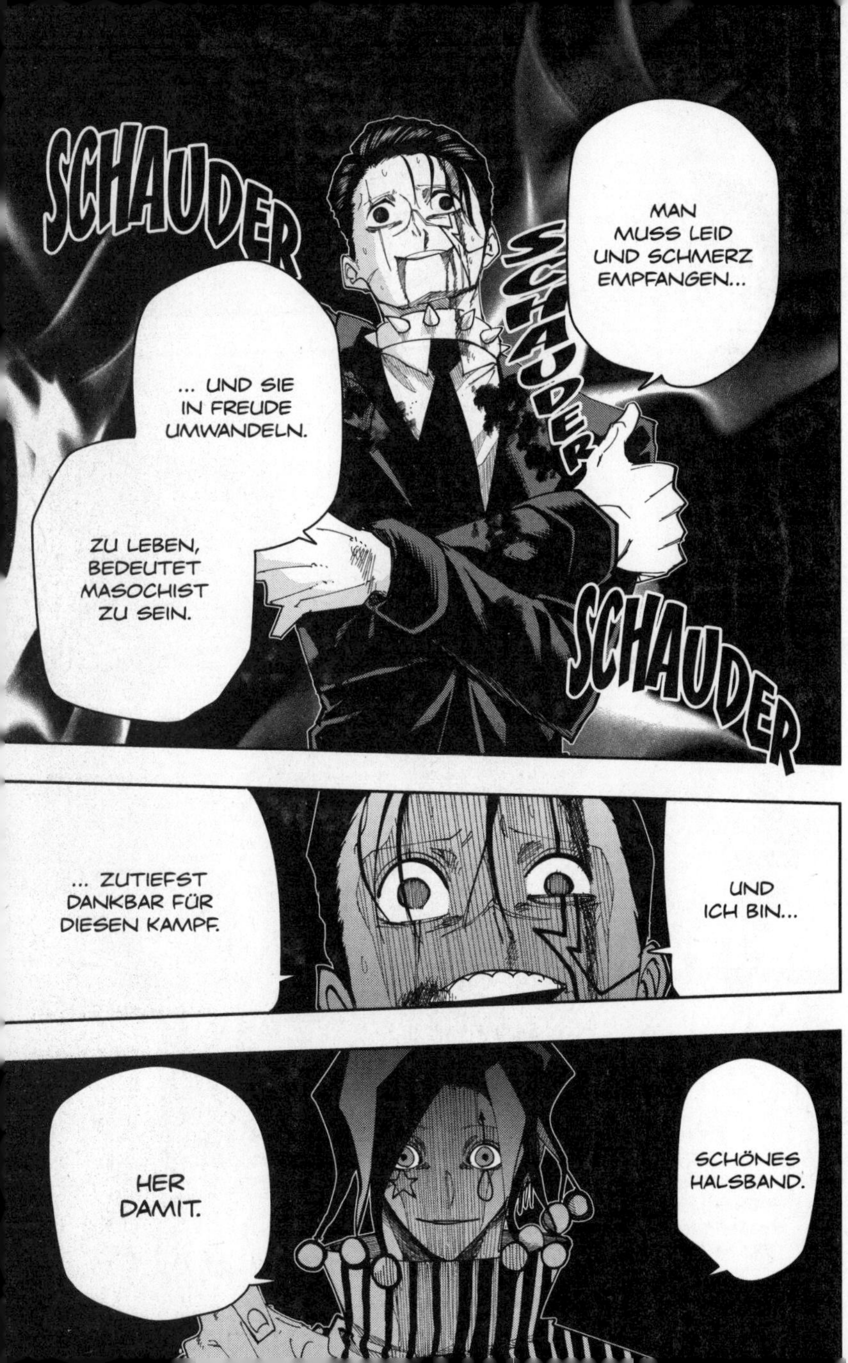
MAN MUSS LEID UND SCHMERZ EMPFANGEN...
SCHAUDER
SCHAUDER
... UND SIE IN FREUDE UMWANDELN.
ZU LEBEN, BEDEUTET MASOCHIST ZU SEIN.
SCHAUDER
UND ICH BIN...
... ZUTIEFST DANKBAR FÜR DIESEN KAMPF.
SCHÖNES HALSBAND.
HER DAMIT.

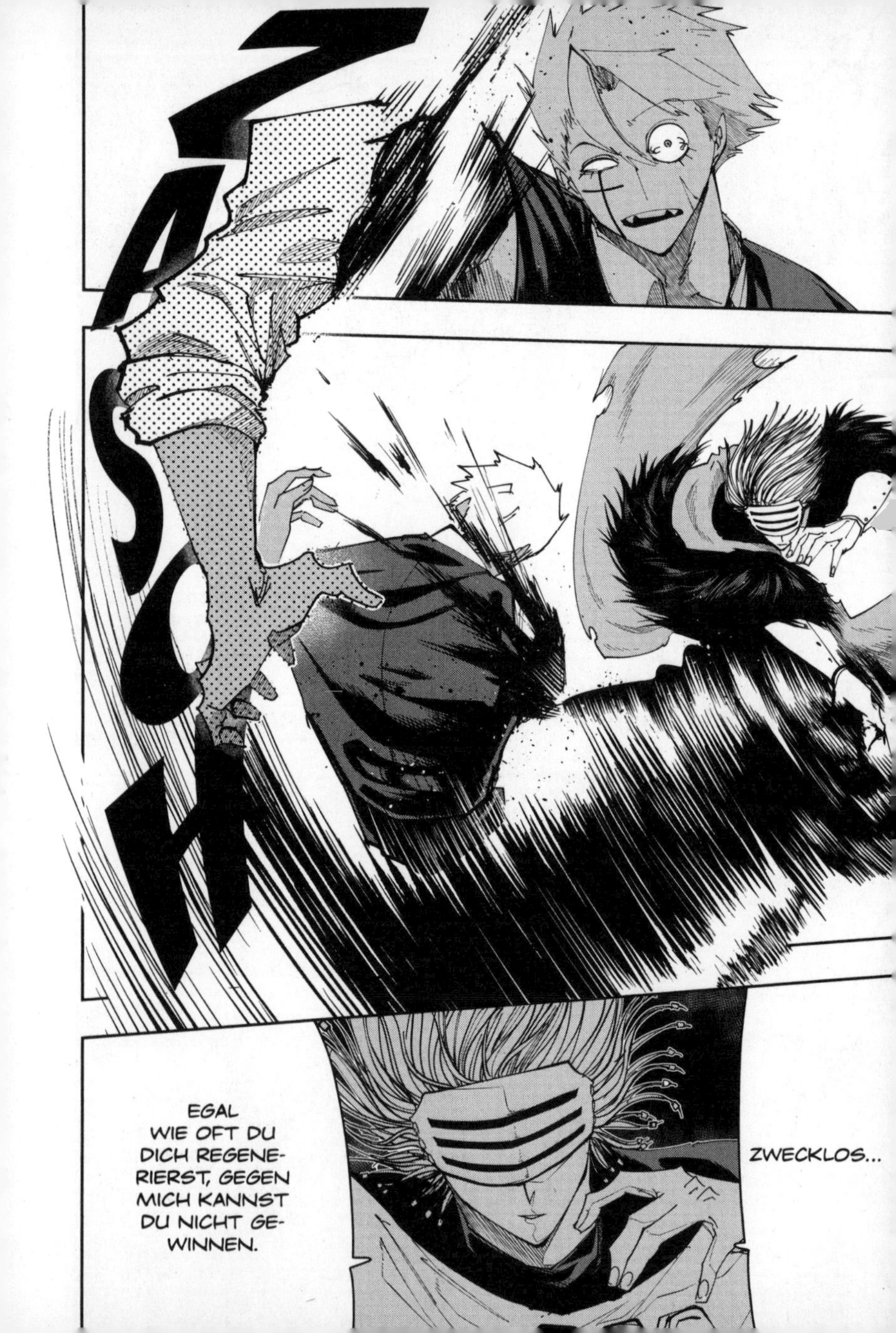
ZWECKLOS...
EGAL WIE OFT DU DICH REGENE-RIERST, GEGEN MICH KANNST DU NICHT GE-WINNEN.

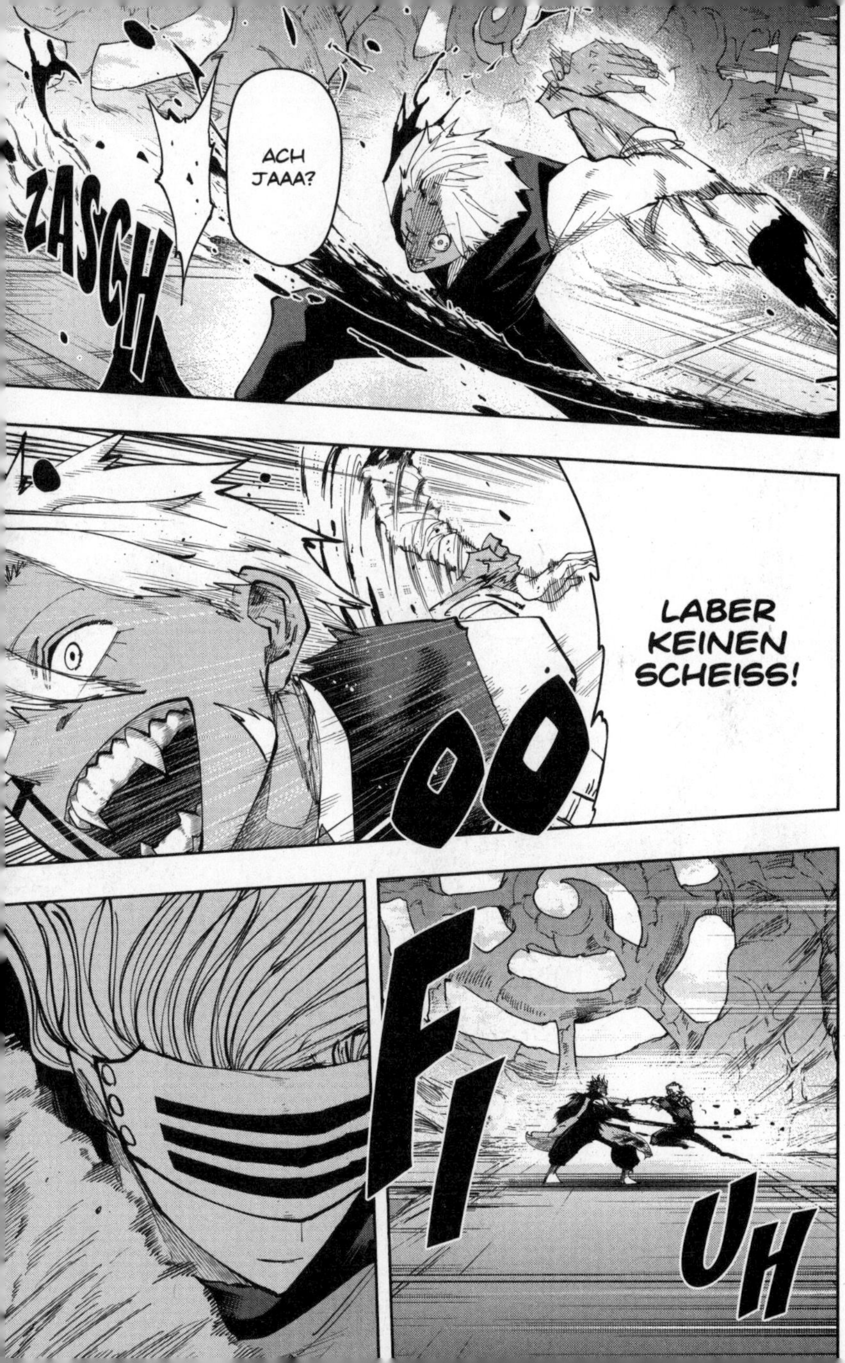
ACH JAAA?
ZASCH
LABER KEINEN SCHEISS!
DOO
FIUH

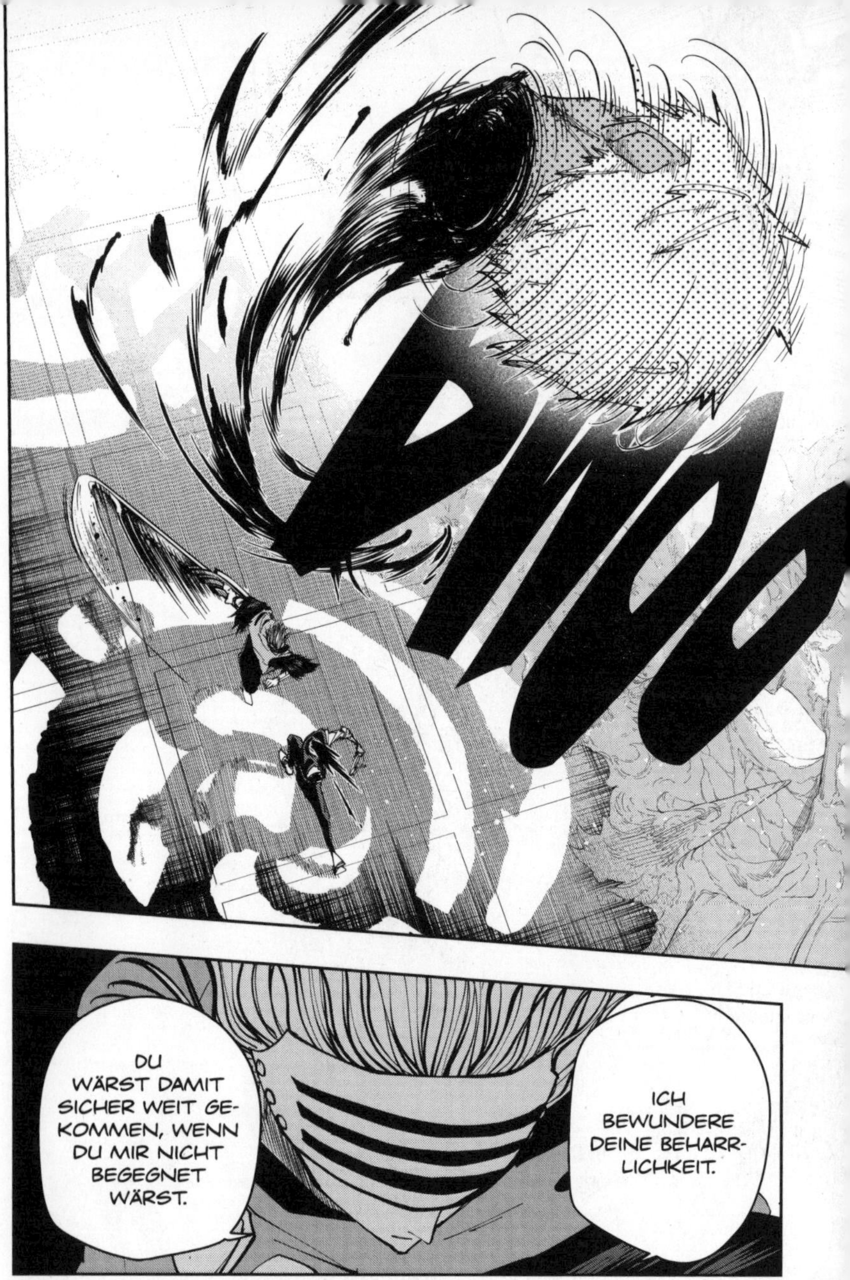
ICH BEWUNDERE DEINE BEHARR-LICHKEIT.
DU WÄRST DAMIT SICHER WEIT GE-KOMMEN, WENN DU MIR NICHT BEGEGNET WÄRST.

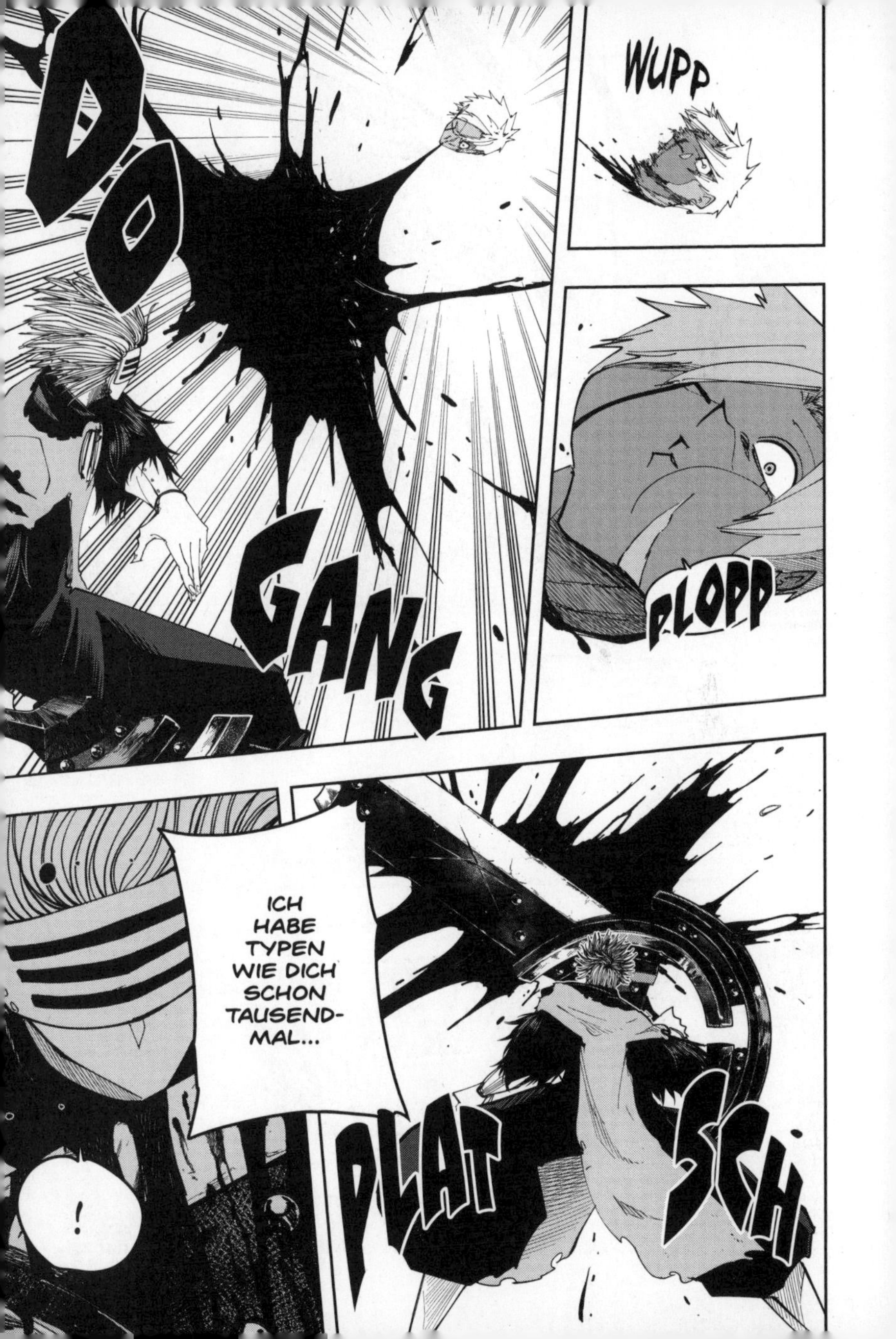
WUPP
DOO
GANG
PLOPP
ICH HABE TYPEN WIE DICH SCHON TAUSEND-MAL...
!
PLATSCH

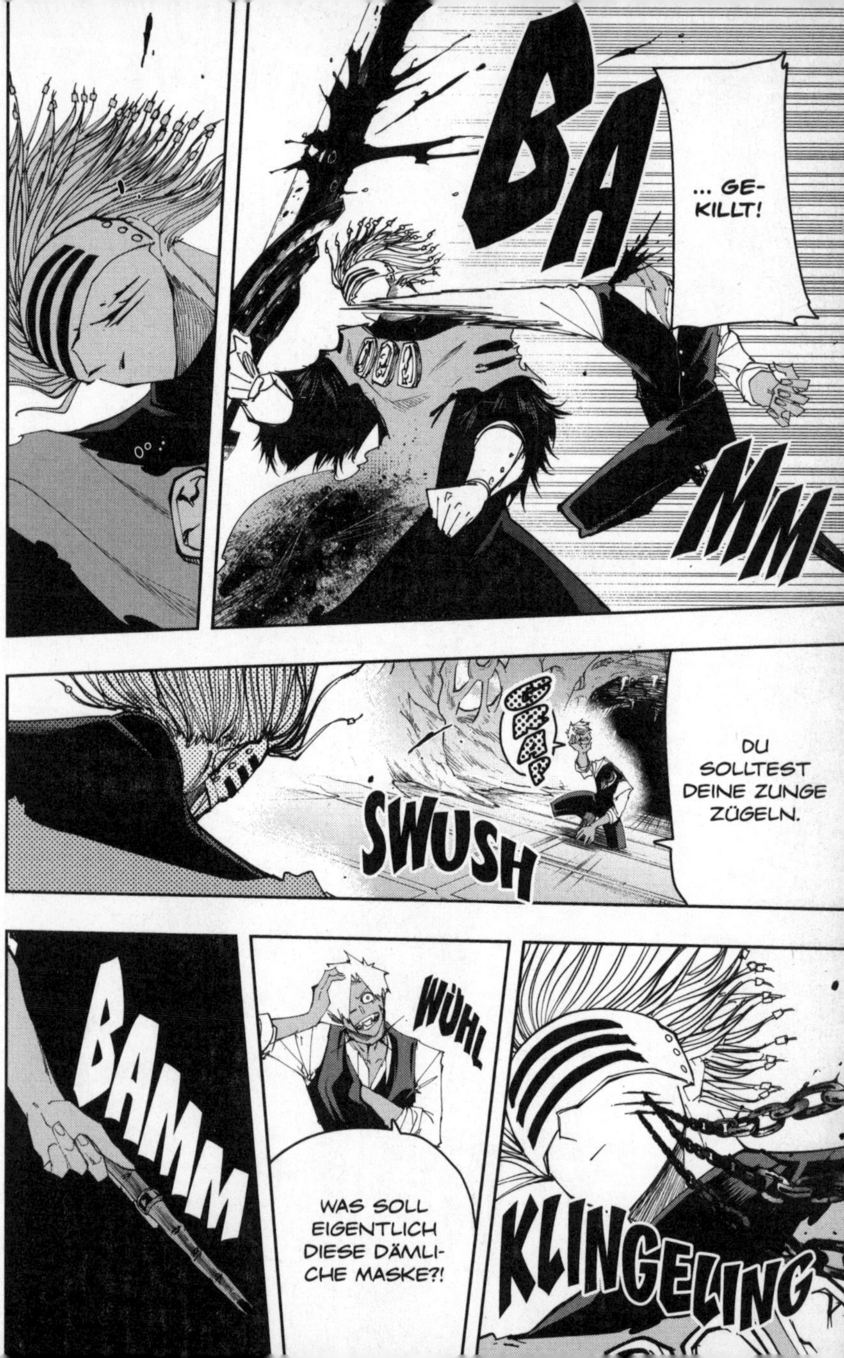

!
... GE-
KILLT!
BAMM
DU
SOLLTEST
DEINE ZUNGE
ZÜGELN.
SWUSH
KLINGELING
WÜHL
WAS SOLL
EIGENTLICH
DIESE DÄMLI-
CHE MASKE?!
BAMM

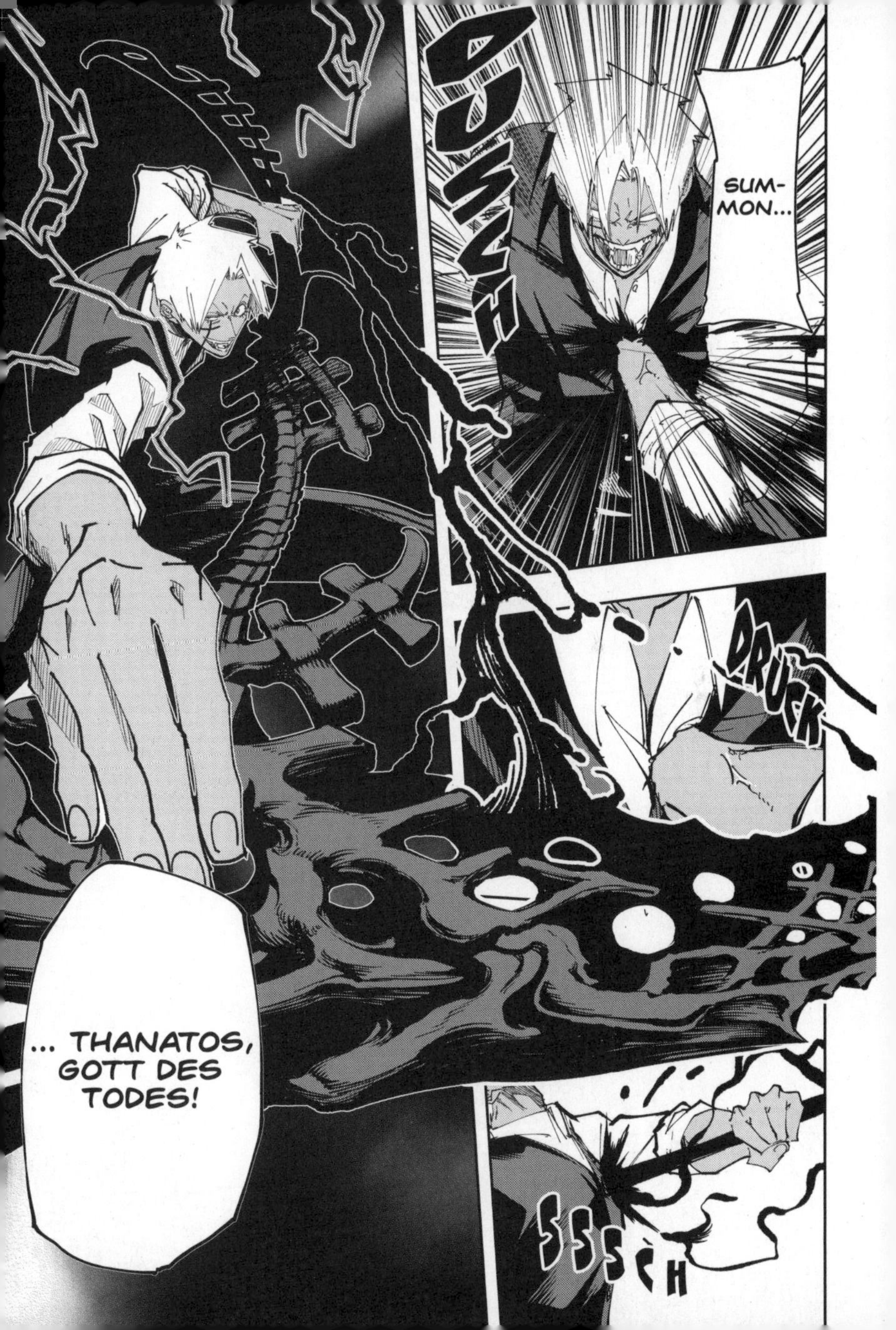
SUM-
MON...
BAMM
DRUCK
... THANATOS, GOTT DES TODES!
SSSCH

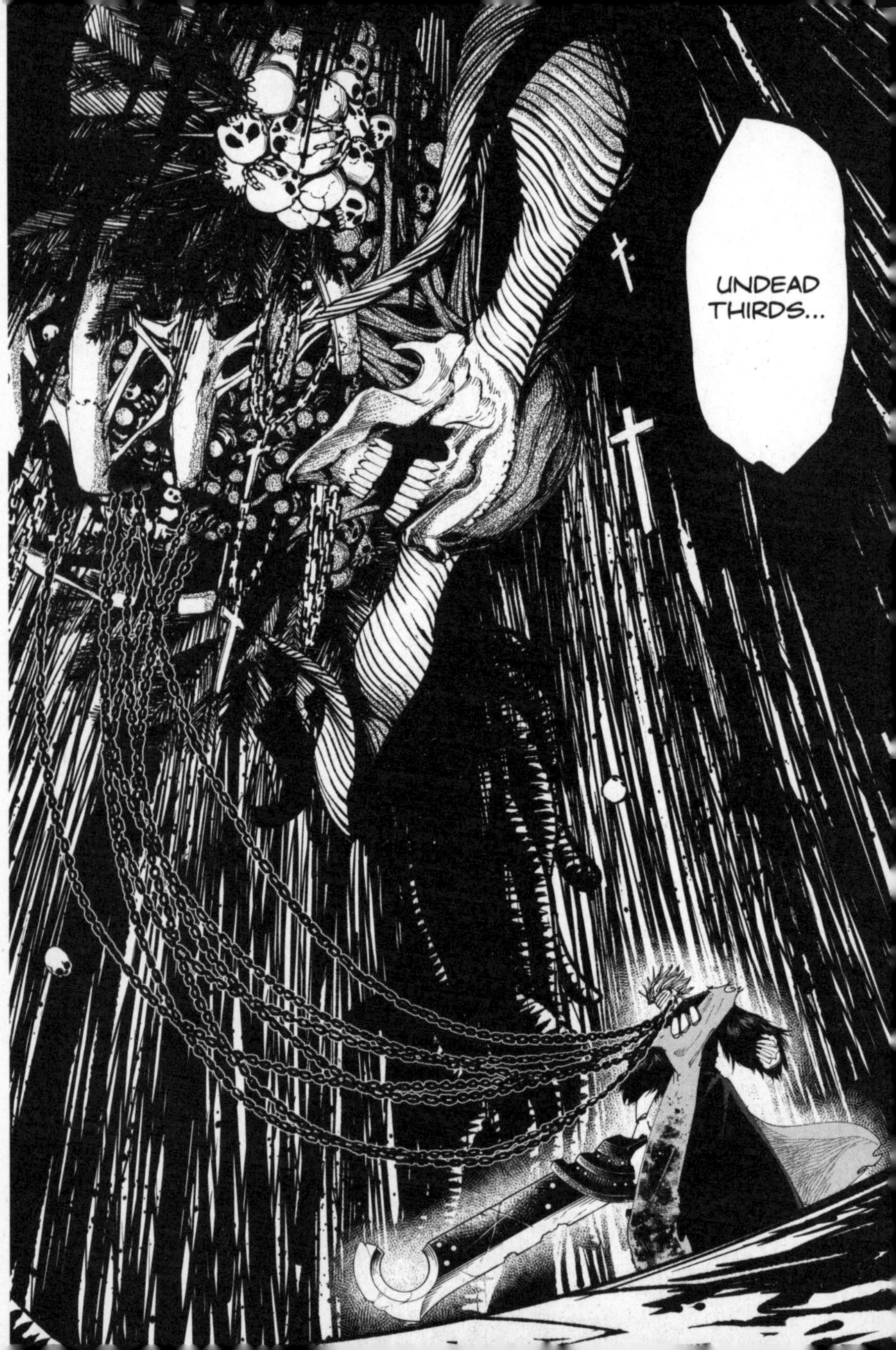
UNDEAD THIRDS...

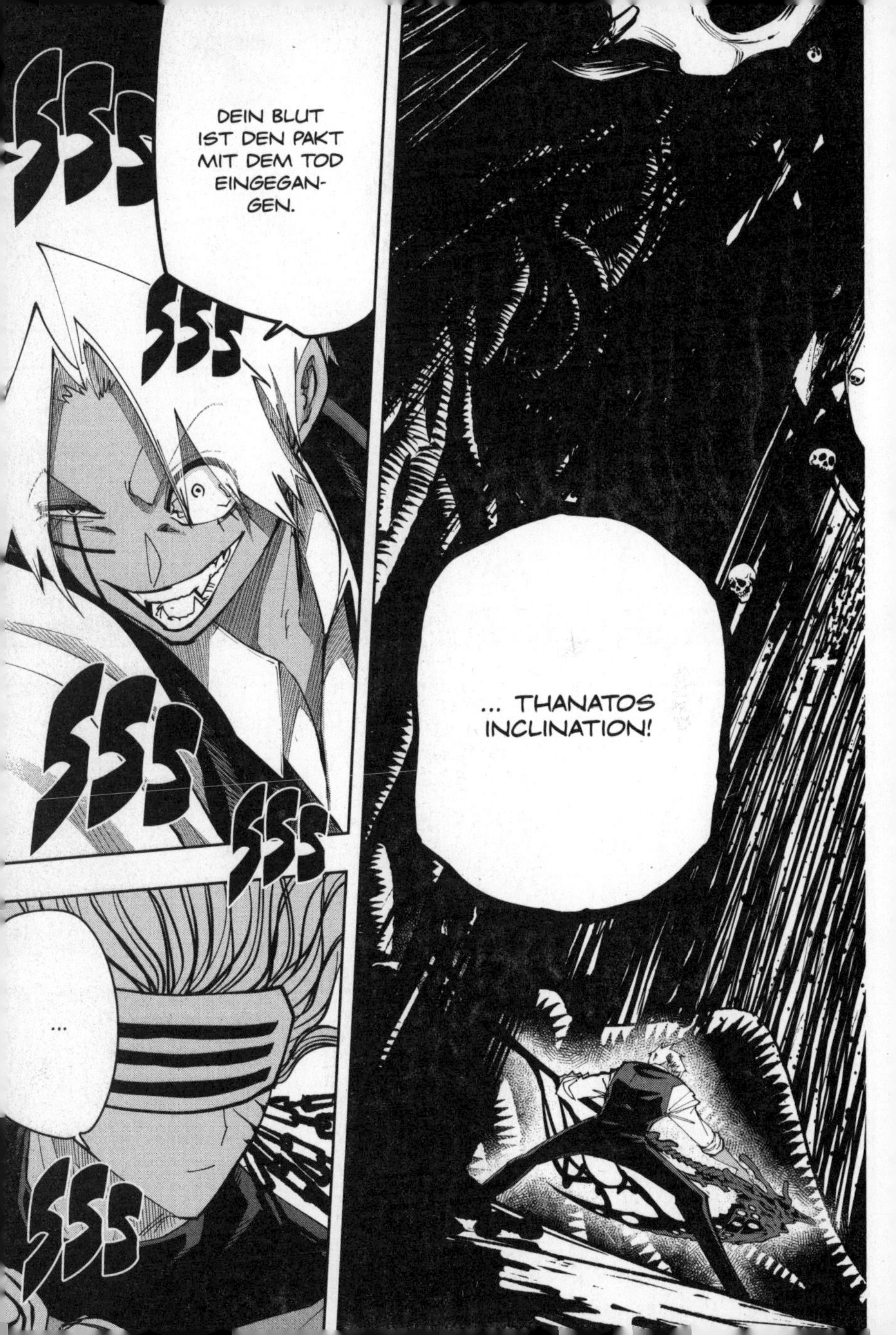
... THANATOS INCLINATION!
DEIN BLUT IST DEN PAKT MIT DEM TOD EINGEGANGEN.
SSS
SSS
SSS
SSS
...
SSS

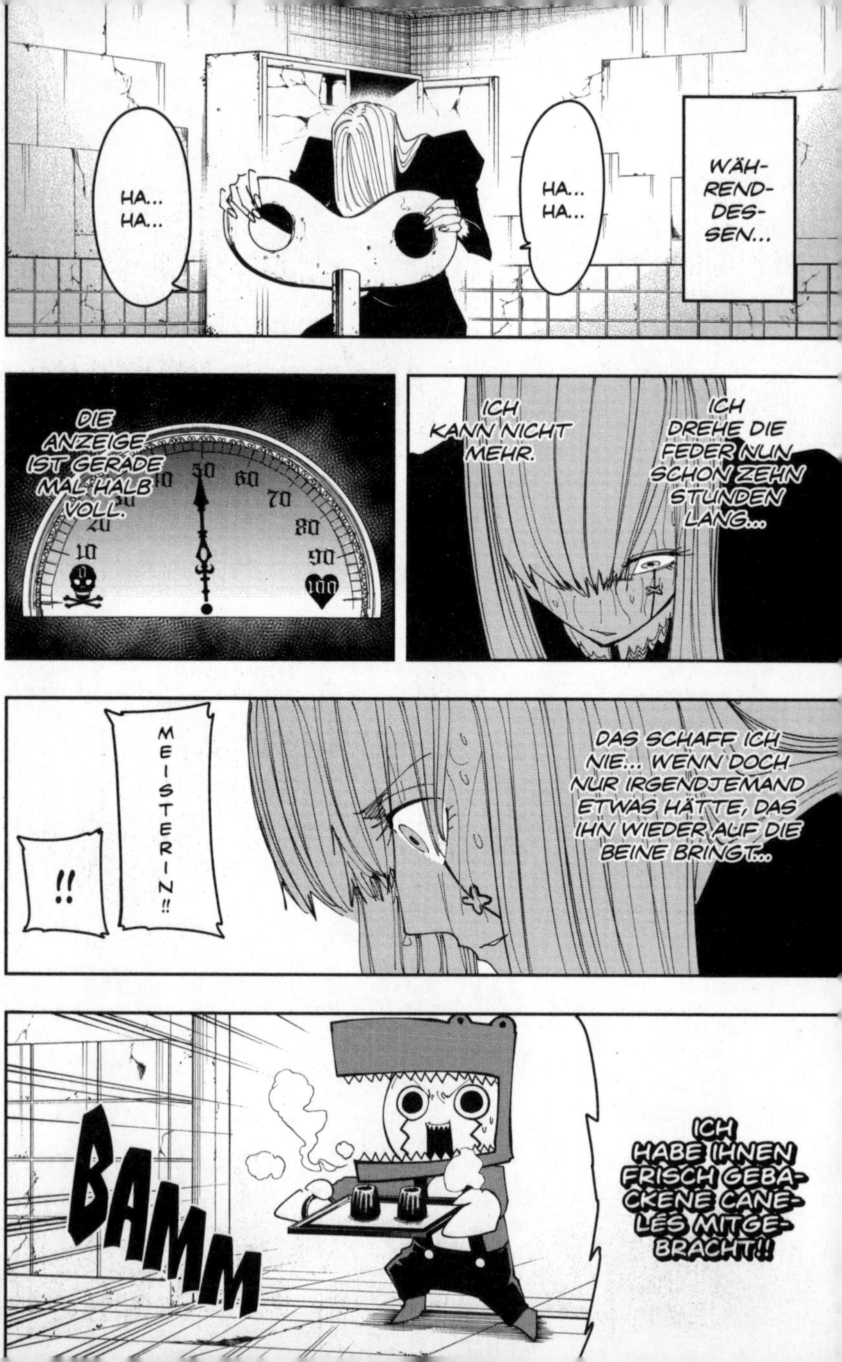
WÄHREND-DESSEN...
HA... HA...
HA... HA...
ICH DREHE DIE FEDER NUN SCHON ZEHN STUNDEN LANG...
ICH KANN NICHT MEHR.
DIE ANZEIGE IST GERADE MAL HALB VOLL.
DAS SCHAFF ICH NIE... WENN DOCH NUR IRGENDJEMAND ETWAS HÄTTE, DAS IHN WIEDER AUF DIE BEINE BRINGT...
MEISTERIN!!
!!
ICH HABE IHNEN FRISCH GEBACKENE CANELES MITGEBRACHT!!
BAMM

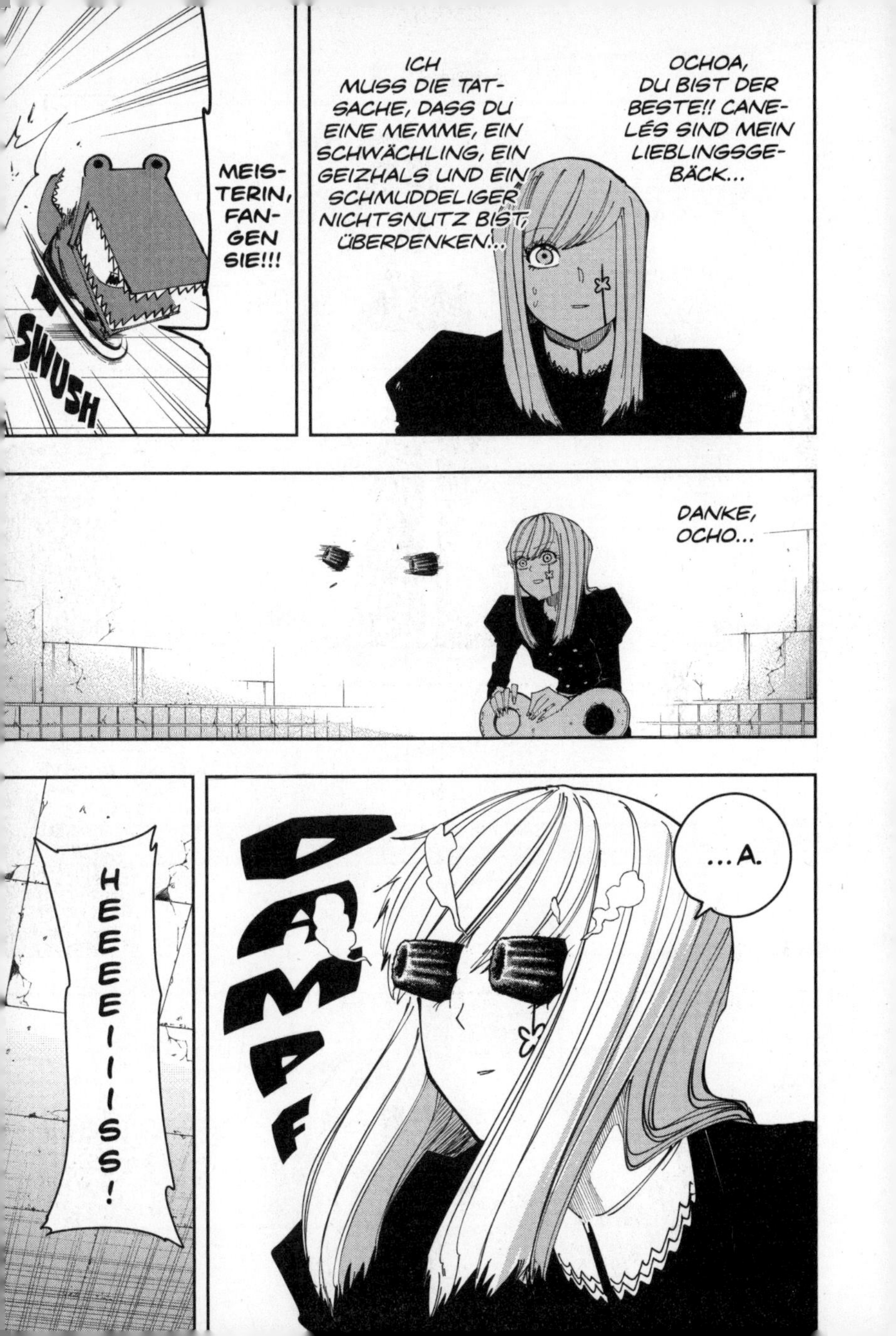
OCHOA, DU BIST DER BESTE!! CANELÉS SIND MEIN LIEBLINGSGEBÄCK...
ICH MUSS DIE TATSACHE, DASS DU EINE MEMME, EIN SCHWÄCHLING, EIN GEIZHALS UND EIN SCHMUDDELIGER NICHTSNUTZ BIST, ÜBERDENKEN...
MEISTERIN, FANGEN SIE!!!
SWUSH
DANKE, OCHO...
...A.
DAMPF
HEEEEIIISS!

Extra 1

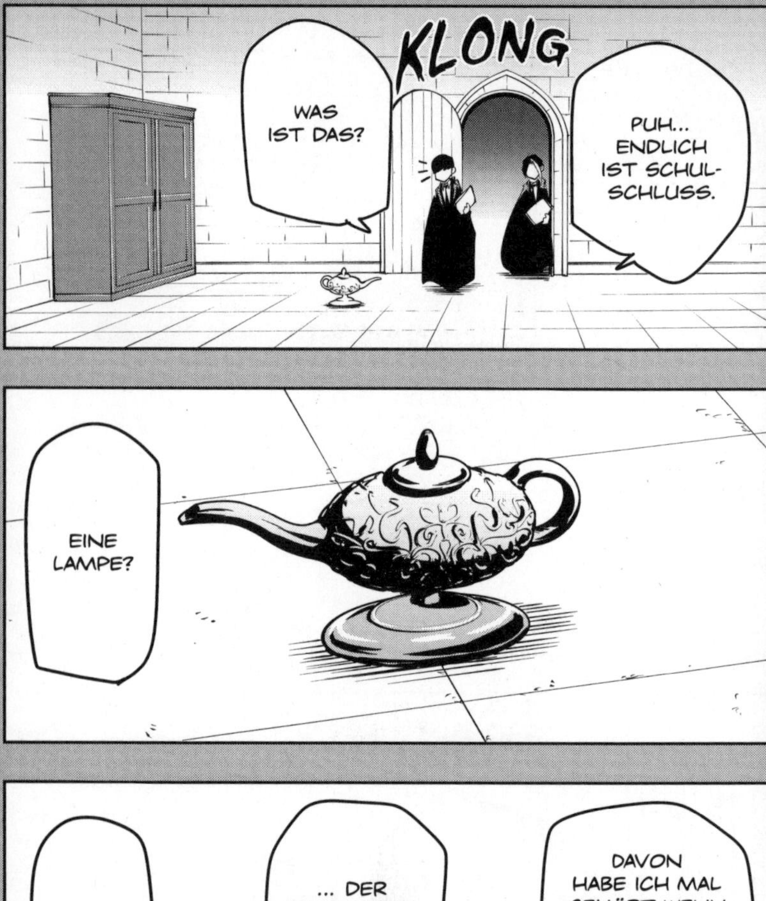

Fortsetzung auf Seite 64

112. Kapitel Mash Burnedead und das Symbol des Friedens

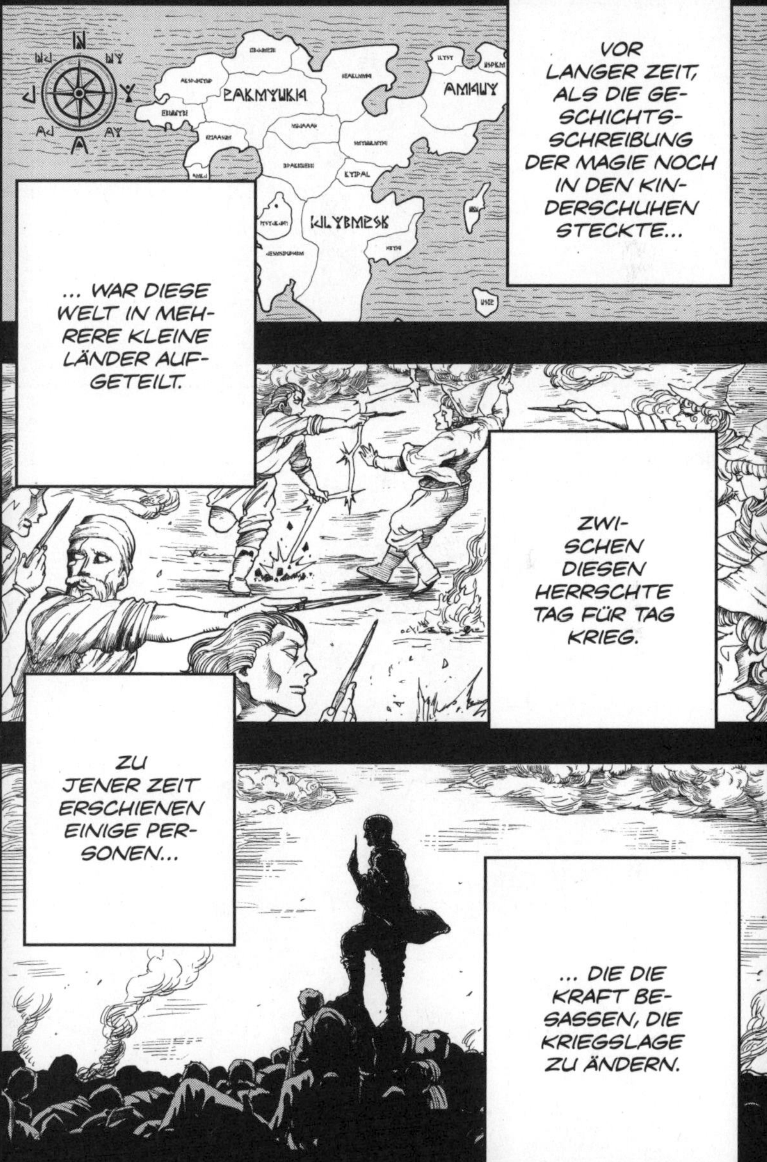

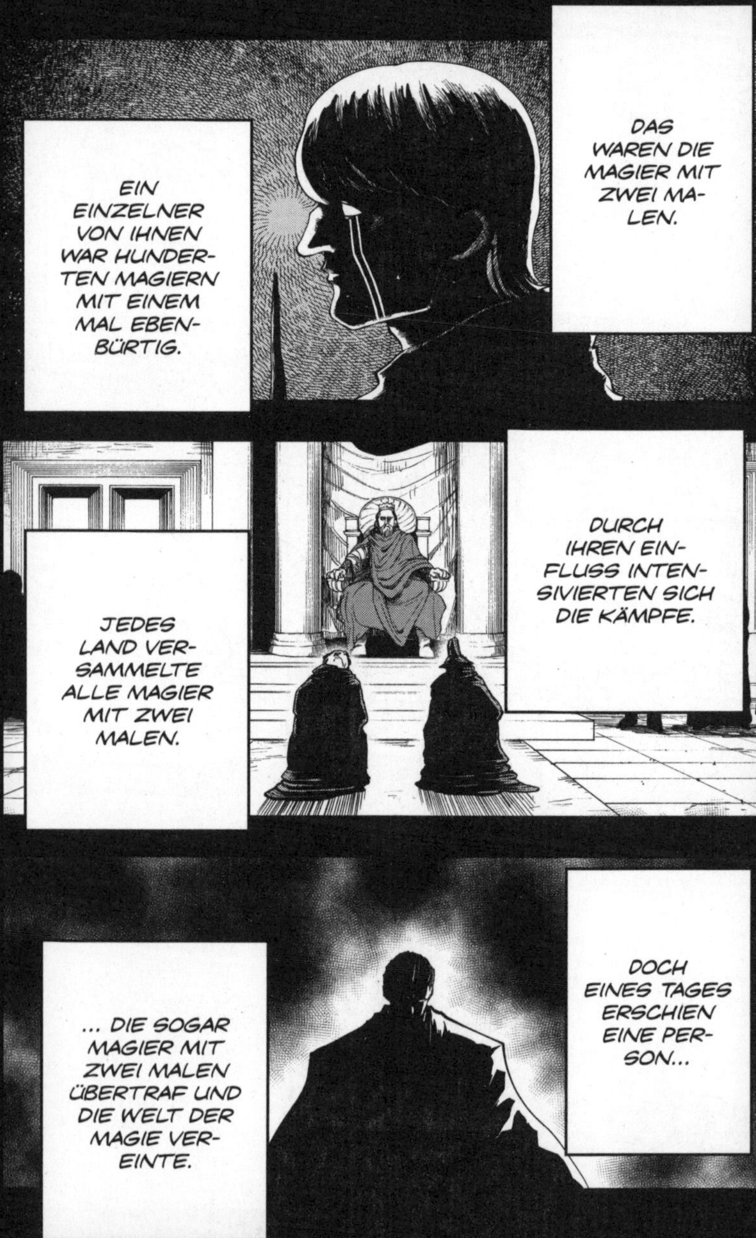
DAS WAREN DIE MAGIER MIT ZWEI MALEN.
EIN EINZELNER VON IHNEN WAR HUNDERTEN MAGIERN MIT EINEM MAL EBENBÜRTIG.
DURCH IHREN EINFLUSS INTENSIVIERTEN SICH DIE KÄMPFE.
JEDES LAND VERSAMMELTE ALLE MAGIER MIT ZWEI MALEN.
DOCH EINES TAGES ERSCHIEN EINE PERSON...
... DIE SOGAR MAGIER MIT ZWEI MALEN ÜBERTRAF UND DIE WELT DER MAGIE VEREINTE.

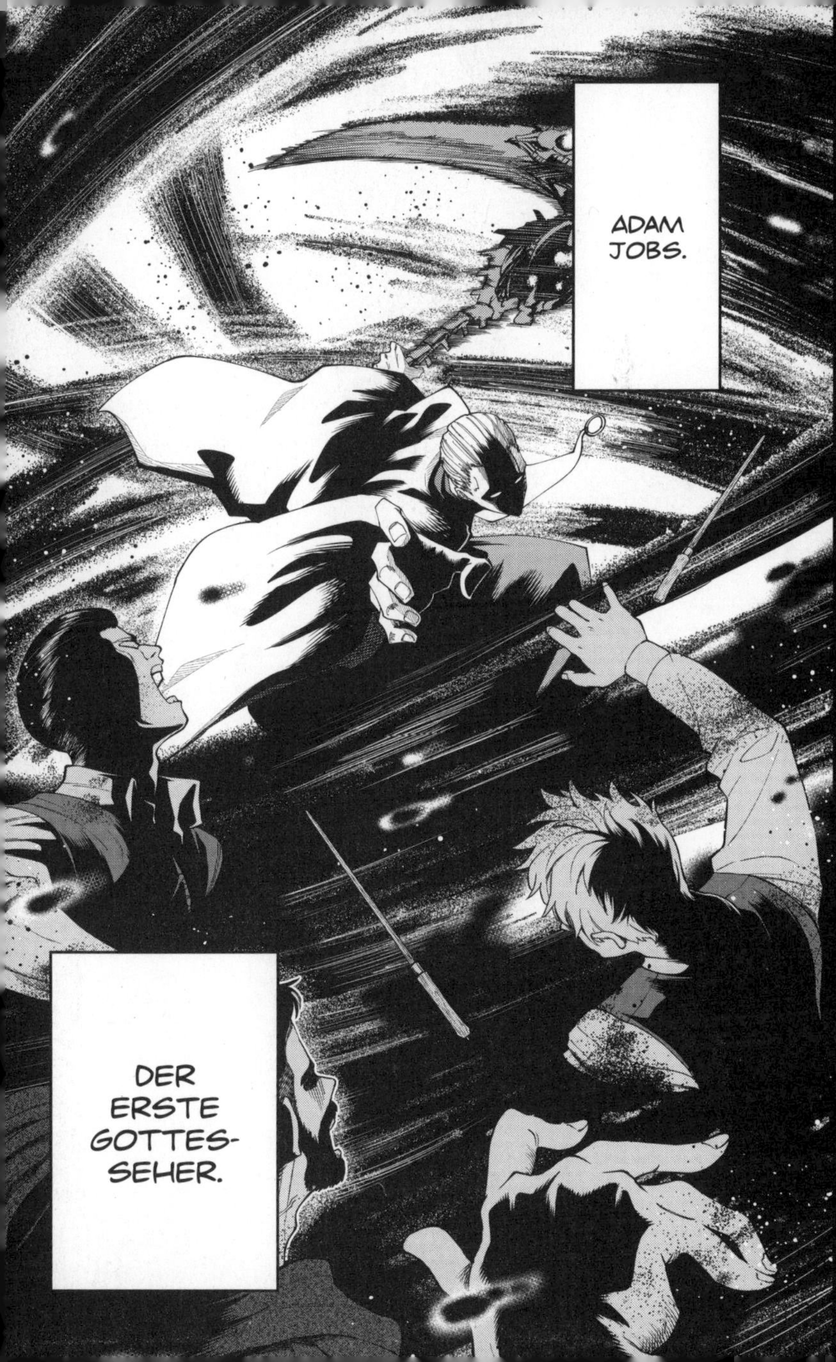
ADAM JOBS.
DER ERSTE GOTTES-SEHER.

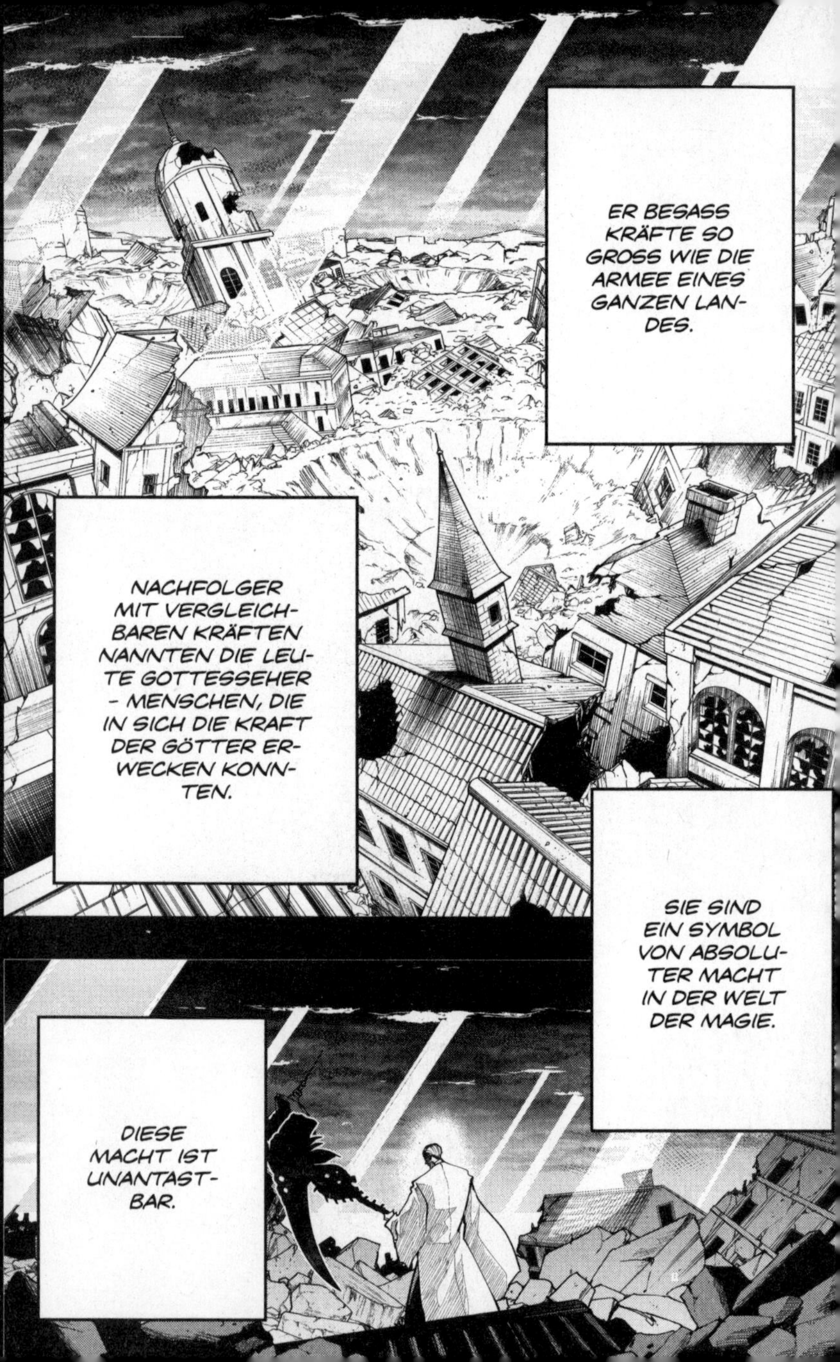
ER BESASS KRÄFTE SO GROSS WIE DIE ARMEE EINES GANZEN LANDES.
NACHFOLGER MIT VERGLEICHBAREN KRÄFTEN NANNTEN DIE LEUTE GOTTESSEHER - MENSCHEN, DIE IN SICH DIE KRAFT DER GÖTTER ERWECKEN KONNTEN.
SIE SIND EIN SYMBOL VON ABSOLUTER MACHT IN DER WELT DER MAGIE.
DIESE MACHT IST UNANTASTBAR.

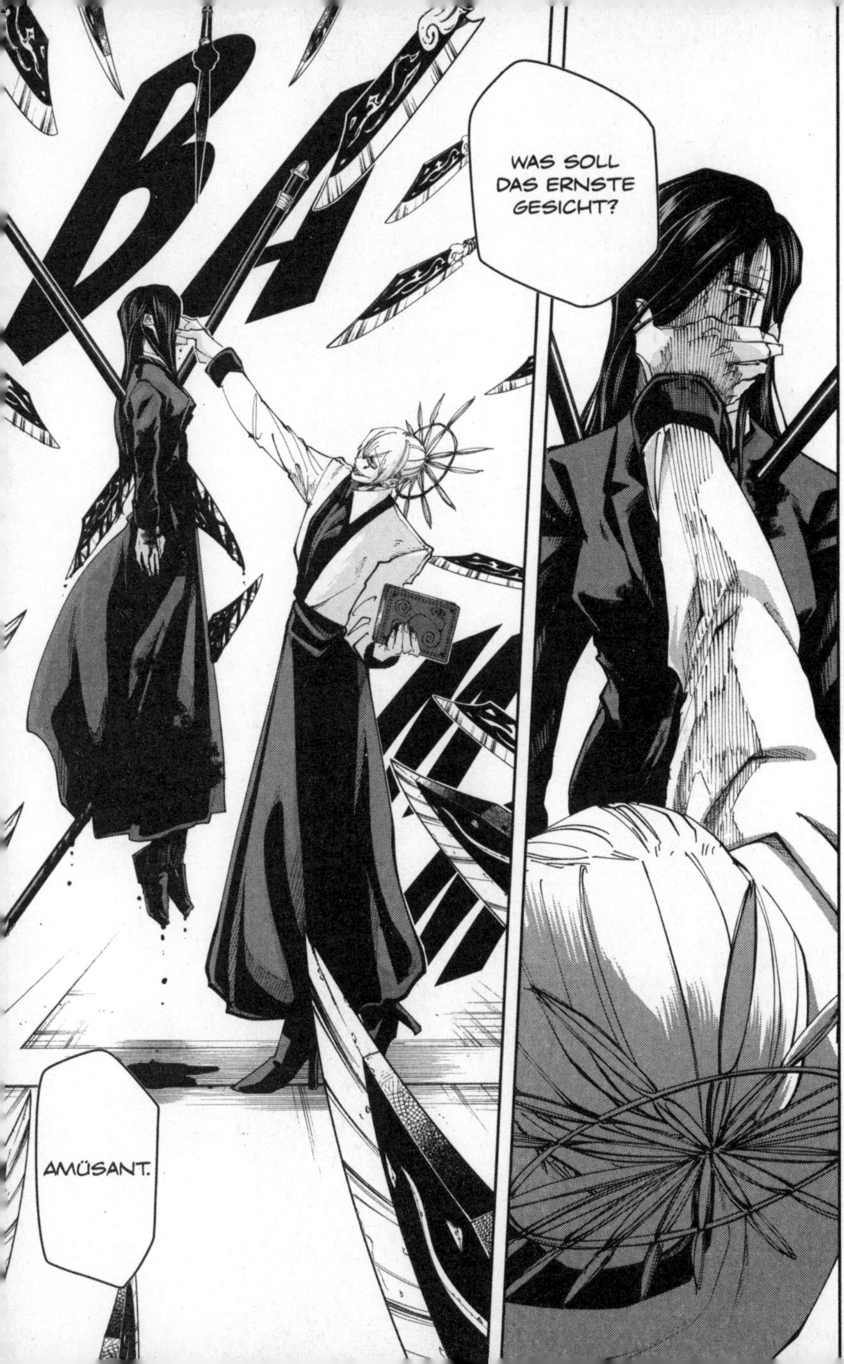
WAS SOLL DAS ERNSTE GESICHT?
BA
AMÜSANT.

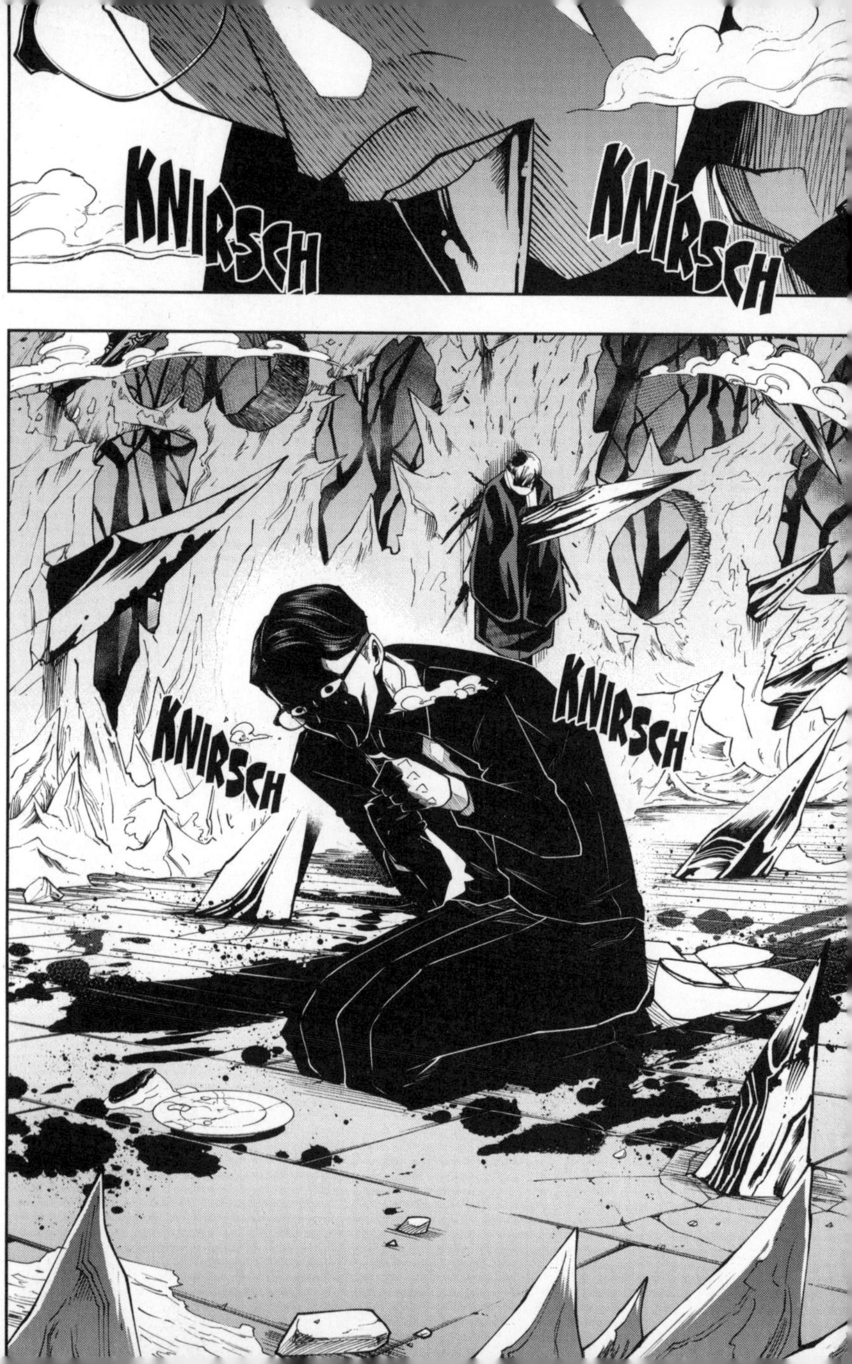
KNIRSCH
KNIRSCH
KNIRSCH
KNIRSCH

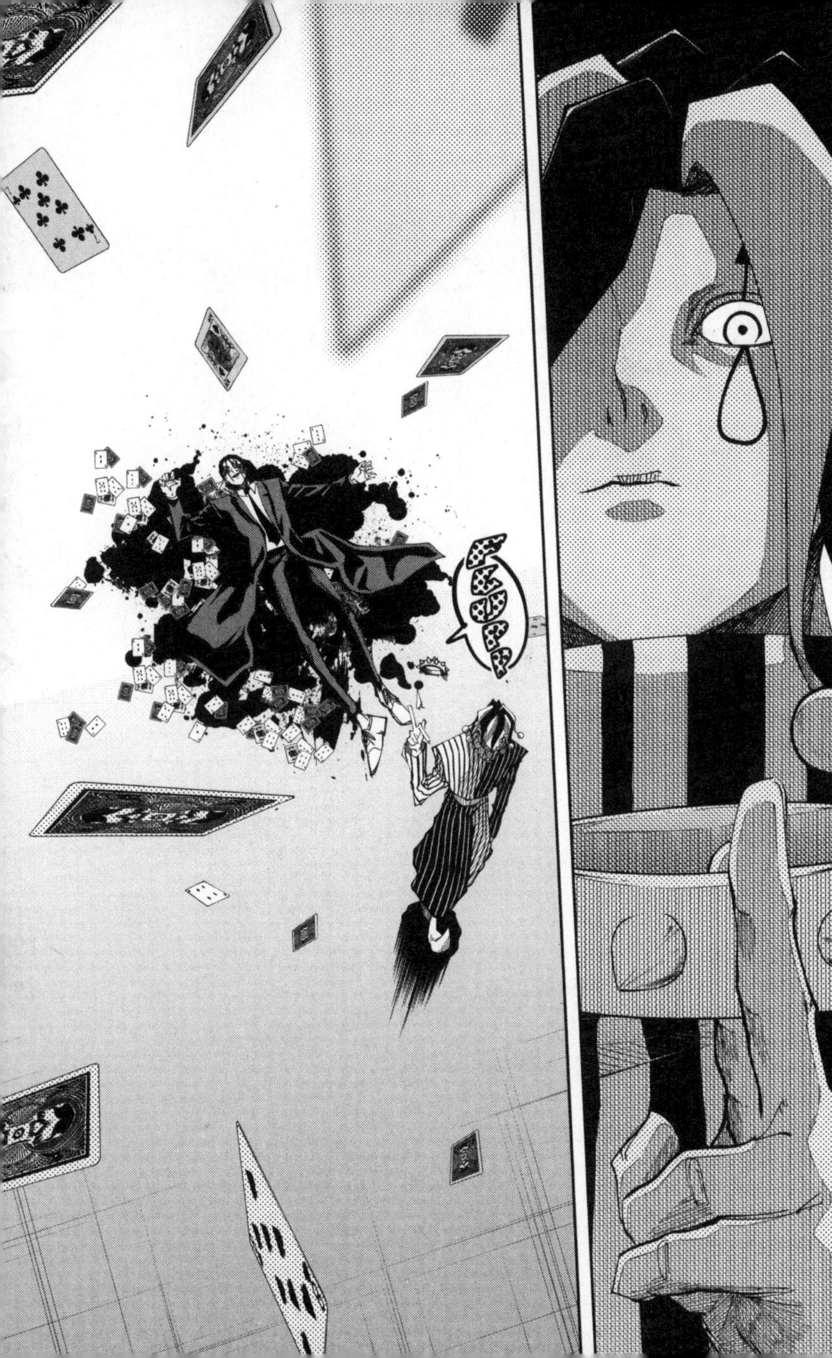

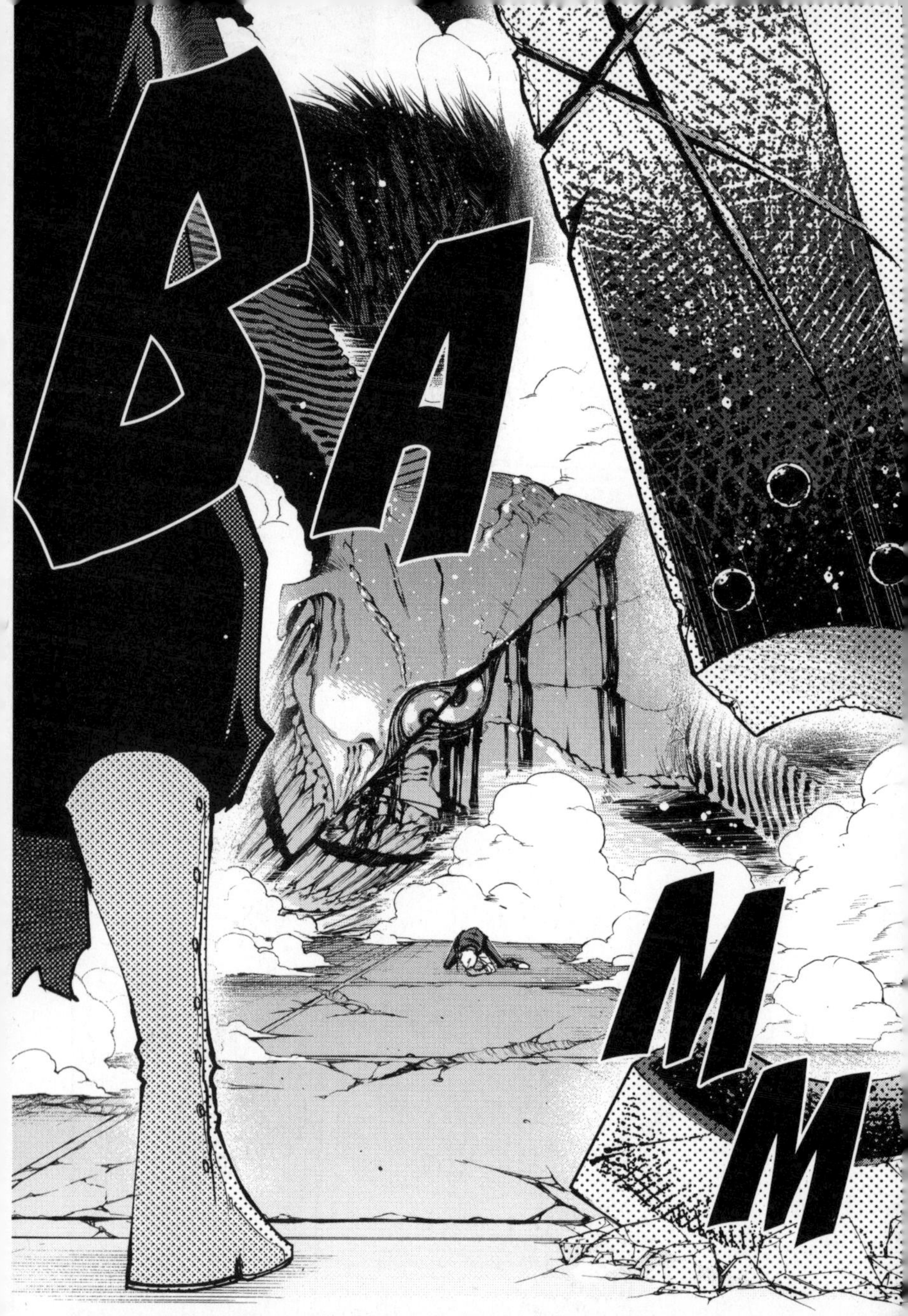
BAMM

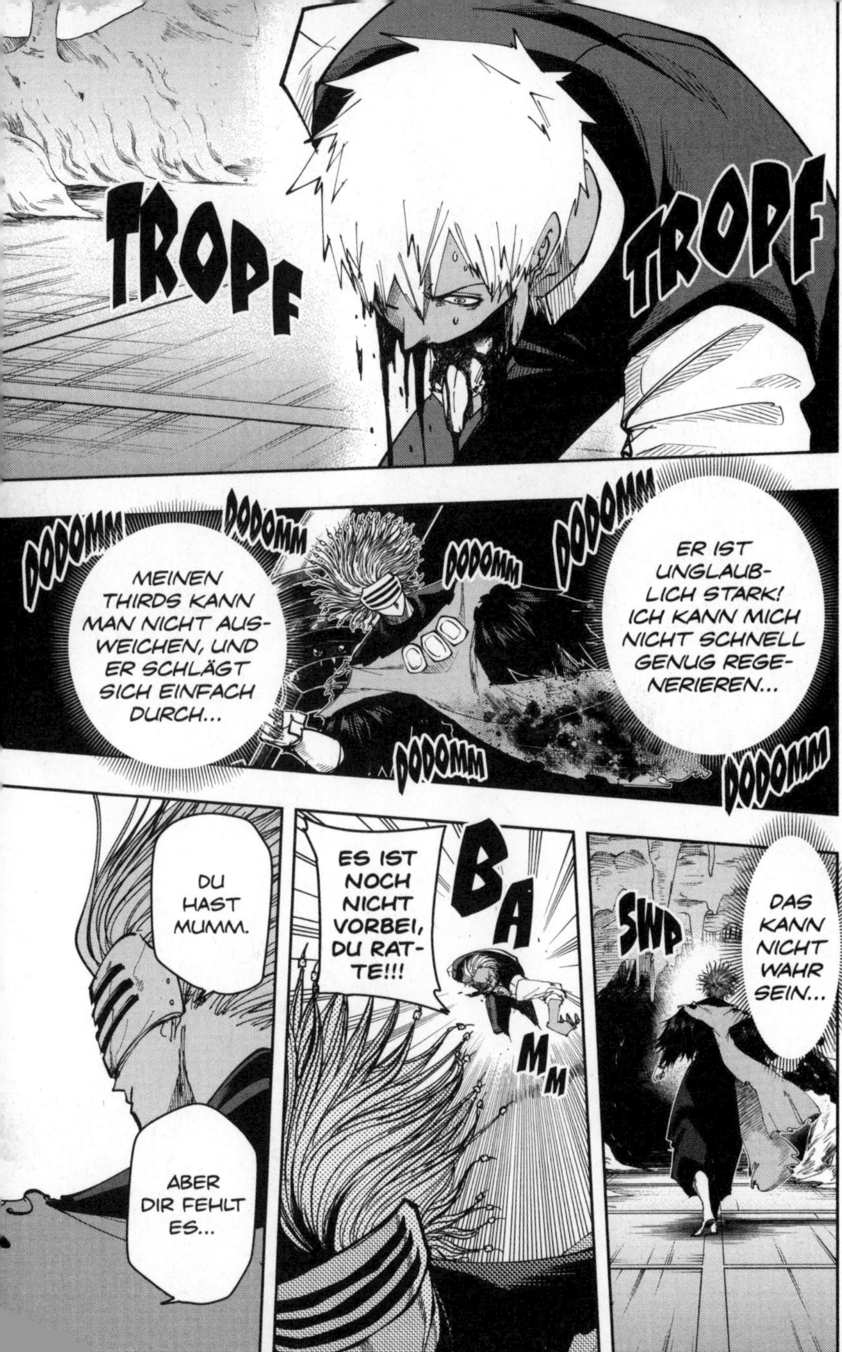
TROPF
TROPF
DODOMM
DODOMM
ER IST UNGLAUB-LICH STARK! ICH KANN MICH NICHT SCHNELL GENUG REGE-NERIEREN...
DODOMM
MEINEN THIRDS KANN MAN NICHT AUS-WEICHEN, UND ER SCHLÄGT SICH EINFACH DURCH...
DODOMM
DODOMM
DODOMM
SWP
DAS KANN NICHT WAHR SEIN...
BAMM
ES IST NOCH NICHT VORBEI, DU RAT-TE!!!
DU HAST MUMM.
ABER DIR FEHLT ES...

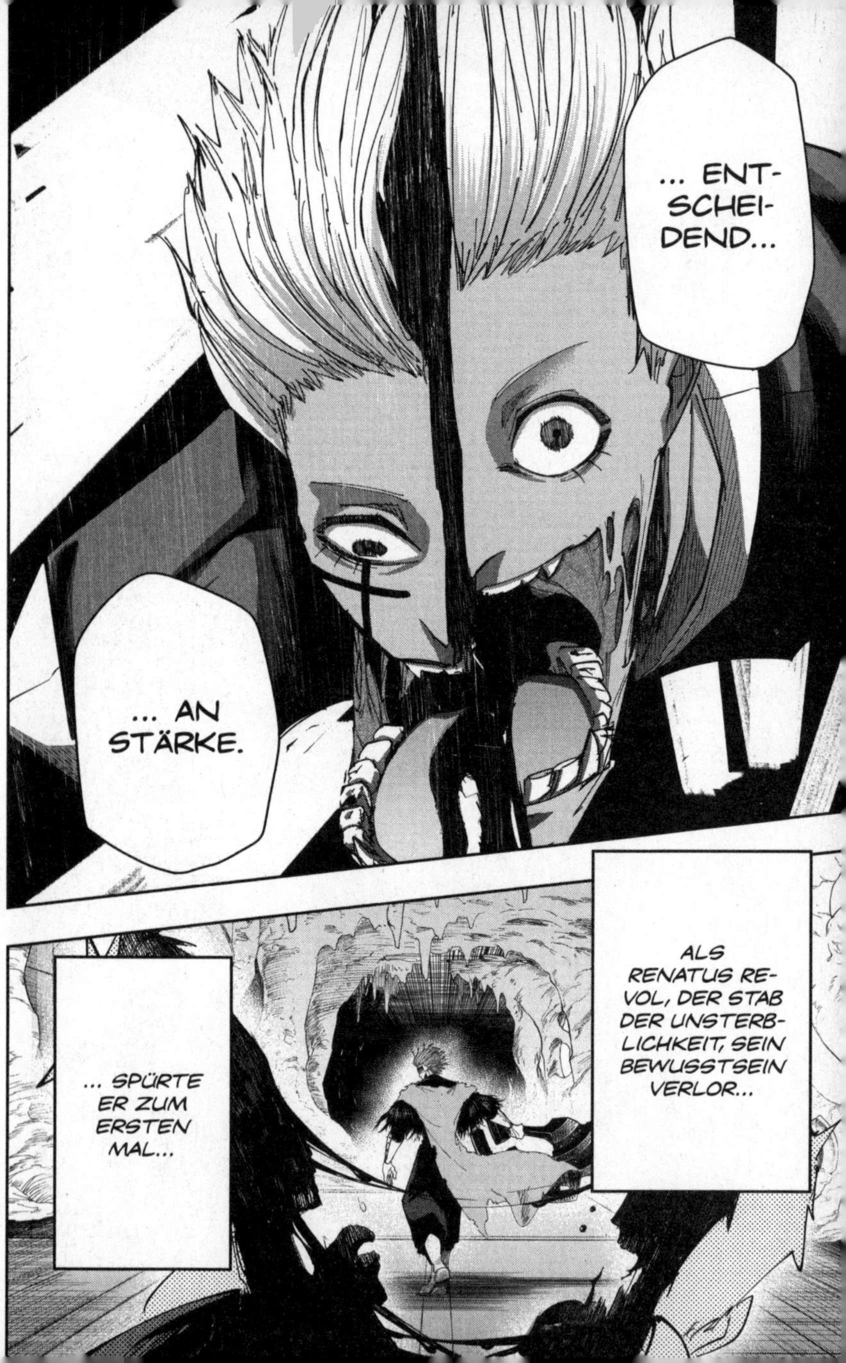
... ENT-SCHEI-DEND...
... AN STÄRKE.
ALS RENATUS RE-VOL, DER STAB DER UNSTERB-LICHKEIT, SEIN BEWUSSTSEIN VERLOR...
... SPÜRTE ER ZUM ERSTEN MAL...

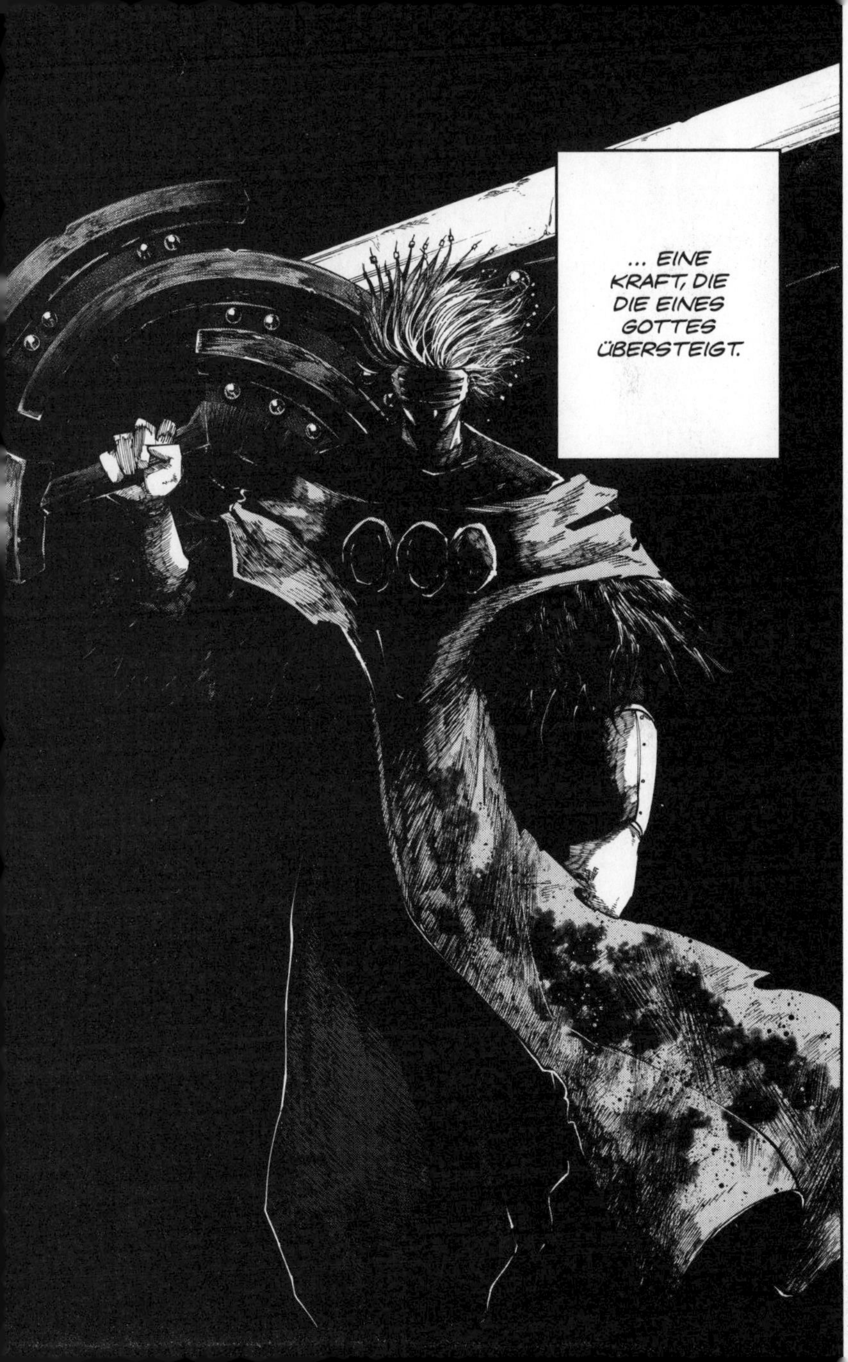
... EINE KRAFT, DIE DIE EINES GOTTES ÜBERSTEIGT.

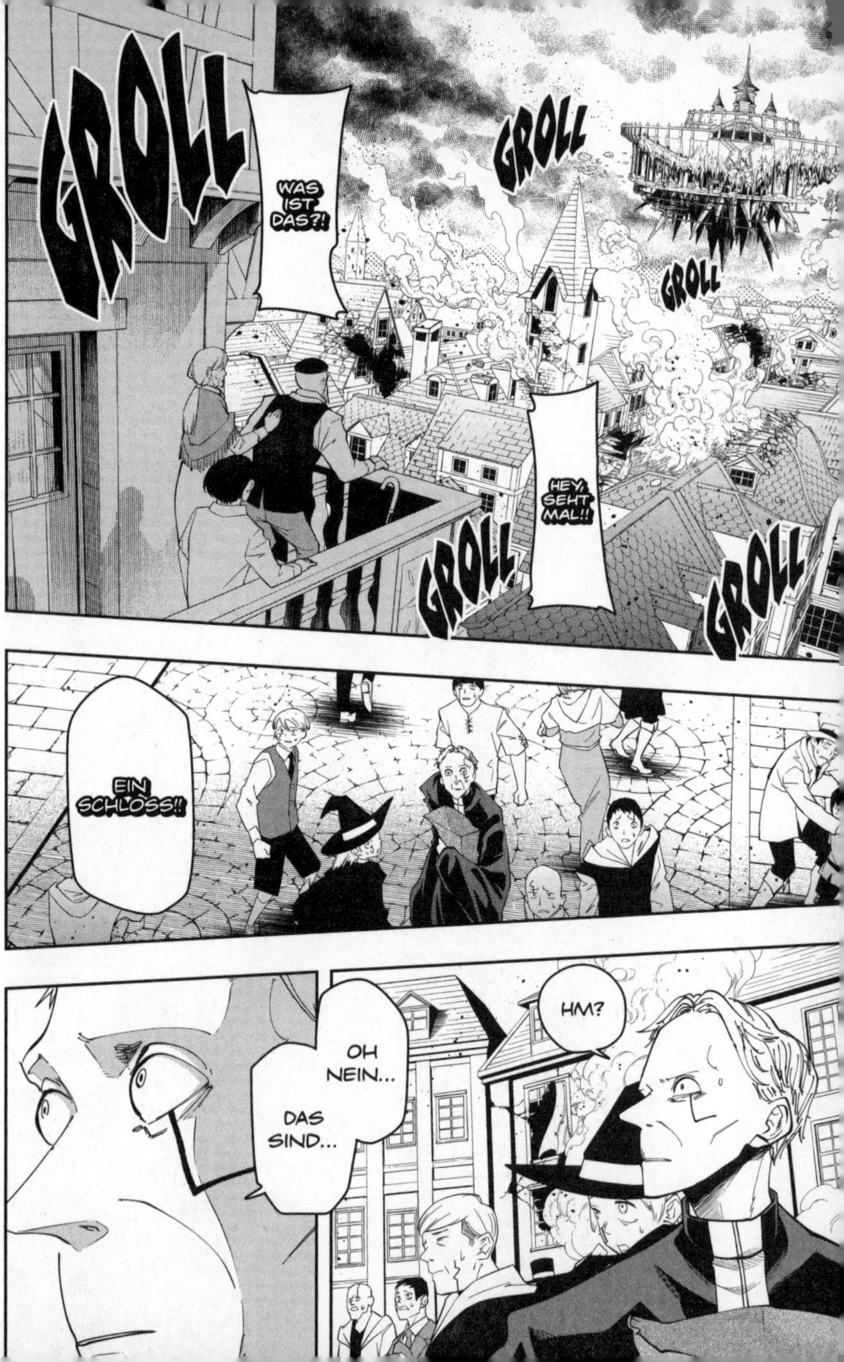
GROLL
GROLL
GROLL
HEY, SEHT MAL!!
GROLL
WAS IST DAS?!
GROLL
EIN SCHLOSS!!
HM?
OH NEIN...
DAS SIND...

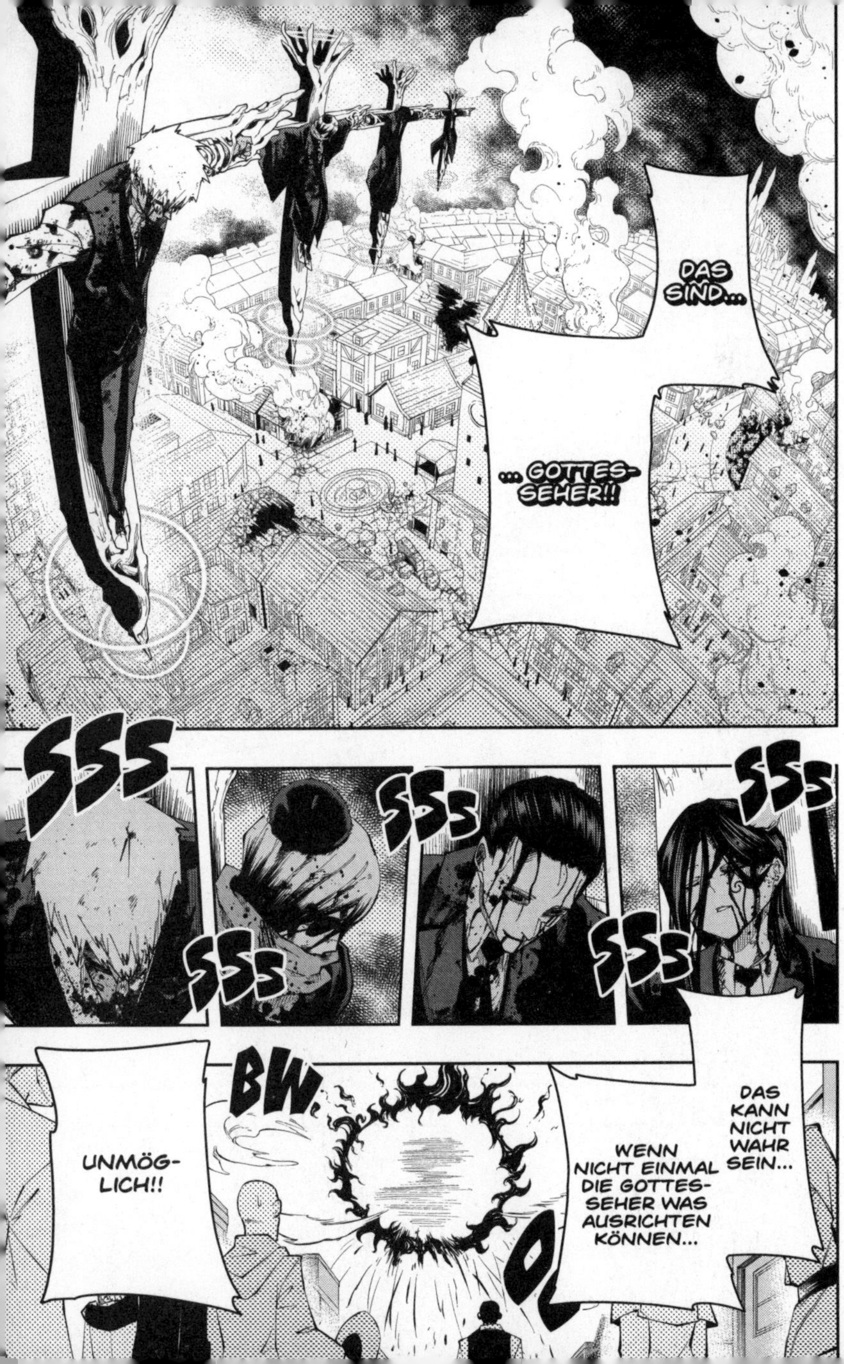
DAS SIND...
... GOTTES-SEHER!!
SSS
SSS
SSS
SSS
SSS
DAS KANN NICHT WAHR SEIN...
WENN NICHT EINMAL DIE GOTTES-SEHER WAS AUSRICHTEN KÖNNEN...
BW
O
UNMÖG-LICH!!

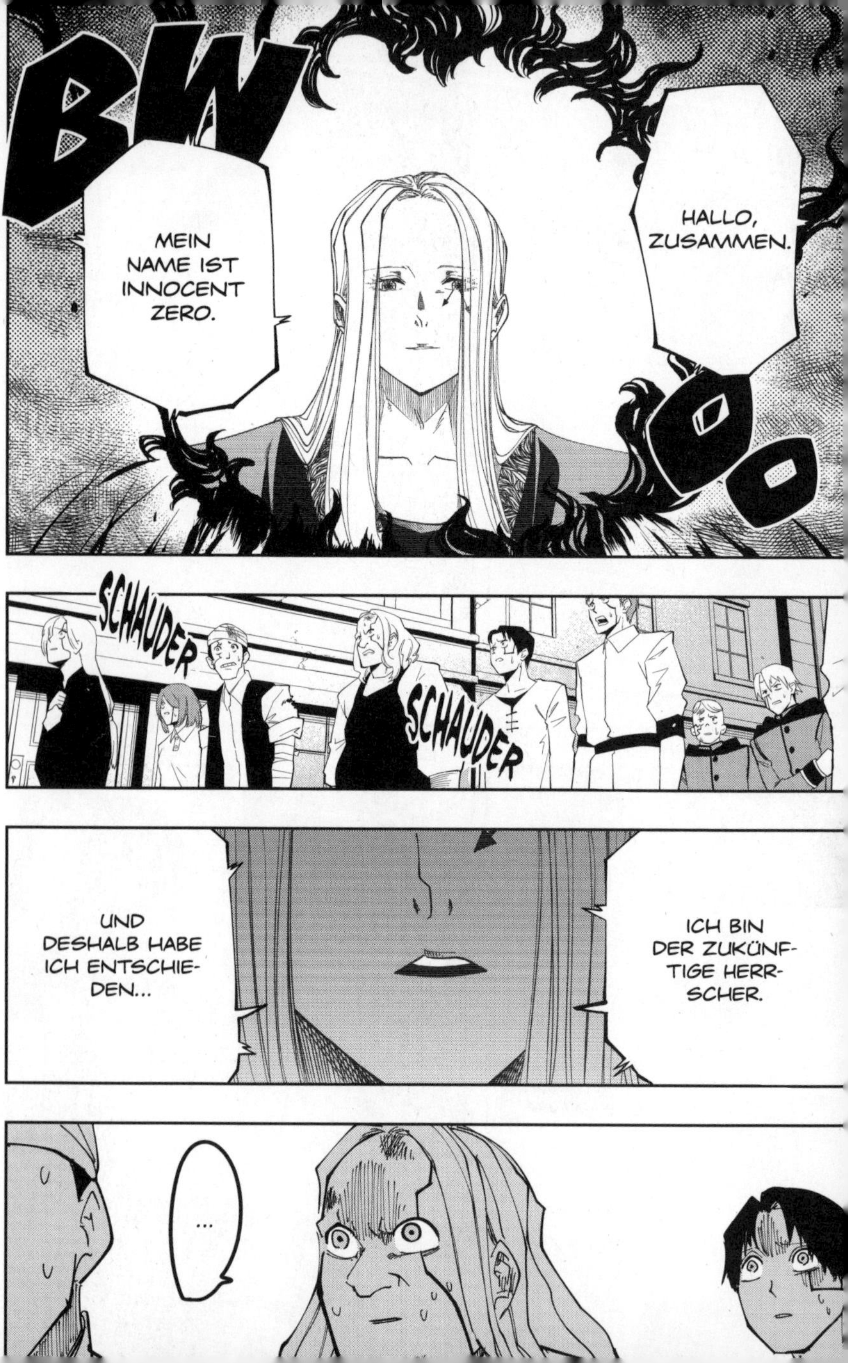
HALLO, ZUSAMMEN.
MEIN NAME IST INNOCENT ZERO.
SCHAUDER
SCHAUDER
ICH BIN DER ZUKÜNF-TIGE HERR-SCHER.
UND DESHALB HABE ICH ENTSCHIE-DEN...
...

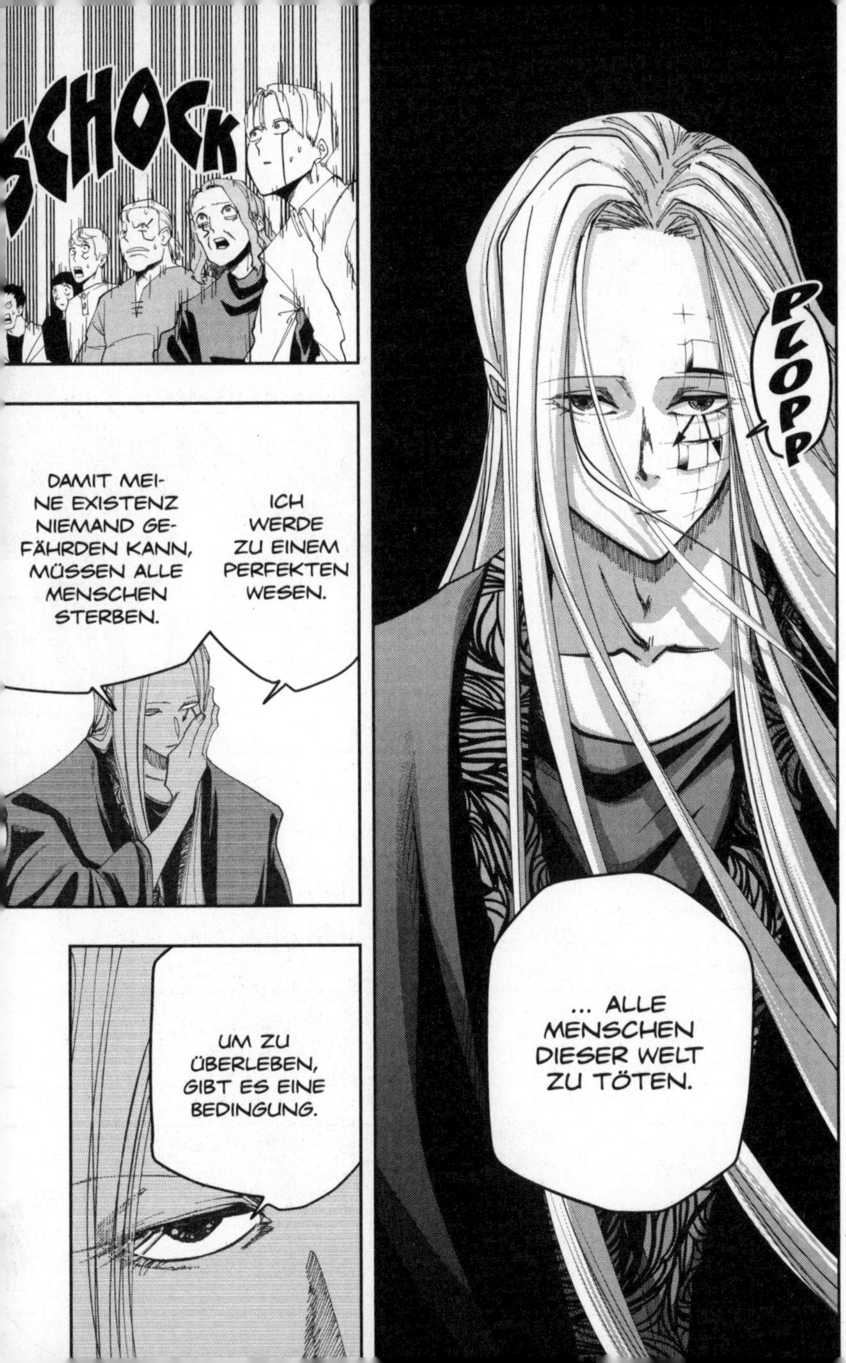
SCHOCK
ICH WERDE ZU EINEM PERFEKTEN WESEN.
DAMIT MEI-NE EXISTENZ NIEMAND GE-FÄHRDEN KANN, MÜSSEN ALLE MENSCHEN STERBEN.
UM ZU ÜBERLEBEN, GIBT ES EINE BEDINGUNG.
... ALLE MENSCHEN DIESER WELT ZU TÖTEN.
PLOPP

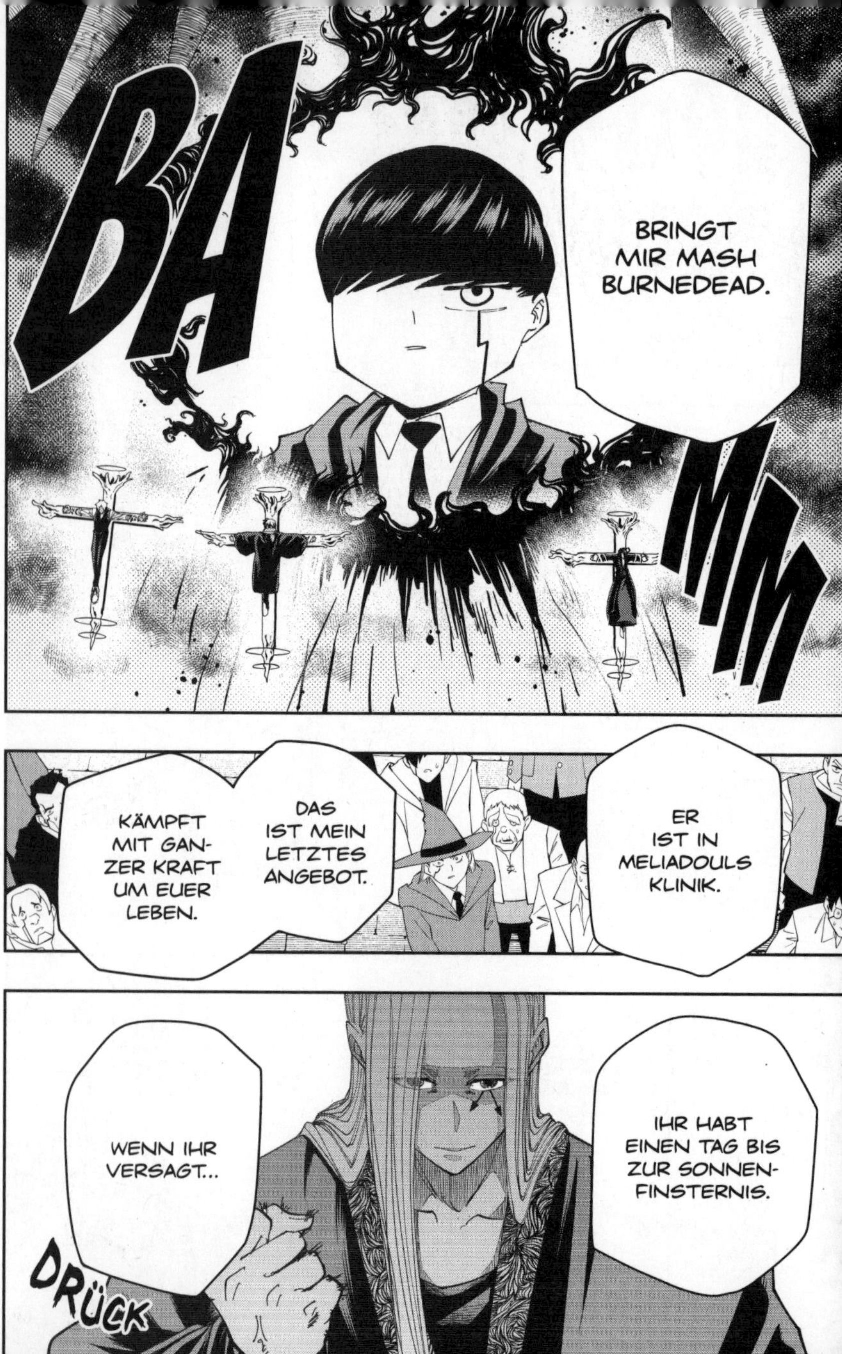
BA
MM
BRINGT MIR MASH BURNEDEAD.
ER IST IN MELIADOULS KLINIK.
DAS IST MEIN LETZTES ANGEBOT.
KÄMPFT MIT GAN-ZER KRAFT UM EUER LEBEN.
IHR HABT EINEN TAG BIS ZUR SONNEN-FINSTERNIS.
WENN IHR VERSAGT…
DRÜCK

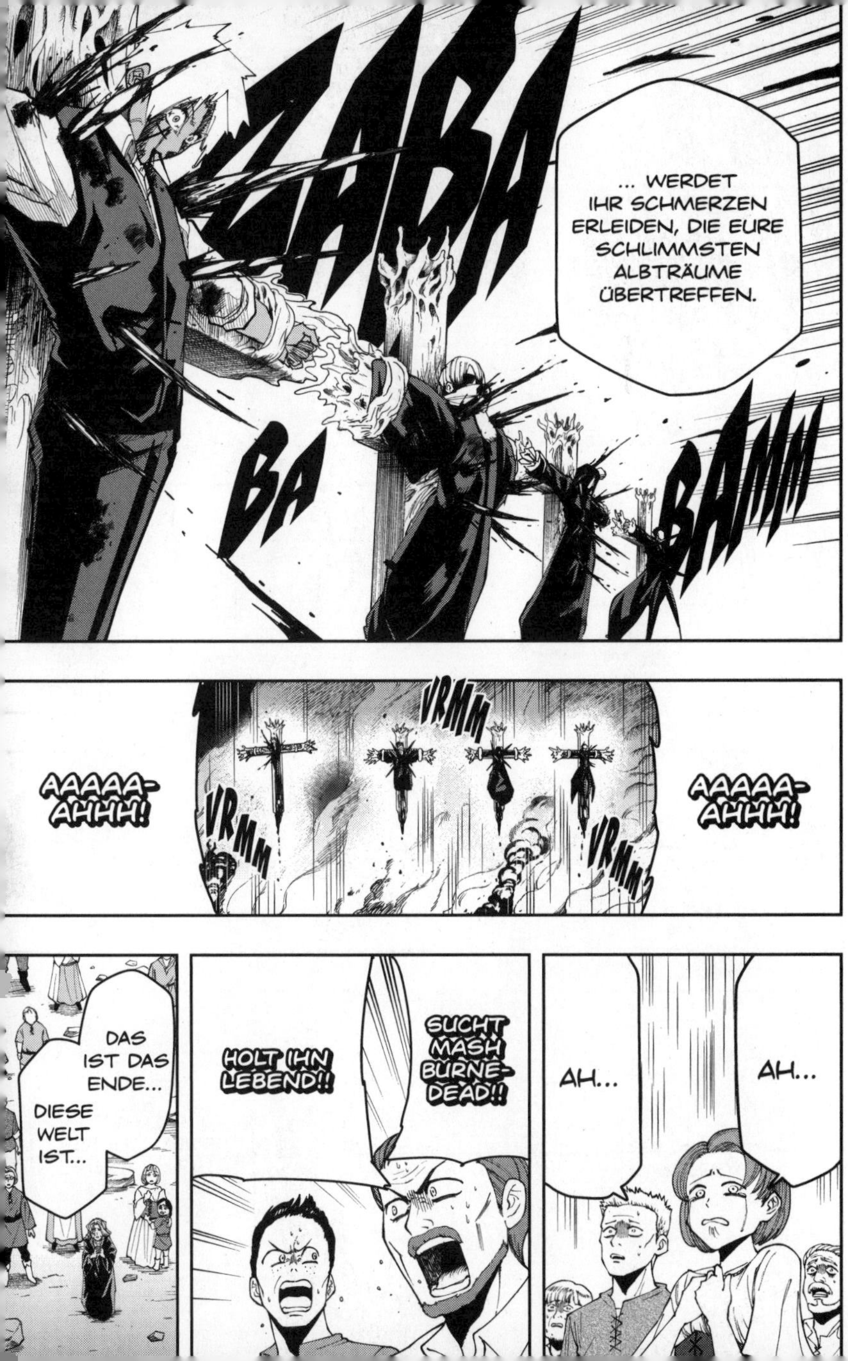
... WERDET IHR SCHMERZEN ERLEIDEN, DIE EURE SCHLIMMSTEN ALBTRÄUME ÜBERTREFFEN.
ZABA
BA
BAMM
AAAAA-AHHH!
VRMM
VRMM
VRMM
AAAAA-AHHH!
AH...
AH...
SUCHT MASH BURNE-DEAD!!
HOLT IHN LEBEND!!
DAS IST DAS ENDE...
DIESE WELT IST...

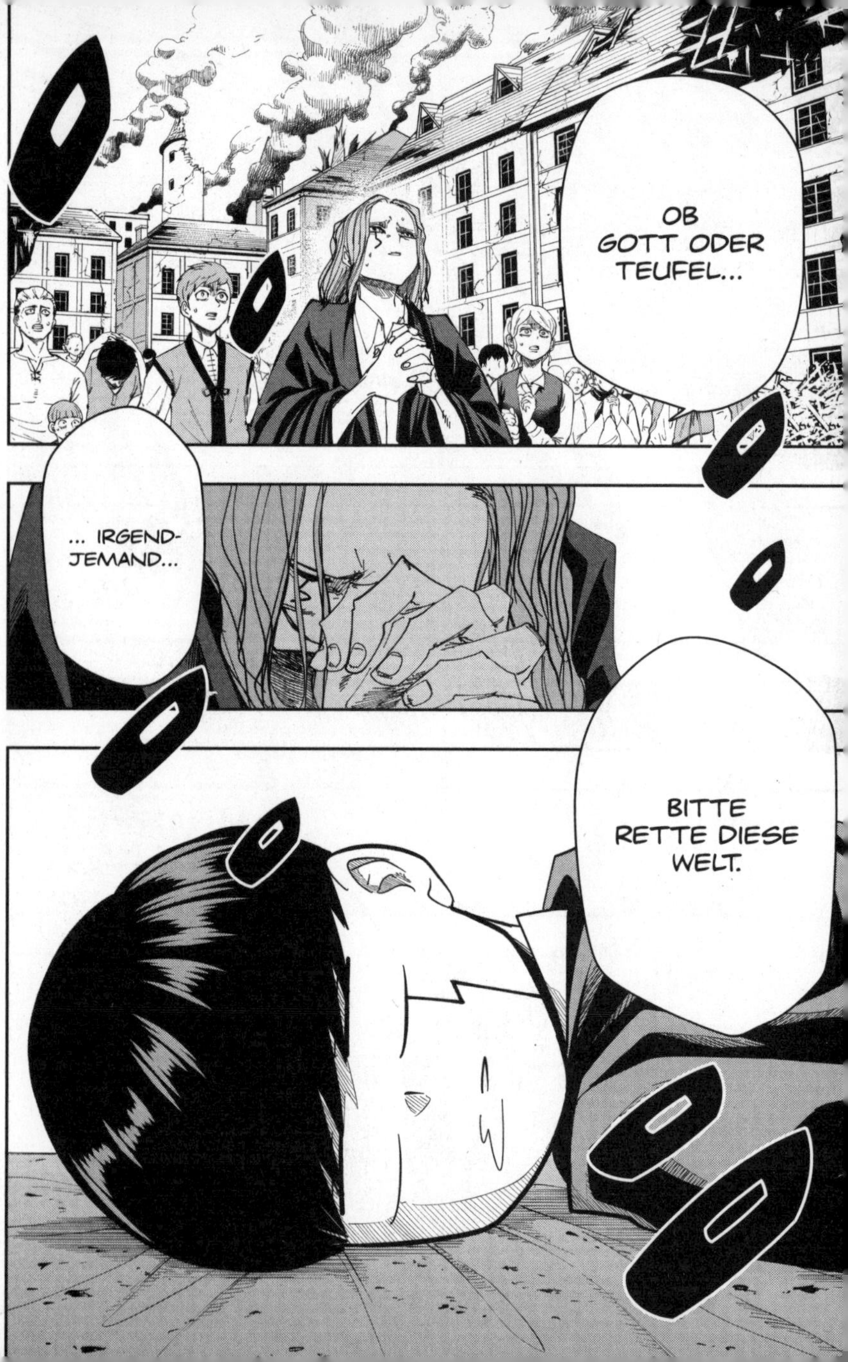
OB GOTT ODER TEUFEL...
... IRGEND-JEMAND...
BITTE RETTE DIESE WELT.

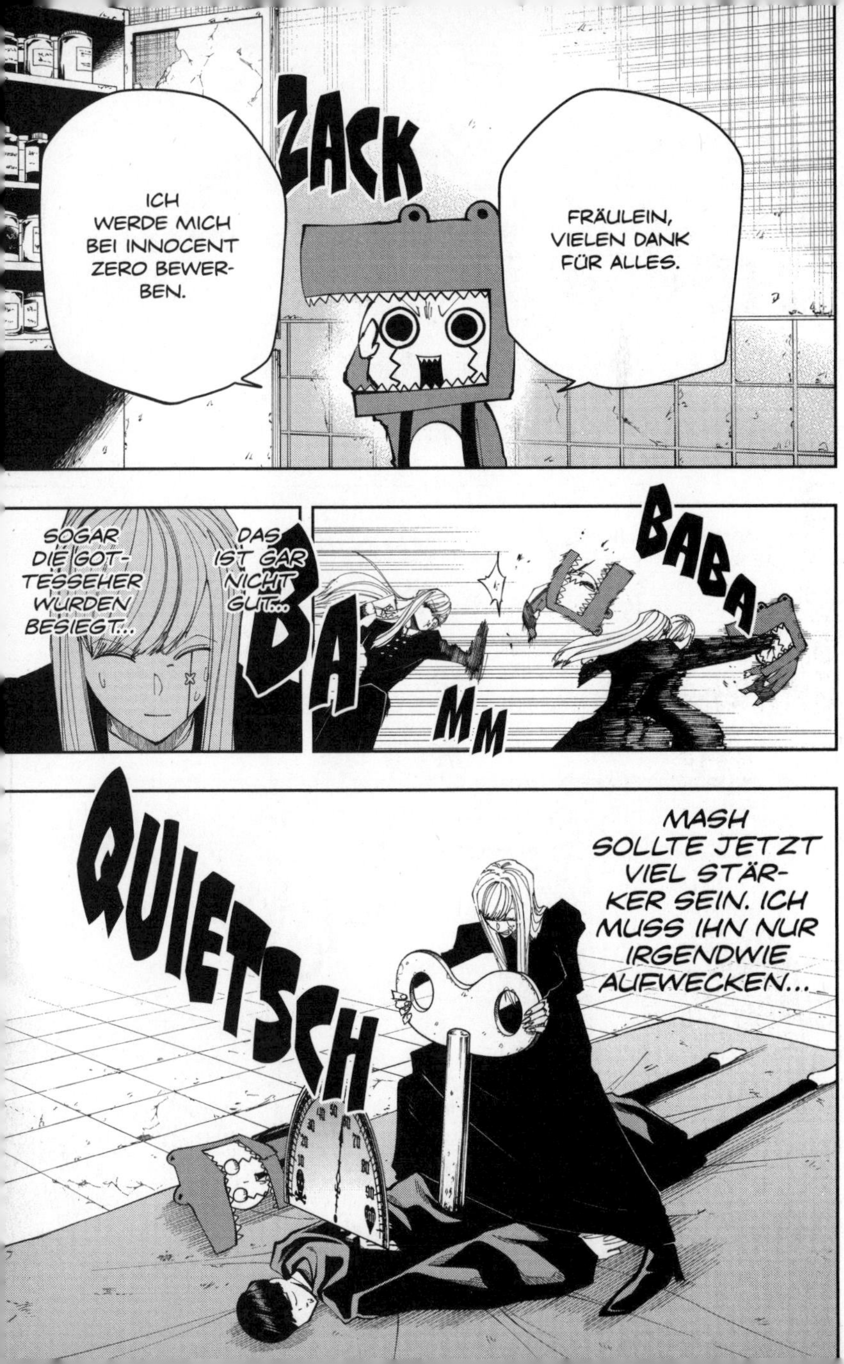
FRÄULEIN, VIELEN DANK FÜR ALLES.
ZACK
ICH WERDE MICH BEI INNOCENT ZERO BEWER-BEN.
BABA
BAMM
DAS IST GAR NICHT GUT...
SOGAR DIE GOT-TESSEHER WURDEN BESIEGT...
MASH SOLLTE JETZT VIEL STÄR-KER SEIN. ICH MUSS IHN NUR IRGENDWIE AUFWECKEN...
QUIETSCH

Extra 2

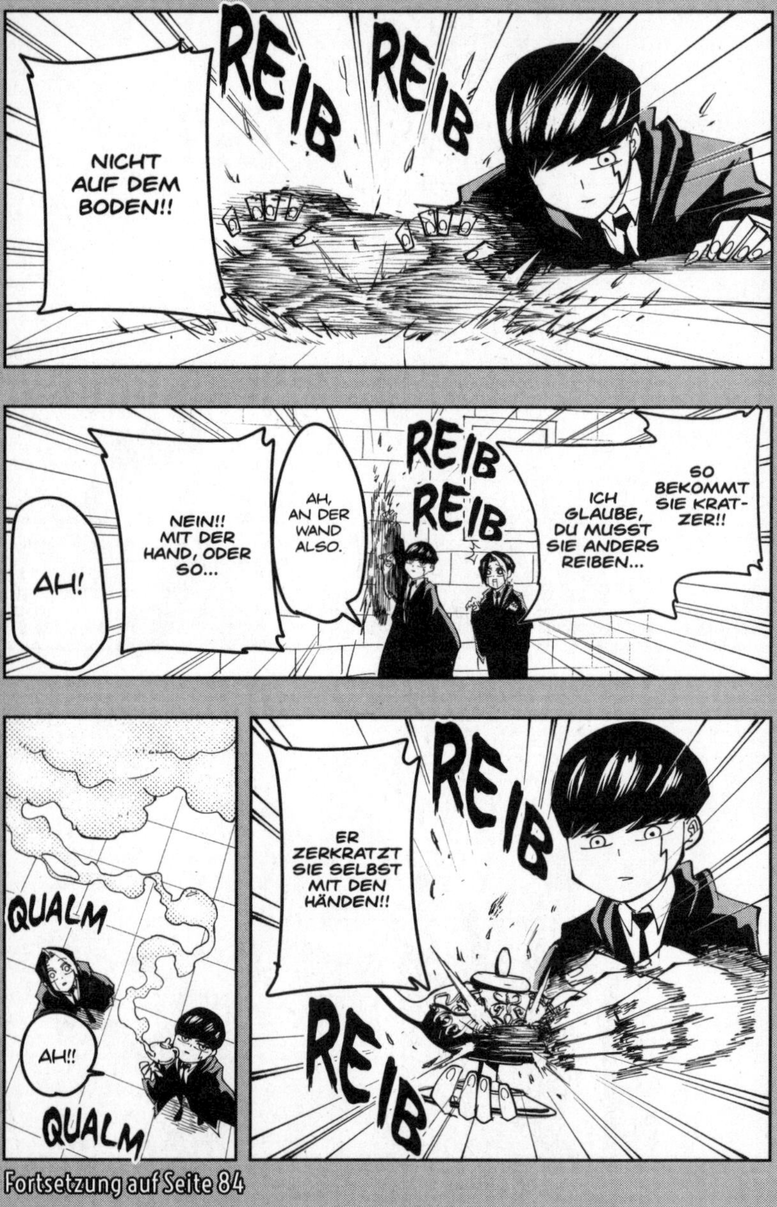

Fortsetzung auf Seite 84

113. Kapitel Ryoh Grantz und die Verteidigung der Stadt

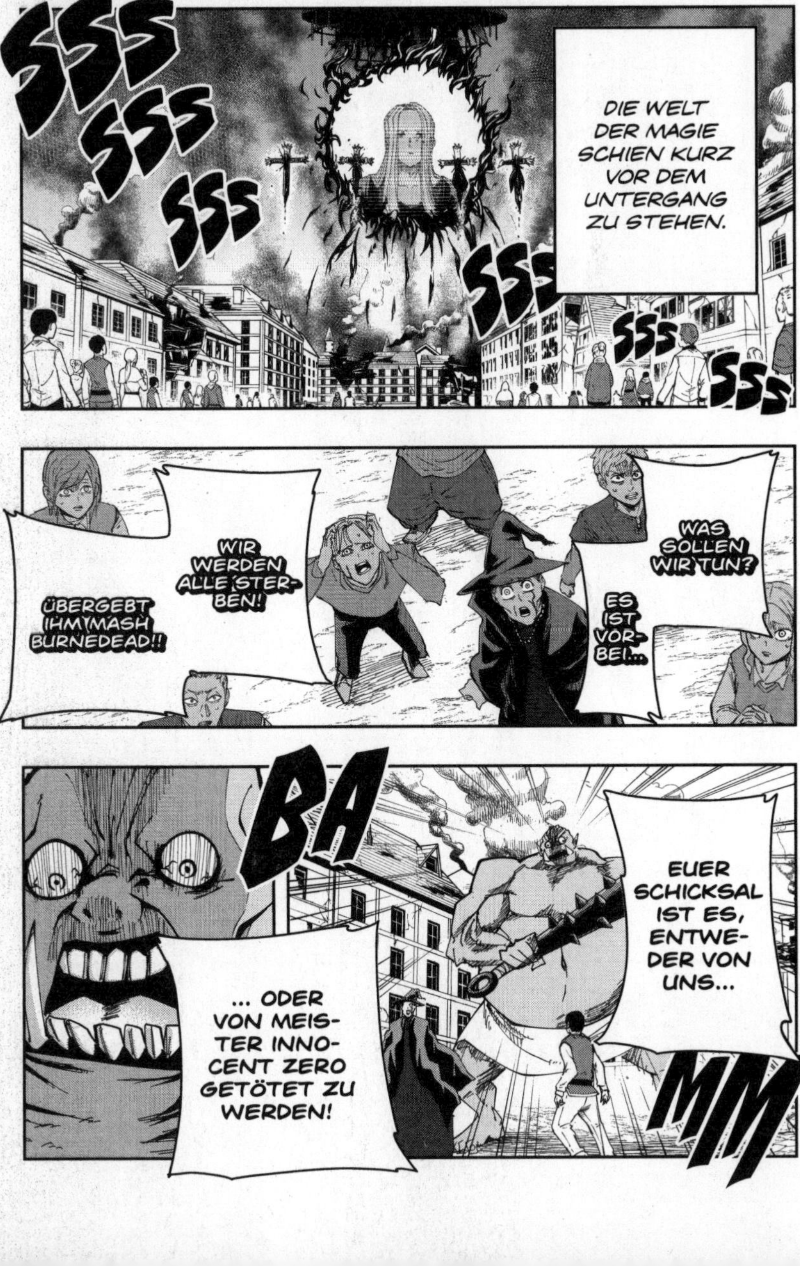

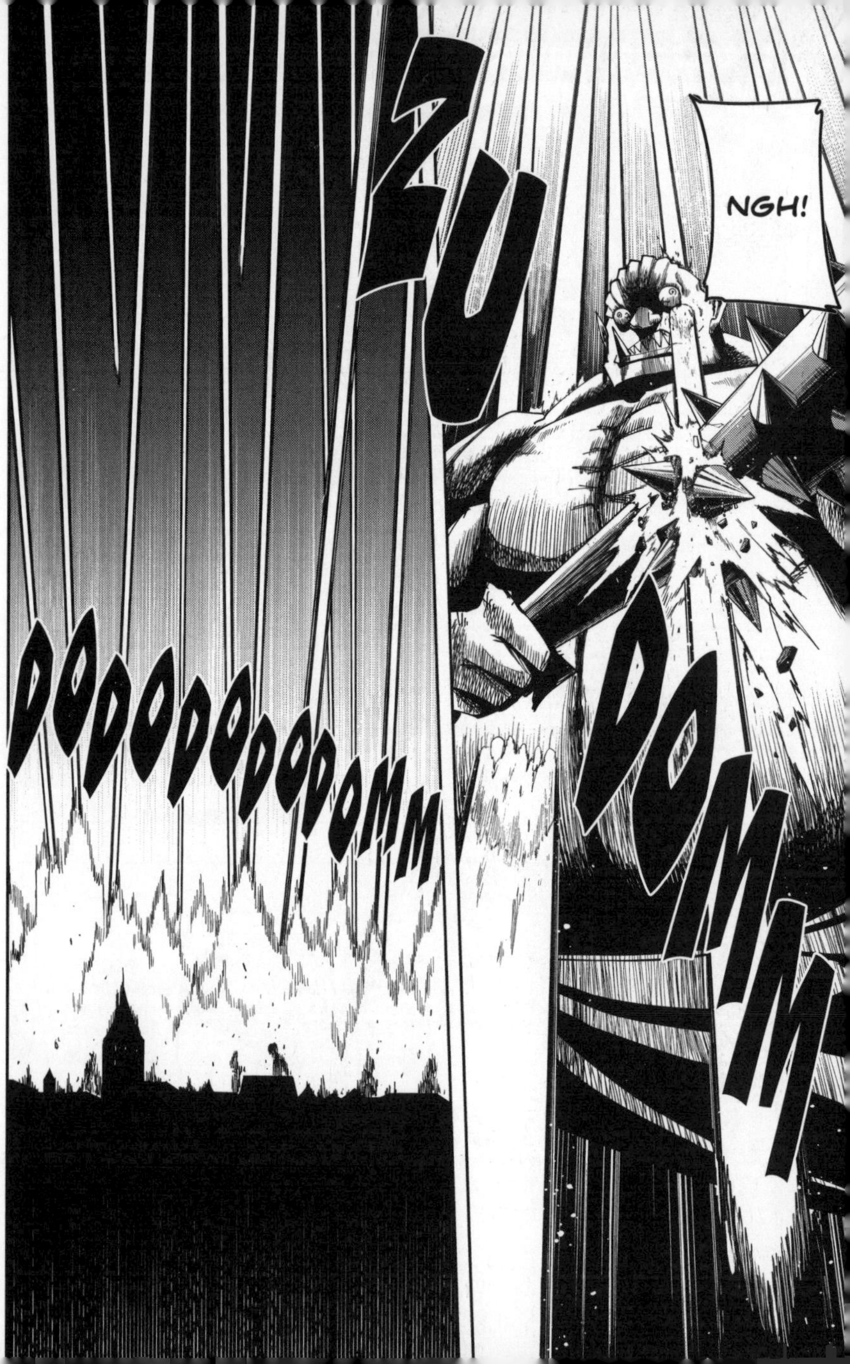
ZU
NGH!
DOMM!
DODODODODODOMM

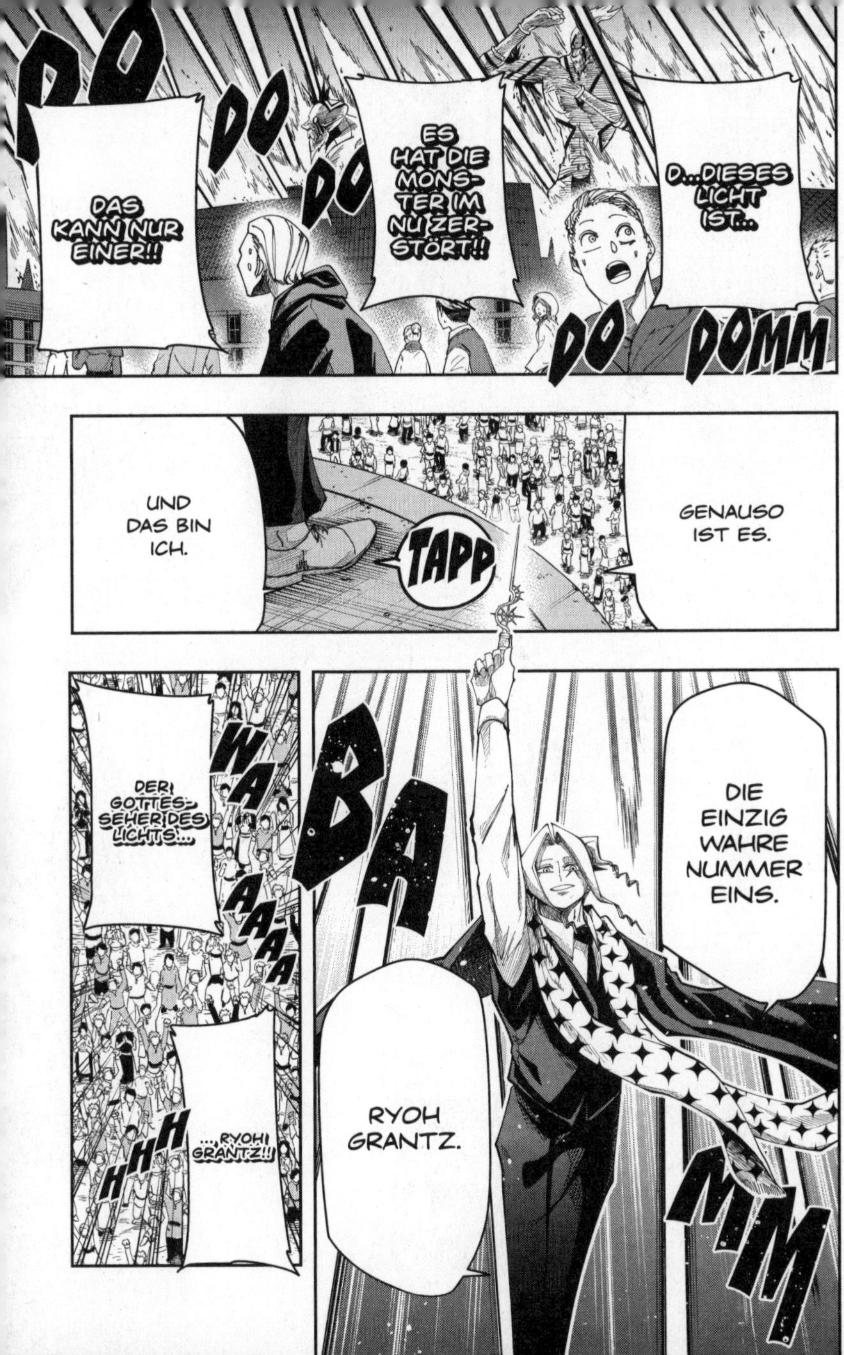
D...DIESES LICHT IST...
ES HAT DIE MONSTER IM NU ZERSTÖRT!!
DAS KANN NUR EINER!!
DO DO DO DO DO DOMM
GENAUSO IST ES.
UND DAS BIN ICH.
TAPP
DIE EINZIG WAHRE NUMMER EINS.
RYOH GRANTZ.
BA
MM
DER GOTTESSEHER DES LICHTS...
..., RYOH GRANTZ!!
WAAAAAHHH

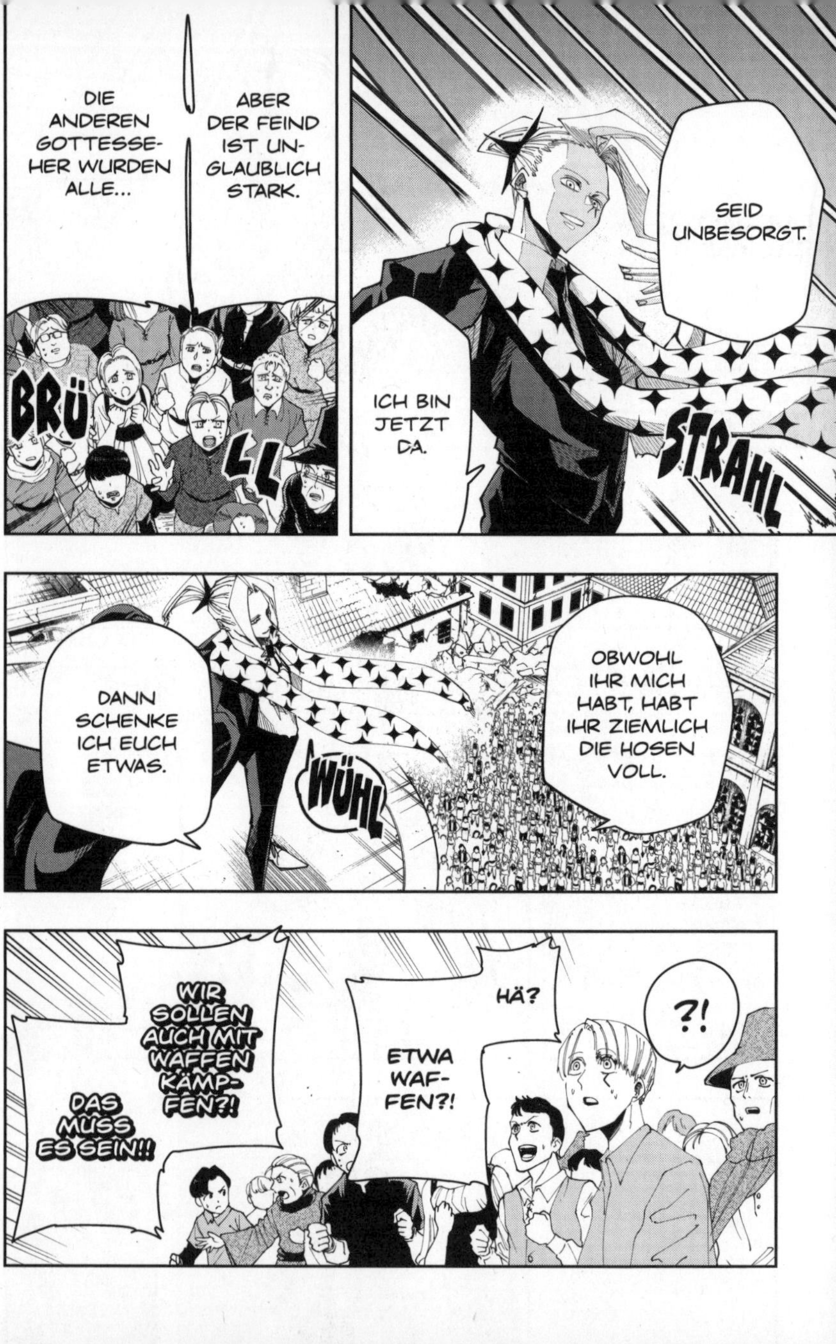
SEID UNBESORGT.
ICH BIN JETZT DA.
STRAHL
ABER DER FEIND IST UNGLAUBLICH STARK.
DIE ANDEREN GOTTESSEHER WURDEN ALLE...
BRÜLL
OBWOHL IHR MICH HABT, HABT IHR ZIEMLICH DIE HOSEN VOLL.
DANN SCHENKE ICH EUCH ETWAS.
WÜHL
?!
HÄ?
ETWA WAFFEN?!
WIR SOLLEN AUCH MIT WAFFEN KÄMPFEN?!
DAS MUSS ES SEIN!!

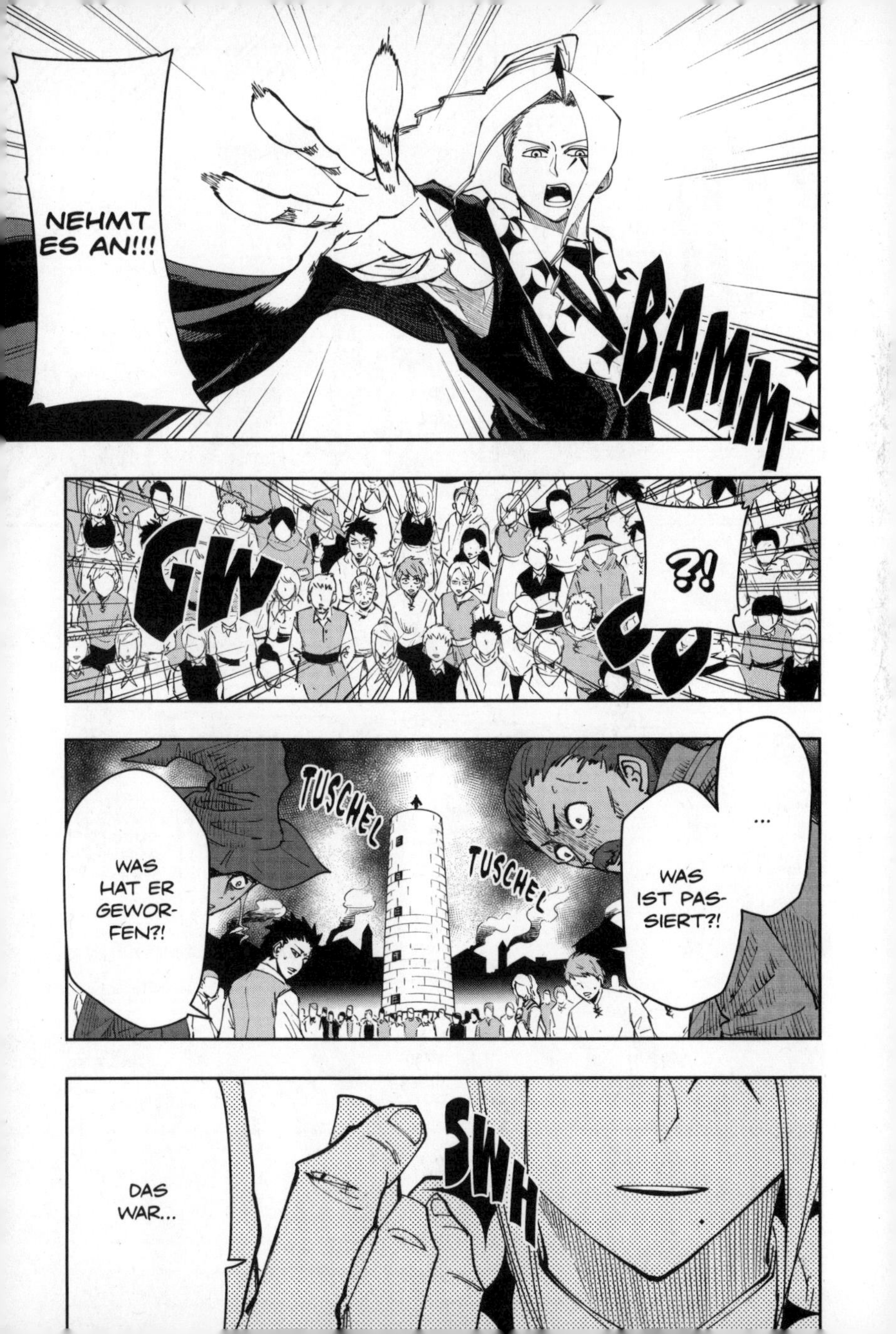
NEHMT ES AN!!!
BAMM
GW
?!
...
WAS IST PASSIERT?!
TUSCHEL
TUSCHEL
WAS HAT ER GEWORFEN?!
SWH
DAS WAR...

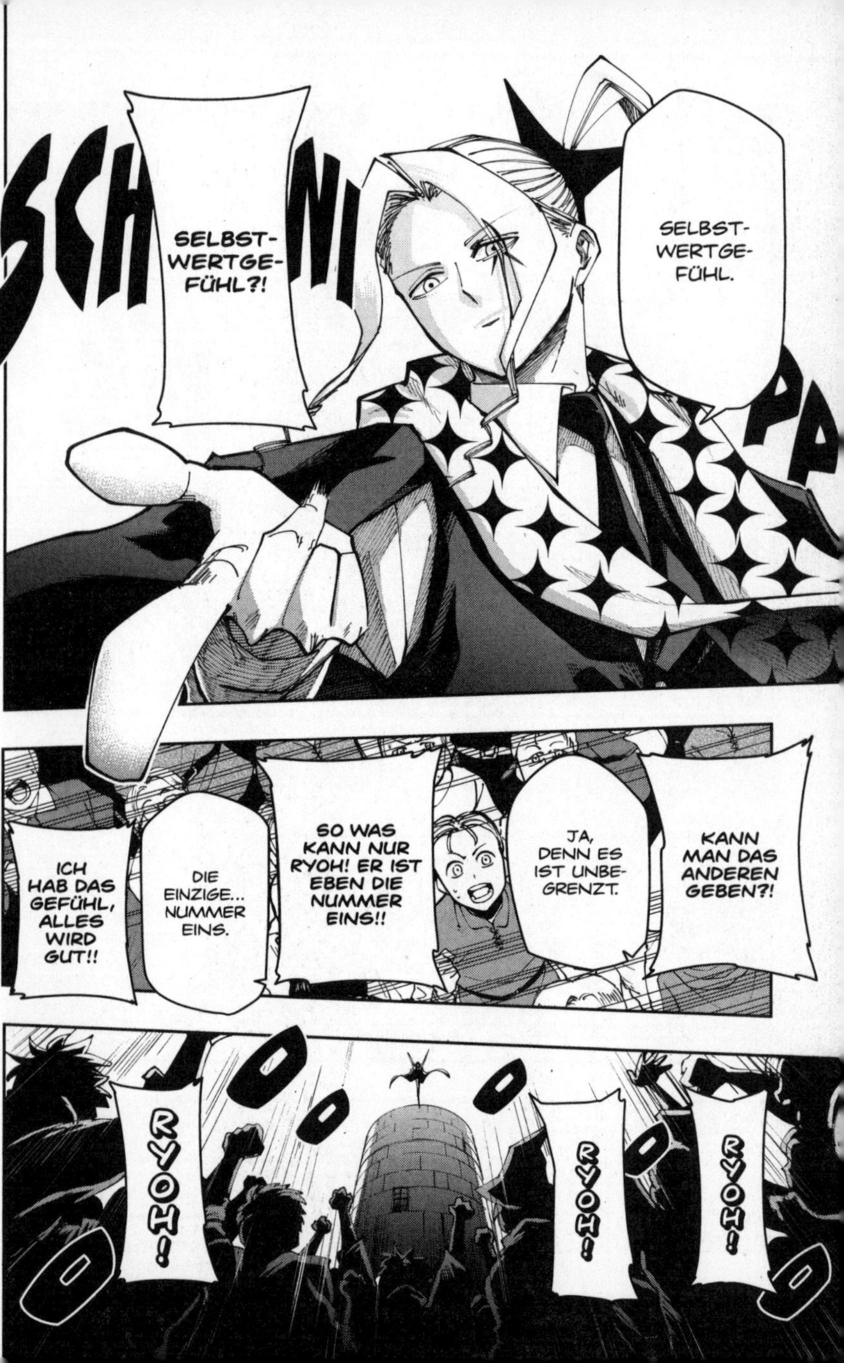
SELBST-WERTGE-FÜHL.
SCHNIPP
SELBST-WERTGE-FÜHL?!
KANN MAN DAS ANDEREN GEBEN?!
JA, DENN ES IST UNBE-GRENZT.
SO WAS KANN NUR RYOH! ER IST EBEN DIE NUMMER EINS!!
DIE EINZIGE... NUMMER EINS.
ICH HAB DAS GEFÜHL, ALLES WIRD GUT!!
RYOH!
RYOH!
RYOH!
OOOOOO

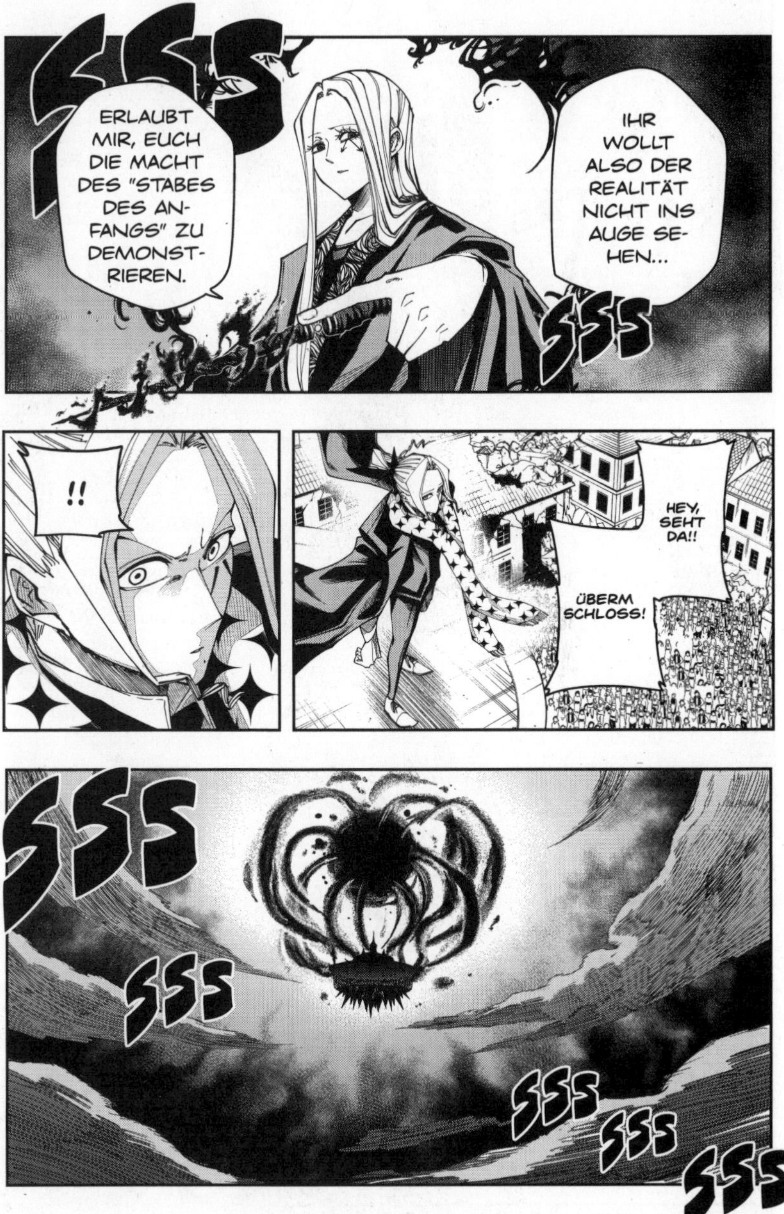
SSS
IHR WOLLT ALSO DER REALITÄT NICHT INS AUGE SEHEN...
ERLAUBT MIR, EUCH DIE MACHT DES "STABES DES ANFANGS" ZU DEMONSTRIEREN.
SSS
HEY, SEHT DA!!
ÜBERM SCHLOSS!
!!
SSS
SSS
SSS
SSS
SSS

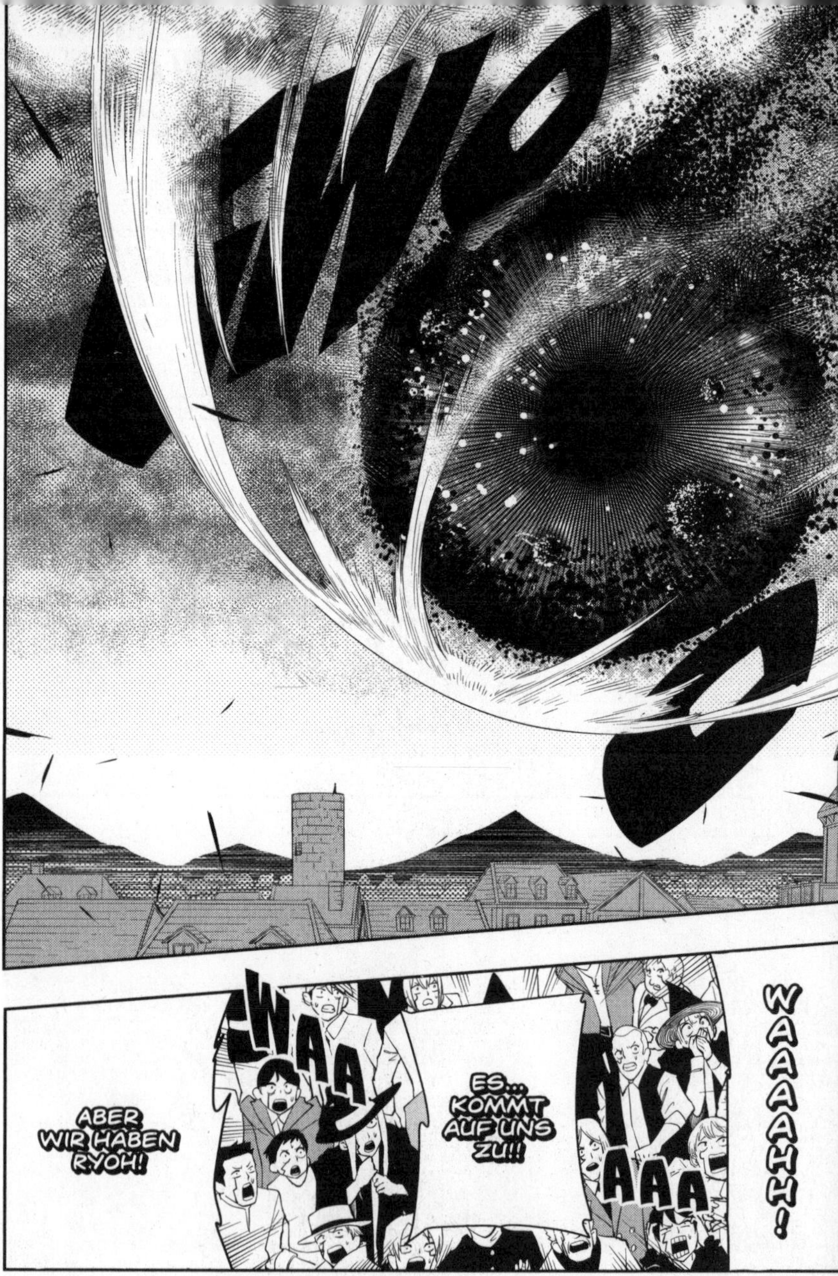
WAAAAAHH!
ES... KOMMT AUF UNS ZU!!
WAAA
AAA
ABER WIR HABEN RYOH!

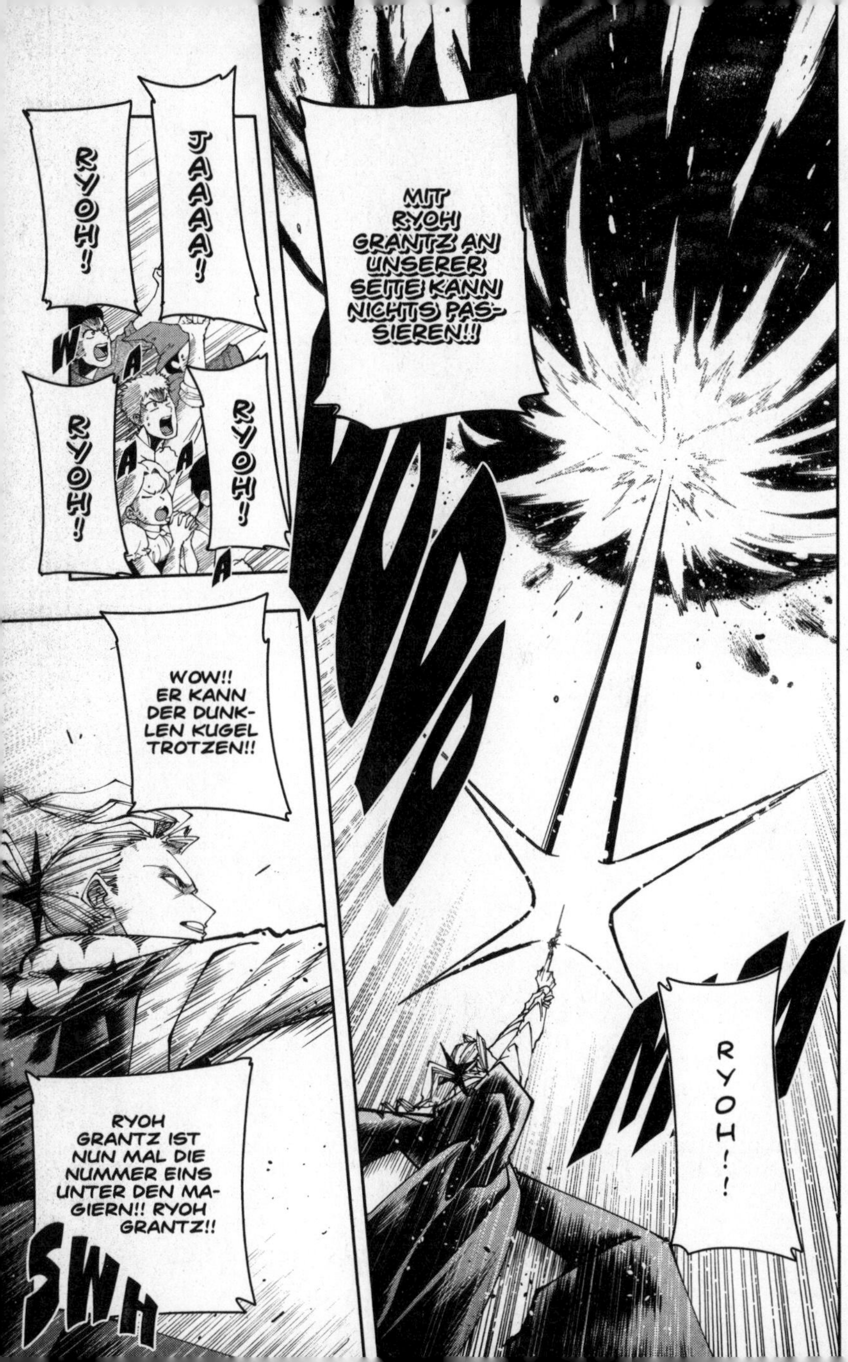

MIT RYOH GRANTZ AN UNSERER SEITE KANN NICHTS PAS-SIEREN!!
JAAAAA!
RYOH!
WAA
RYOH!
RYOH!
AAA
WOW!! ER KANN DER DUNK-LEN KUGEL TROTZEN!!
RYOH!!
RYOH GRANTZ IST NUN MAL DIE NUMMER EINS UNTER DEN MA-GIERN!! RYOH GRANTZ!!
SWH

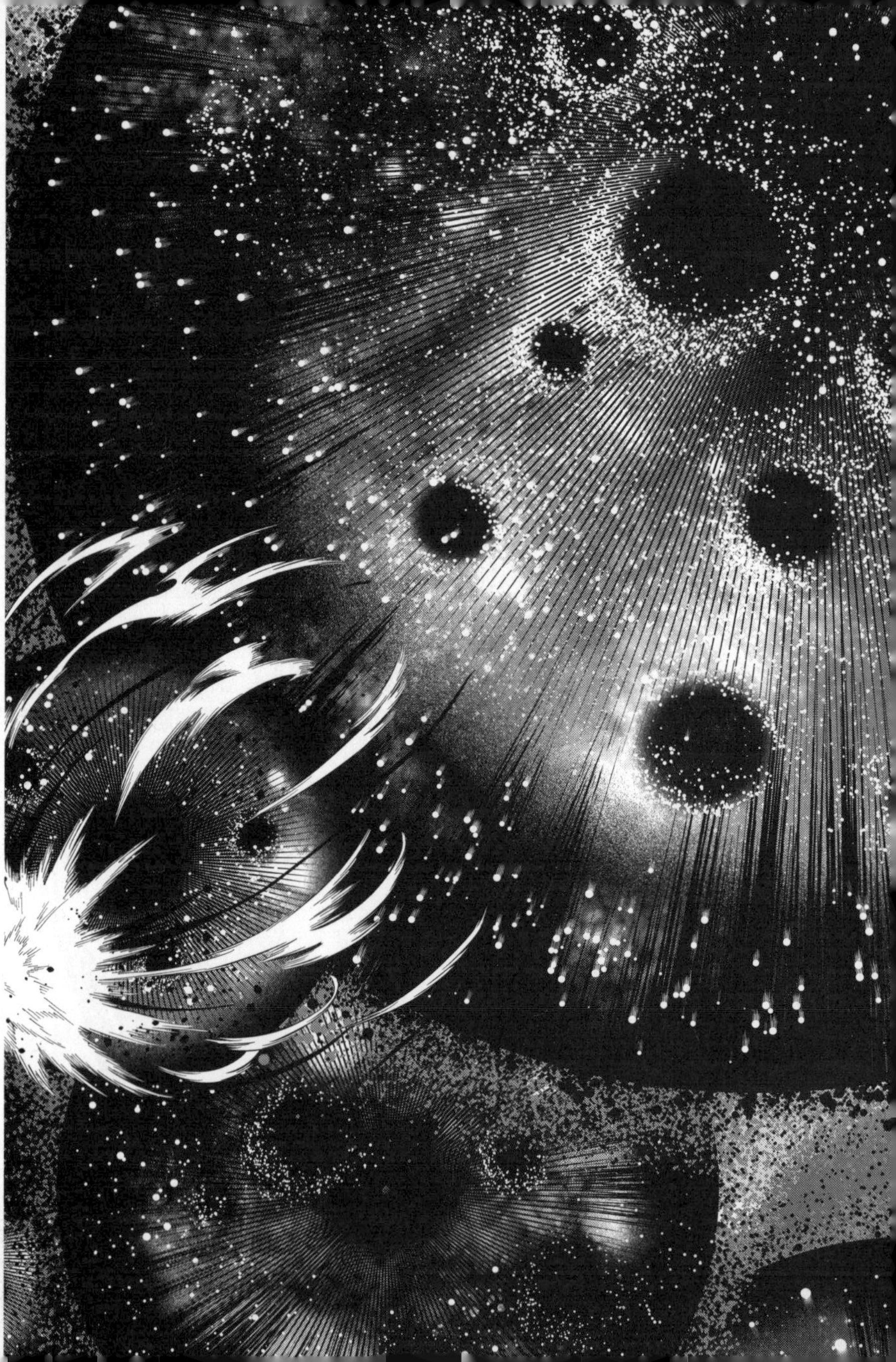

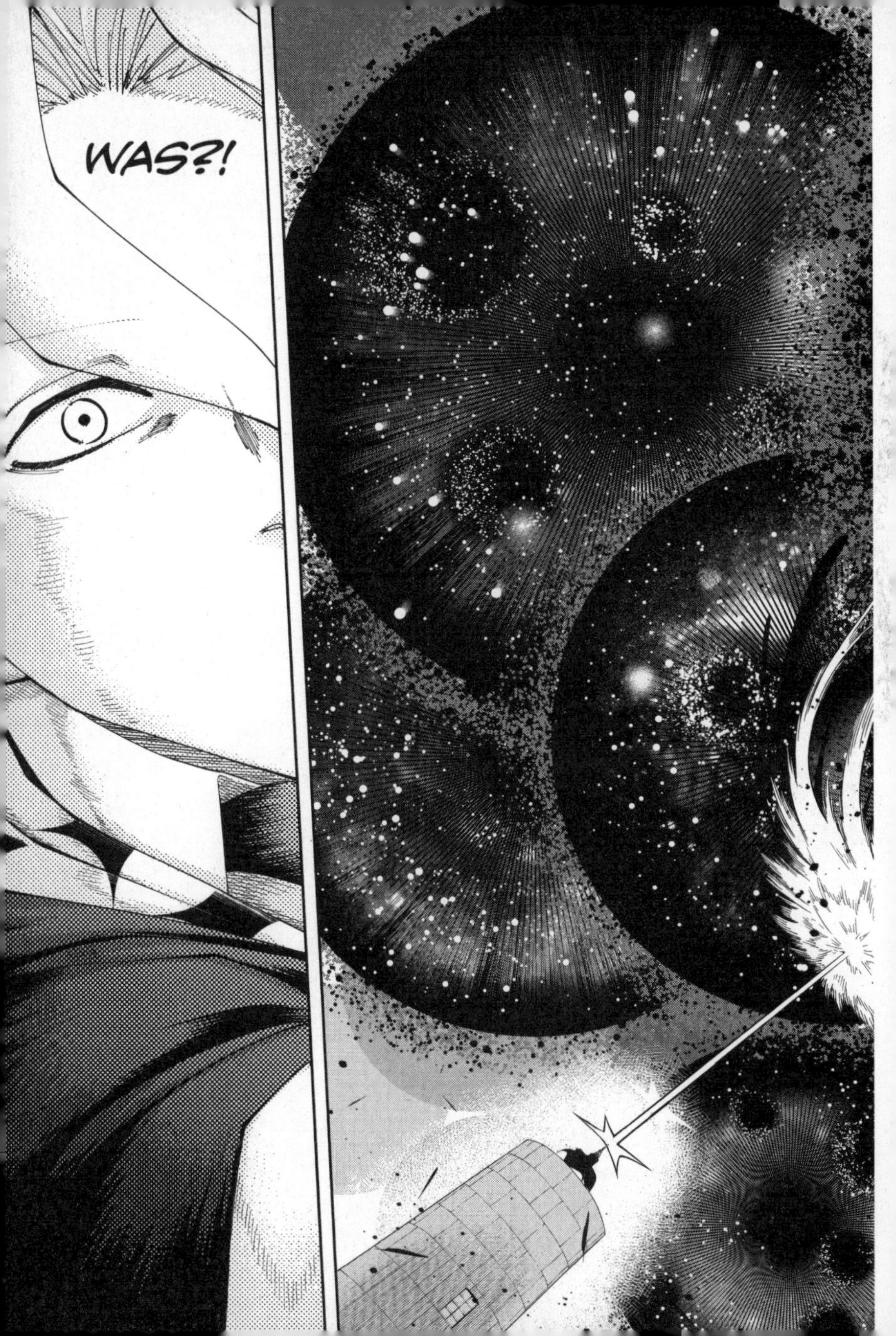
WAS?!

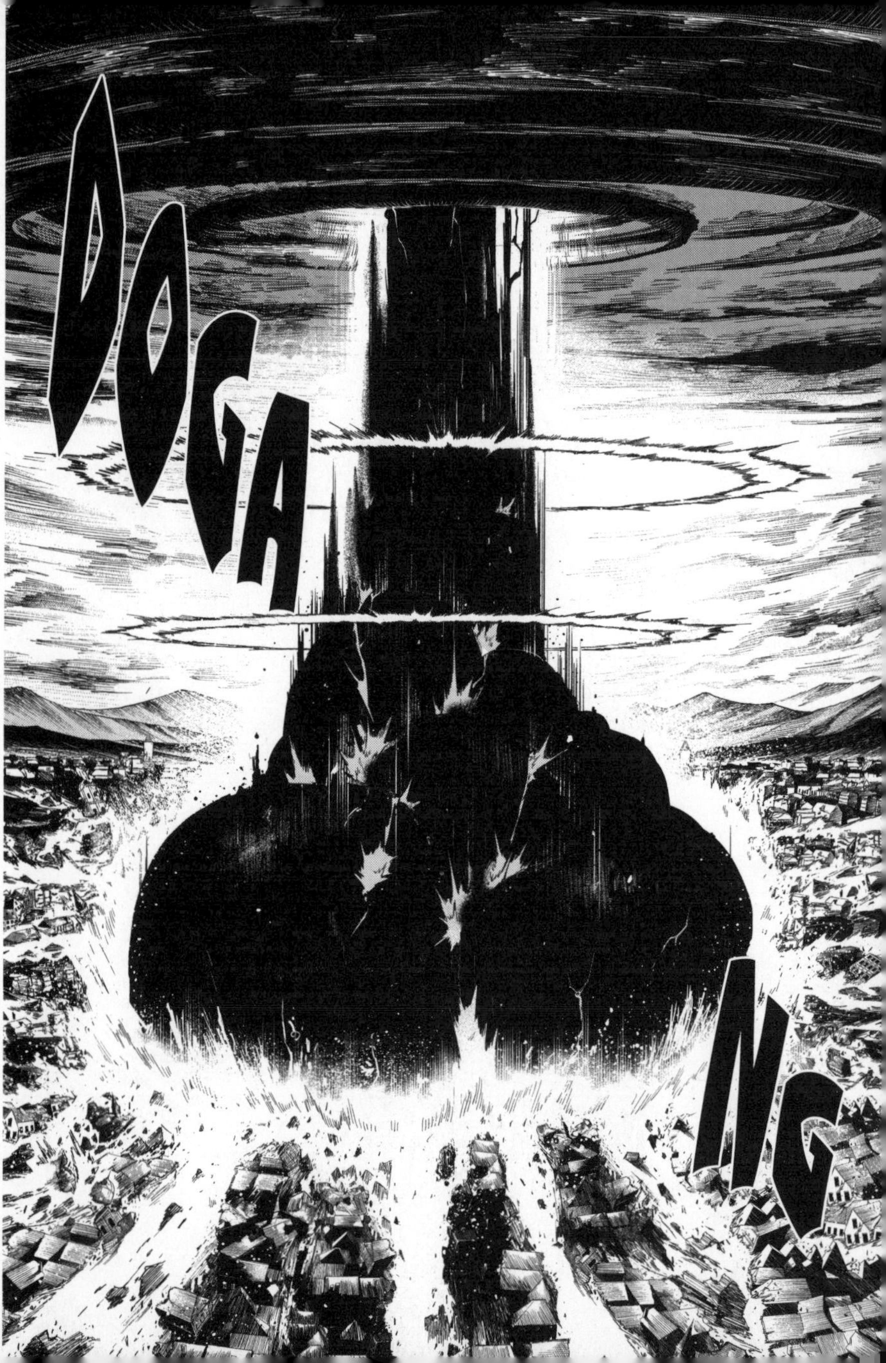
DOGA
NG

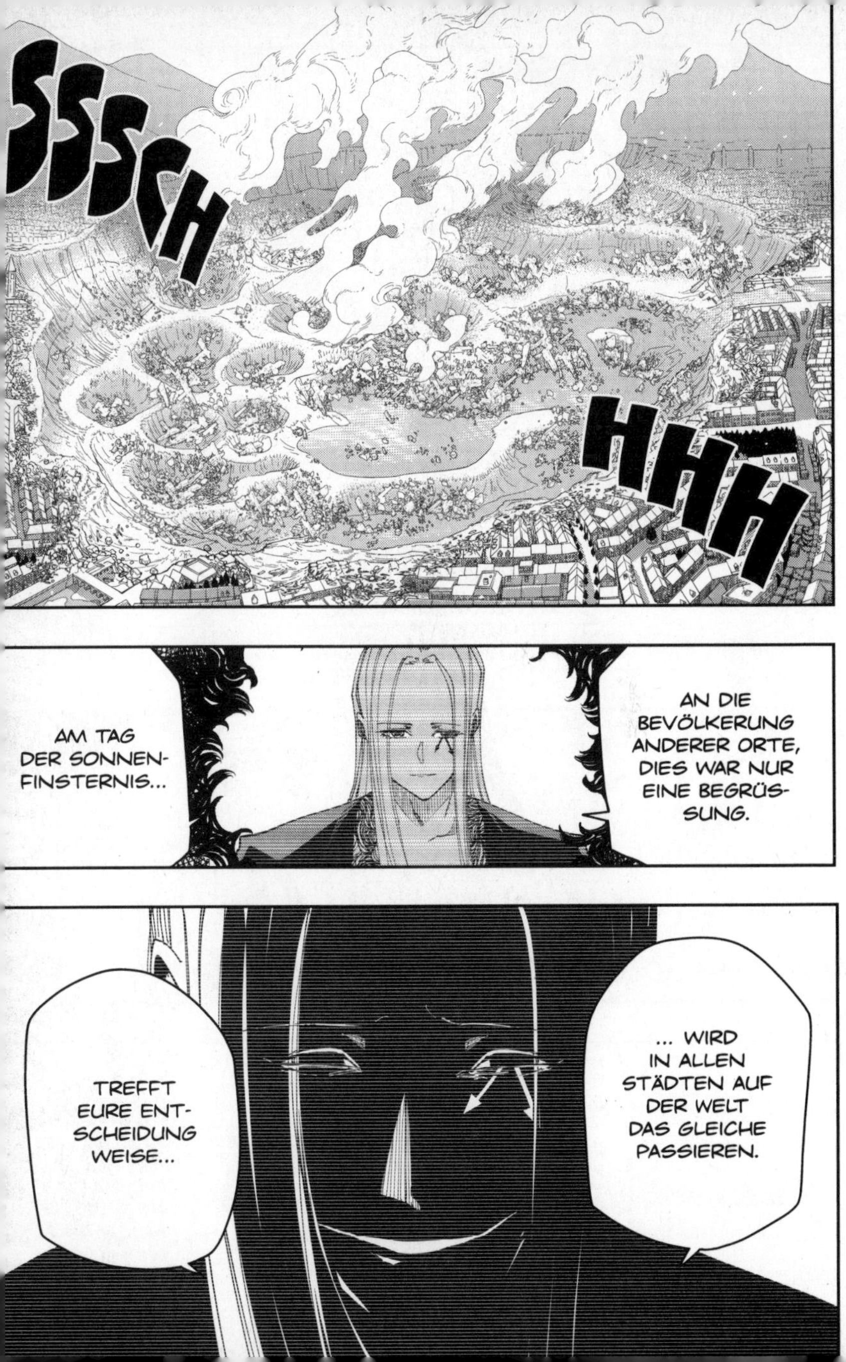
SSSCH
HHHH
AM TAG DER SONNEN-FINSTERNIS...
AN DIE BEVÖLKERUNG ANDERER ORTE, DIES WAR NUR EINE BEGRÜS-SUNG.
... WIRD IN ALLEN STÄDTEN AUF DER WELT DAS GLEICHE PASSIEREN.
TREFFT EURE ENT-SCHEIDUNG WEISE...

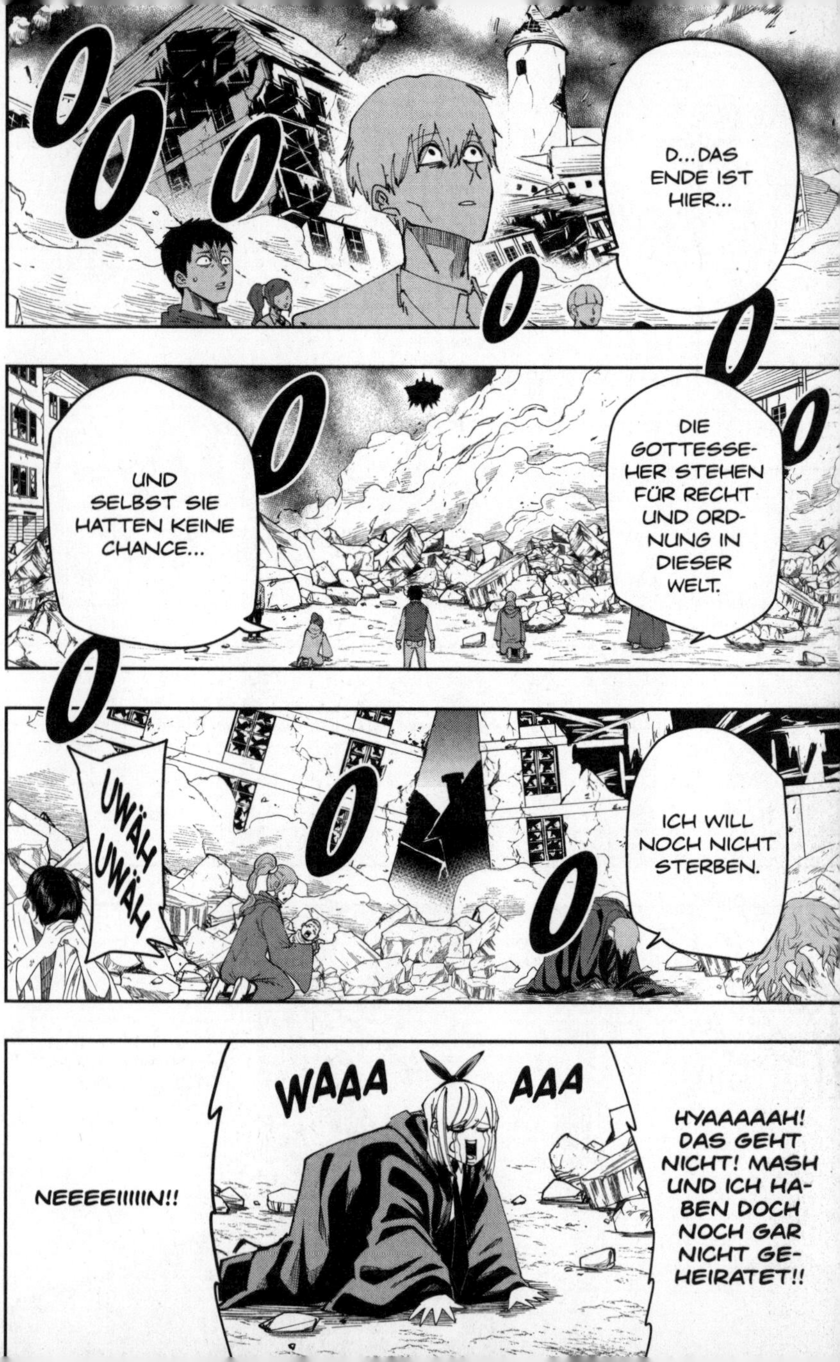

D...DAS ENDE IST HIER...
DIE GOTTESSEHER STEHEN FÜR RECHT UND ORDNUNG IN DIESER WELT.
UND SELBST SIE HATTEN KEINE CHANCE...
ICH WILL NOCH NICHT STERBEN.
UWÄH UWÄH
HYAAAAAH! DAS GEHT NICHT! MASH UND ICH HABEN DOCH NOCH GAR NICHT GEHEIRATET!!
WAAA AAA
NEEEEIIIIIN!!

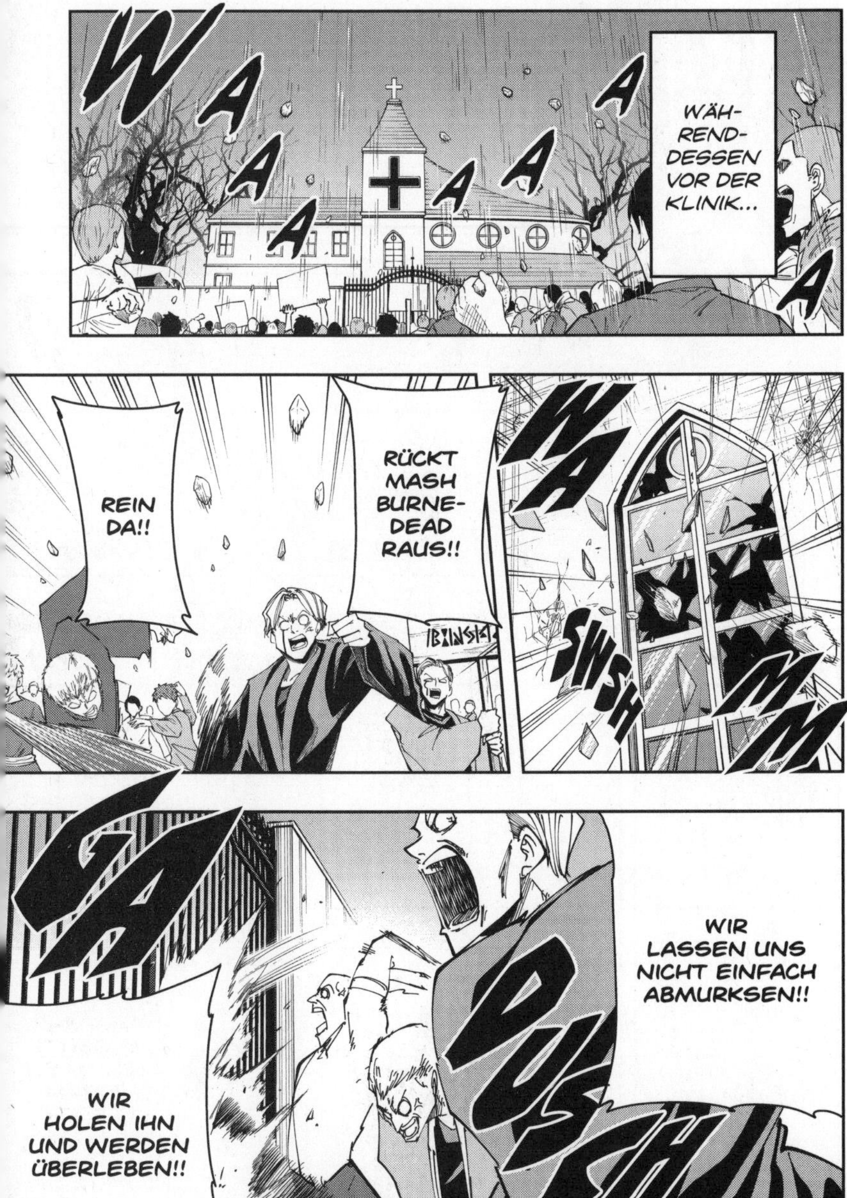

WAAAAAAAA
WÄH-
REND-
DESSEN
VOR DER
KLINIK...
WA
SWSH
MMM
RÜCKT
MASH
BURNE-
DEAD
RAUS!!
REIN
DA!!
WIR
LASSEN UNS
NICHT EINFACH
ABMURKSEN!!
WIR
HOLEN IHN
UND WERDEN
ÜBERLEBEN!!
GA
DOSCH

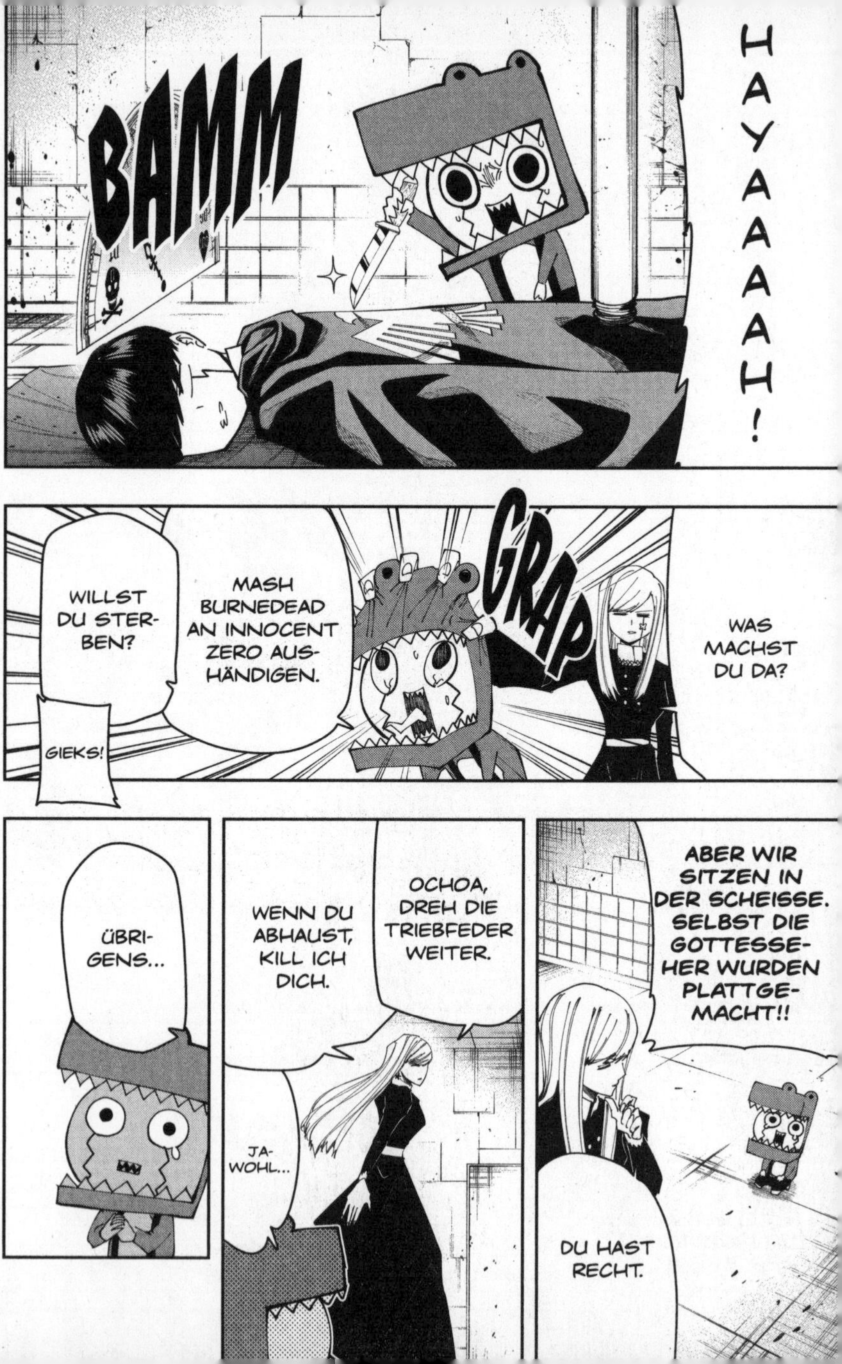
HAYAAAAAH!
BAMM
GRAP
WAS MACHST DU DA?
MASH BURNEDEAD AN INNOCENT ZERO AUSHÄNDIGEN.
WILLST DU STERBEN?
GIEKS!
ABER WIR SITZEN IN DER SCHEISSE. SELBST DIE GOTTESSEHER WURDEN PLATTGEMACHT!!
DU HAST RECHT.
OCHOA, DREH DIE TRIEBFEDER WEITER.
WENN DU ABHAUST, KILL ICH DICH.
JAWOHL...
ÜBRIGENS...

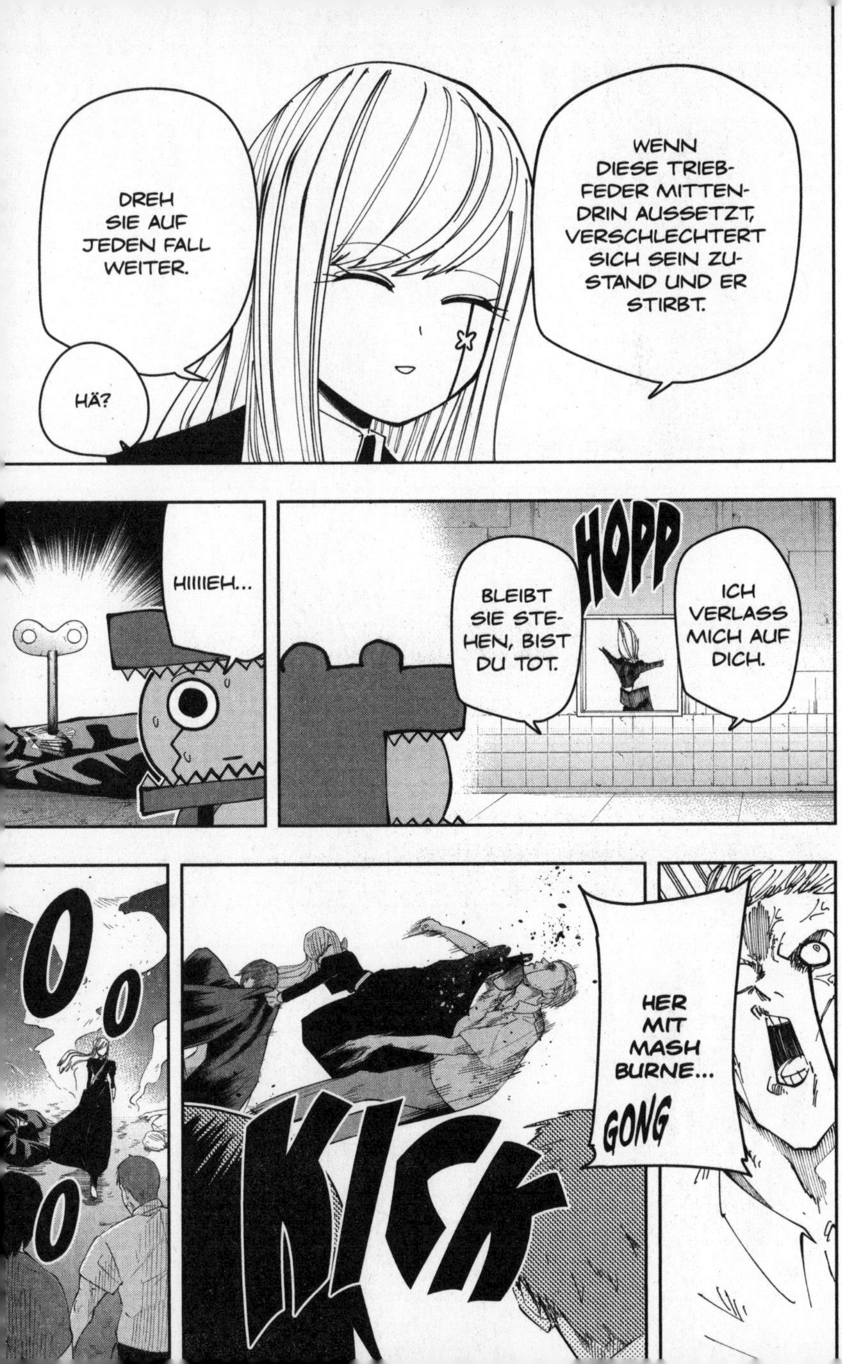
WENN DIESE TRIEB-FEDER MITTEN-DRIN AUSSETZT, VERSCHLECHTERT SICH SEIN ZU-STAND UND ER STIRBT.
DREH SIE AUF JEDEN FALL WEITER.
HÄ?
ICH VERLASS MICH AUF DICH.
HOPP
BLEIBT SIE STE-HEN, BIST DU TOT.
HIIIIEH...
HER MIT MASH BURNE...
GONG
KICK

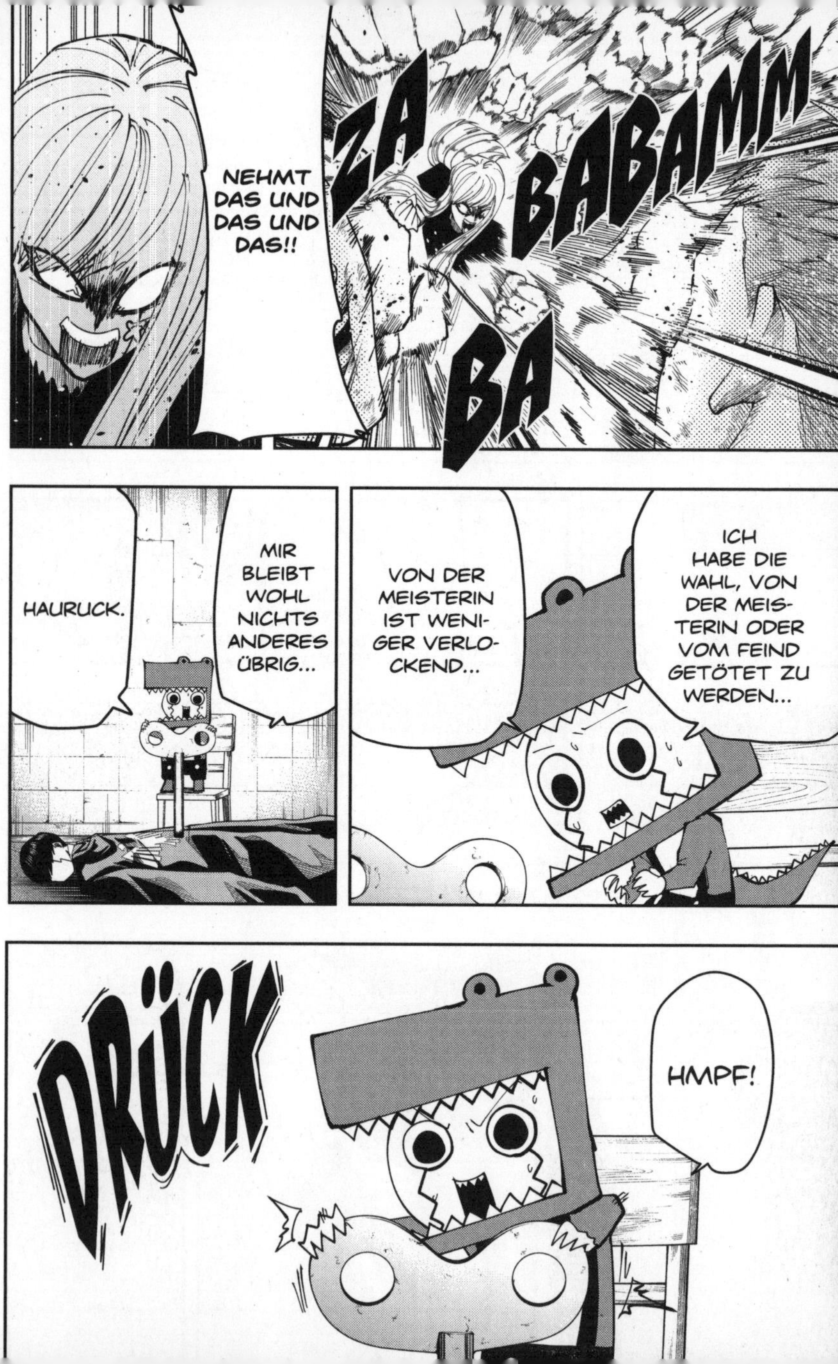
NEHMT DAS UND DAS UND DAS!!
ZA
BABAMM
BA
ICH HABE DIE WAHL, VON DER MEISTERIN ODER VOM FEIND GETÖTET ZU WERDEN...
VON DER MEISTERIN IST WENIGER VERLOCKEND...
MIR BLEIBT WOHL NICHTS ANDERES ÜBRIG...
HAURUCK.
HMPF!
DRÜCK

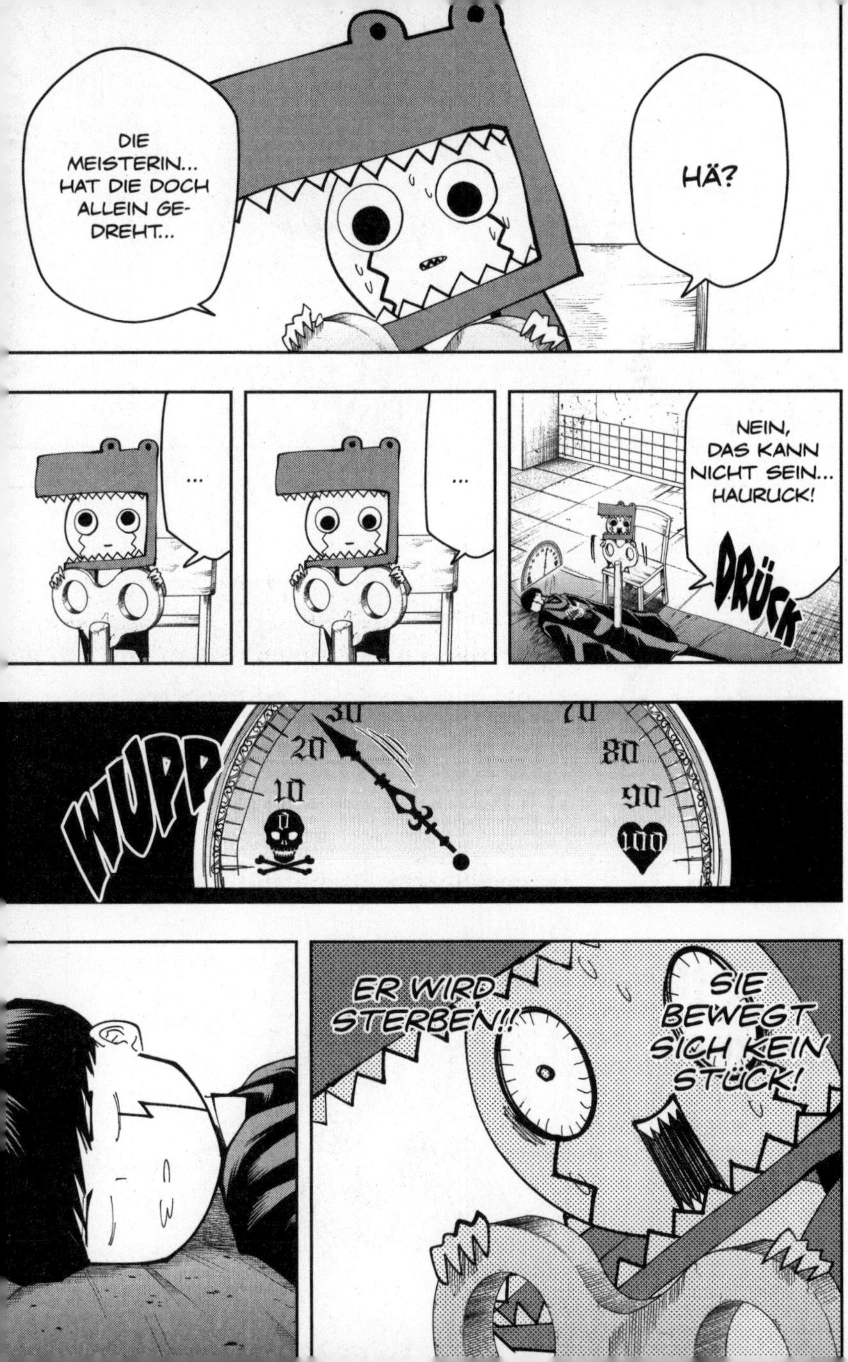
HÄ?
DIE MEISTERIN... HAT DIE DOCH ALLEIN GEDREHT...
NEIN, DAS KANN NICHT SEIN... HAURUCK!
DRÜCK
...
...
WUPP
SIE BEWEGT SICH KEIN STÜCK!
ER WIRD STERBEN!!

Extra ③

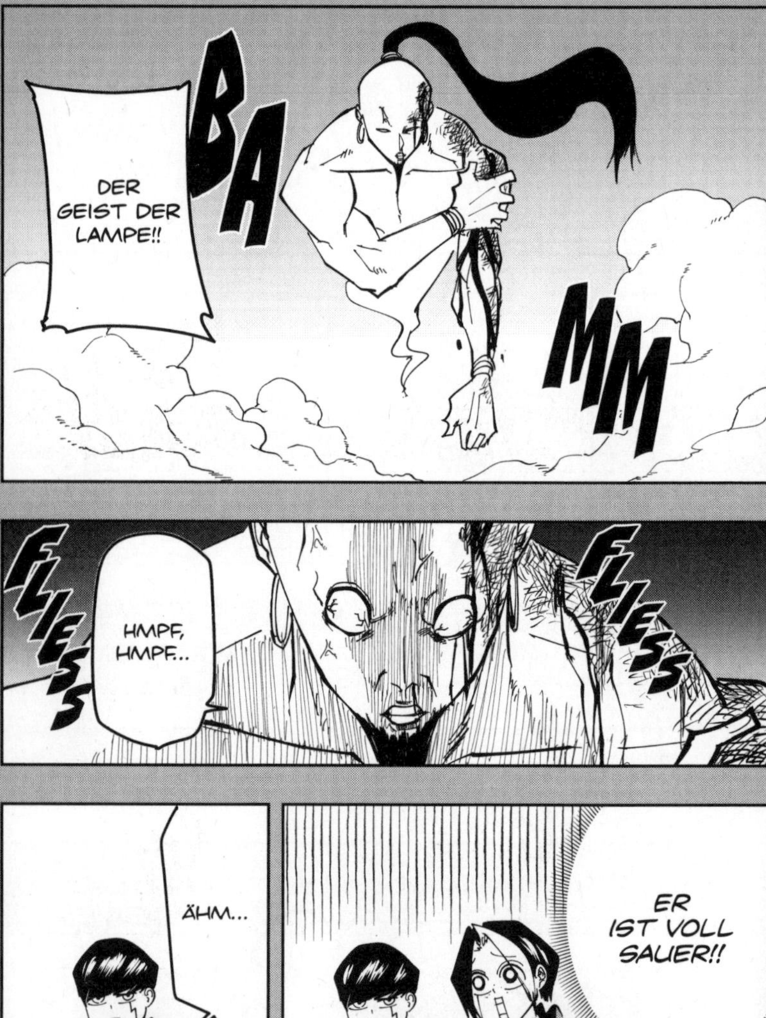

Fortsetzung auf Seite 88

114. Kapitel Ryoh Grantz, die anderen und der letzte Kampf

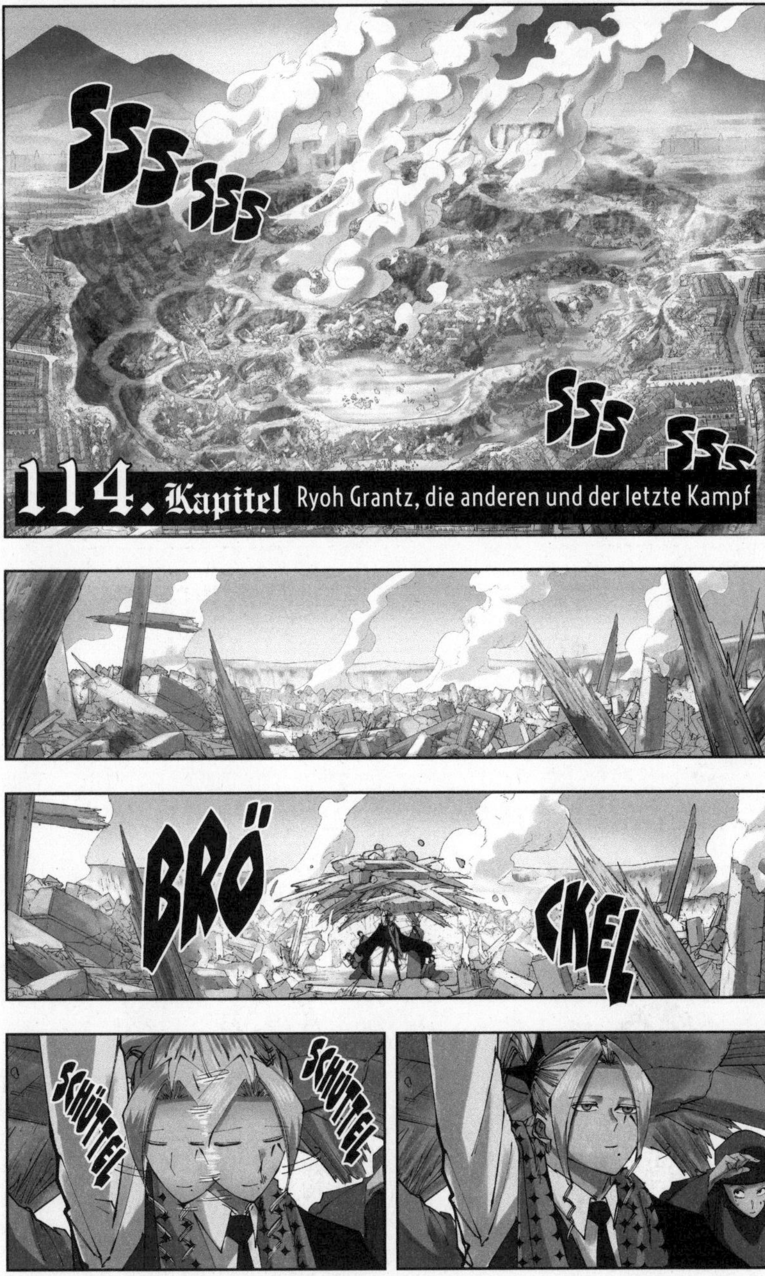

114. Kapitel Ryoh Grantz, die anderen und der letzte Kampf

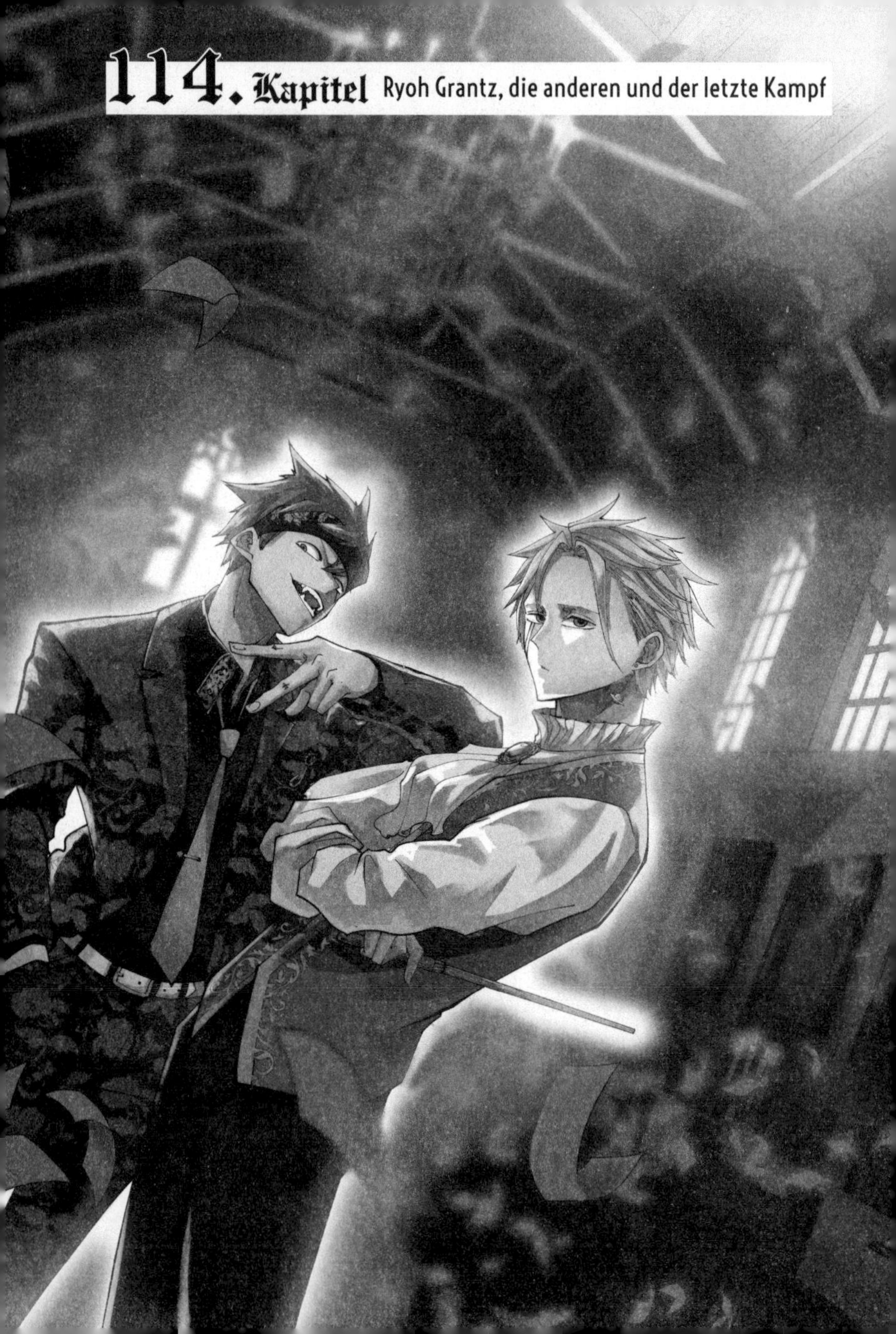

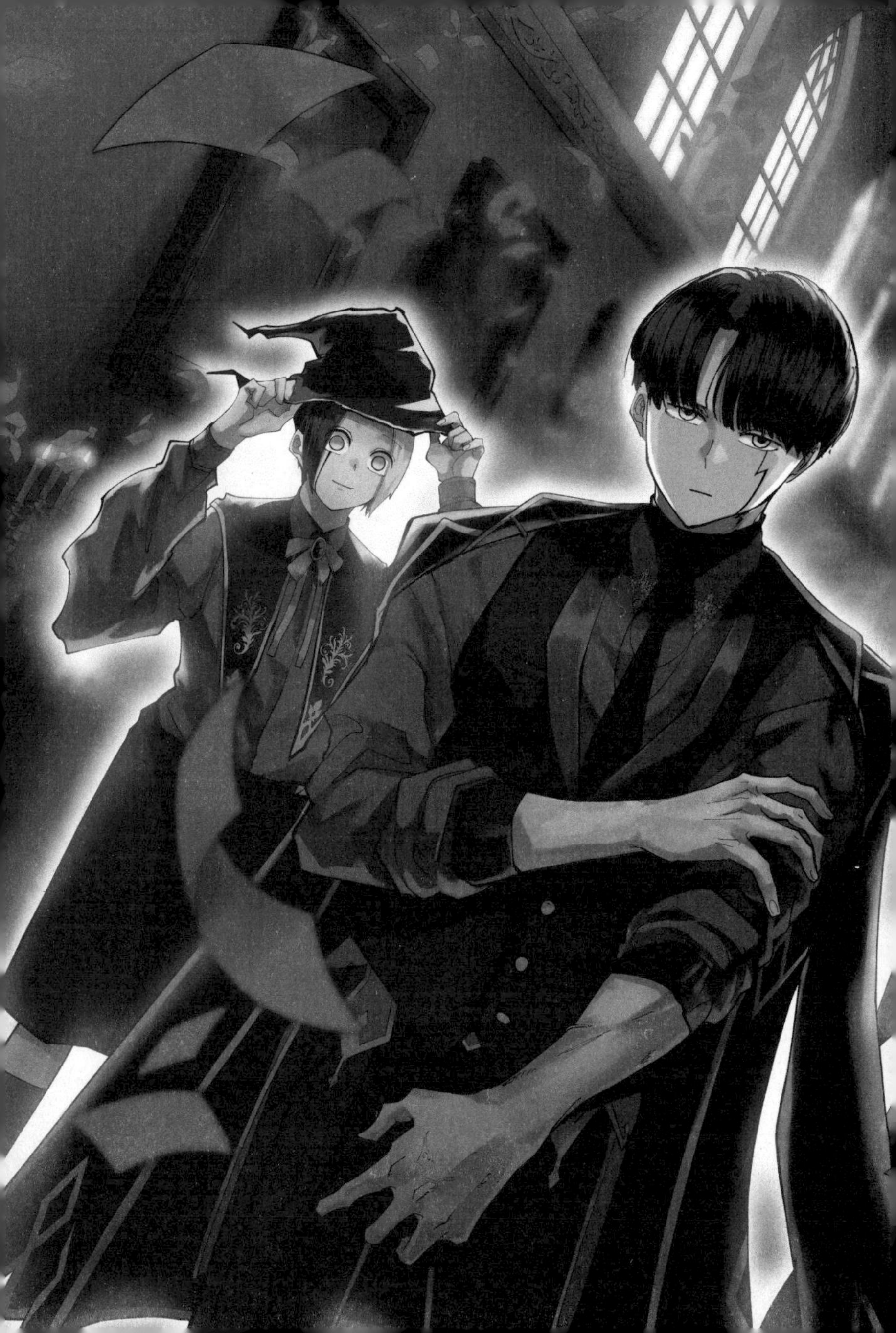

Extra 4

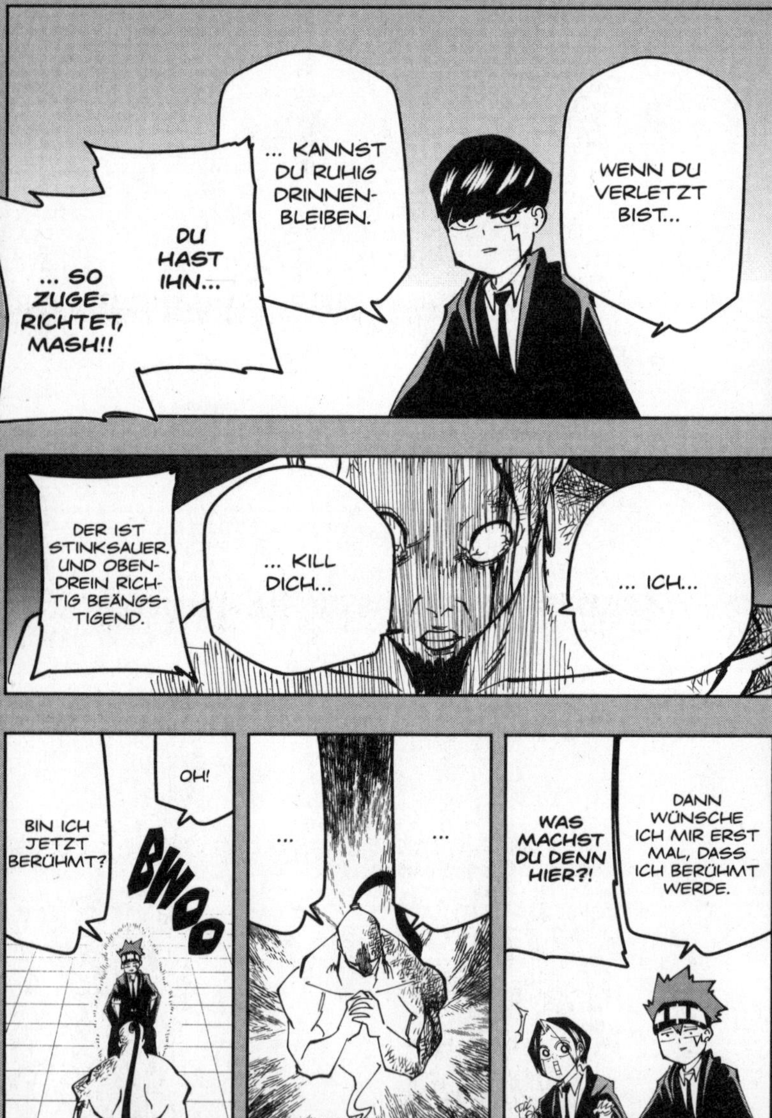

Fortsetzung auf Seite 108

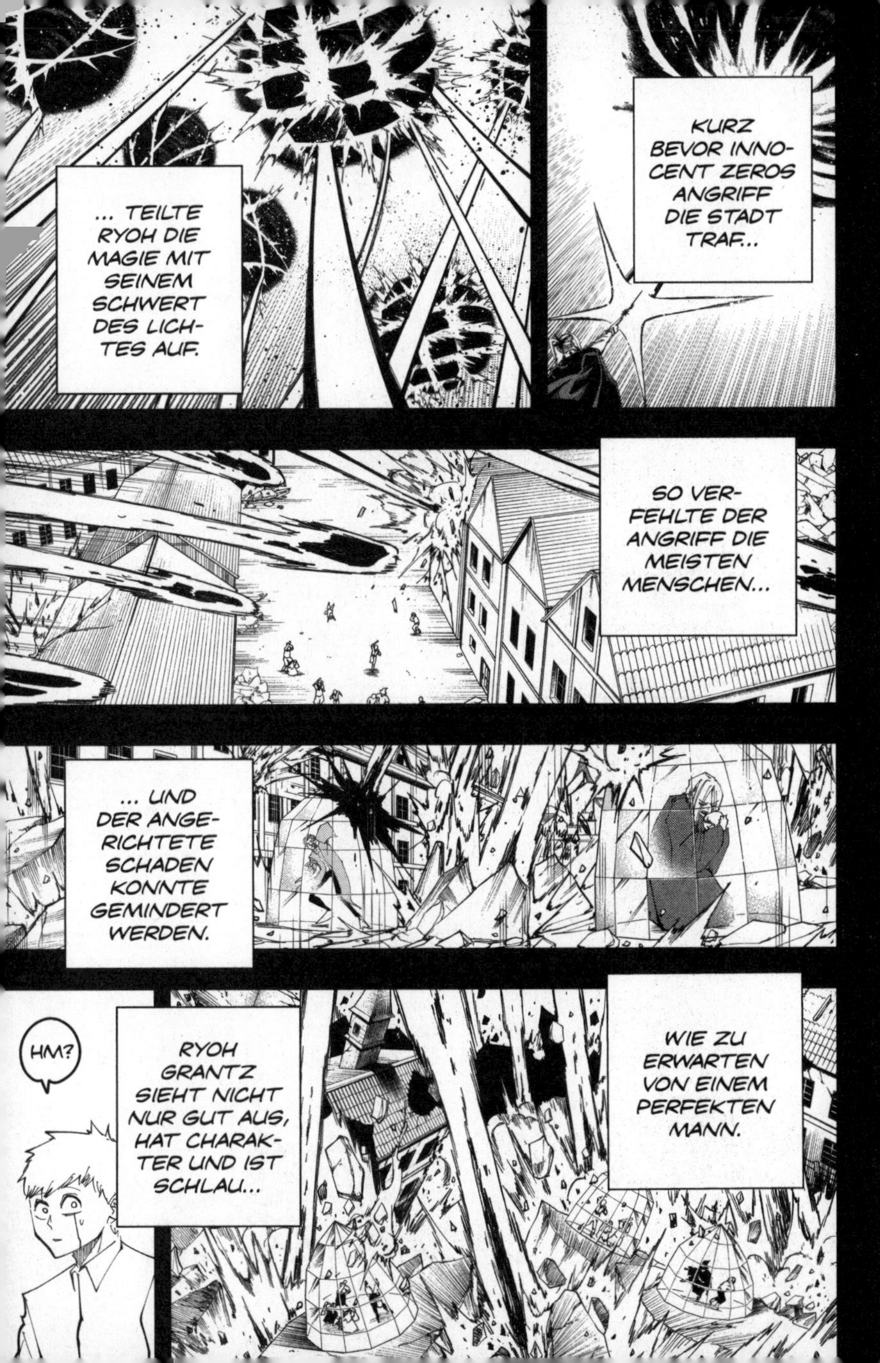
KURZ BEVOR INNO-CENT ZEROS ANGRIFF DIE STADT TRAF...
... TEILTE RYOH DIE MAGIE MIT SEINEM SCHWERT DES LICH-TES AUF.
SO VER-FEHLTE DER ANGRIFF DIE MEISTEN MENSCHEN...
... UND DER ANGE-RICHTETE SCHADEN KONNTE GEMINDERT WERDEN.
WIE ZU ERWARTEN VON EINEM PERFEKTEN MANN.
RYOH GRANTZ SIEHT NICHT NUR GUT AUS, HAT CHARAK-TER UND IST SCHLAU...
HM?

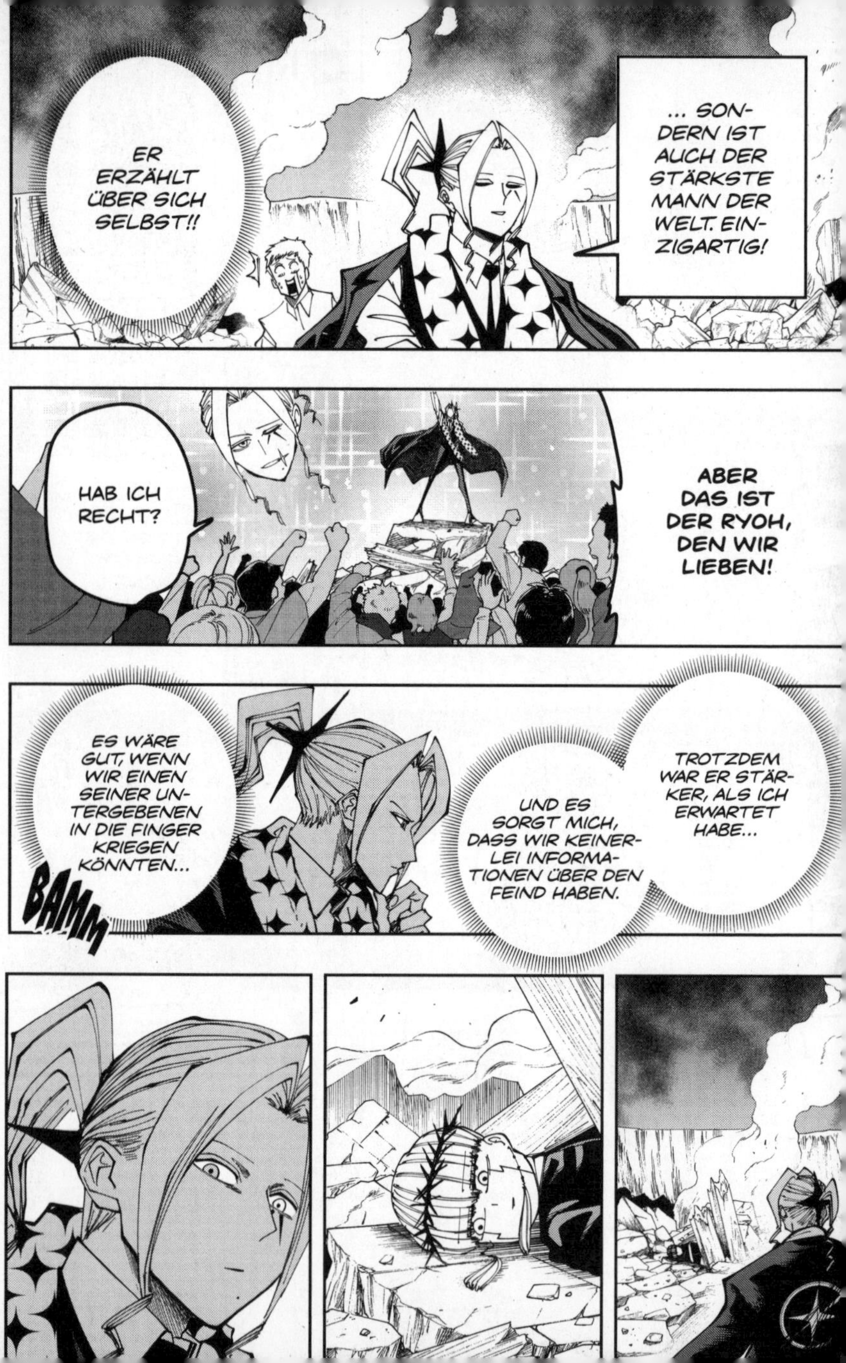

... SON-DERN IST AUCH DER STÄRKSTE MANN DER WELT. EIN-ZIGARTIG!
ER ERZÄHLT ÜBER SICH SELBST!!
ABER DAS IST DER RYOH, DEN WIR LIEBEN!
HAB ICH RECHT?
TROTZDEM WAR ER STÄR-KER, ALS ICH ERWARTET HABE...
UND ES SORGT MICH, DASS WIR KEINER-LEI INFORMA-TIONEN ÜBER DEN FEIND HABEN.
ES WÄRE GUT, WENN WIR EINEN SEINER UN-TERGEBENEN IN DIE FINGER KRIEGEN KÖNNTEN...
BAMM

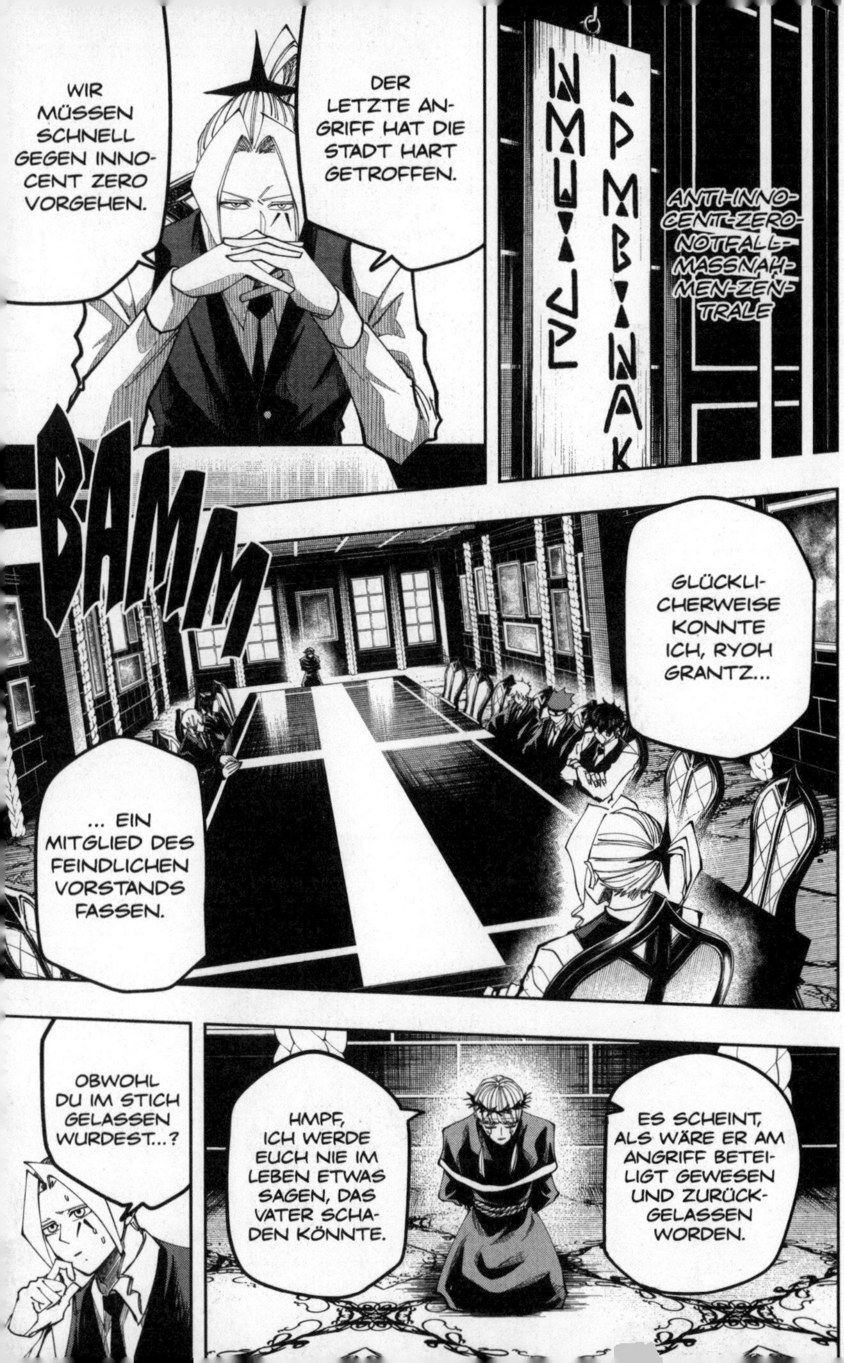
ANTI-INNOCENT-ZERO-NOTFALL-MASSNAHMEN-ZENTRALE
DER LETZTE ANGRIFF HAT DIE STADT HART GETROFFEN.
WIR MÜSSEN SCHNELL GEGEN INNOCENT ZERO VORGEHEN.
BAMM
GLÜCKLICHERWEISE KONNTE ICH, RYOH GRANTZ...
... EIN MITGLIED DES FEINDLICHEN VORSTANDS FASSEN.
ES SCHEINT, ALS WÄRE ER AM ANGRIFF BETEILIGT GEWESEN UND ZURÜCKGELASSEN WORDEN.
HMPF, ICH WERDE EUCH NIE IM LEBEN ETWAS SAGEN, DAS VATER SCHADEN KÖNNTE.
OBWOHL DU IM STICH GELASSEN WURDEST...?

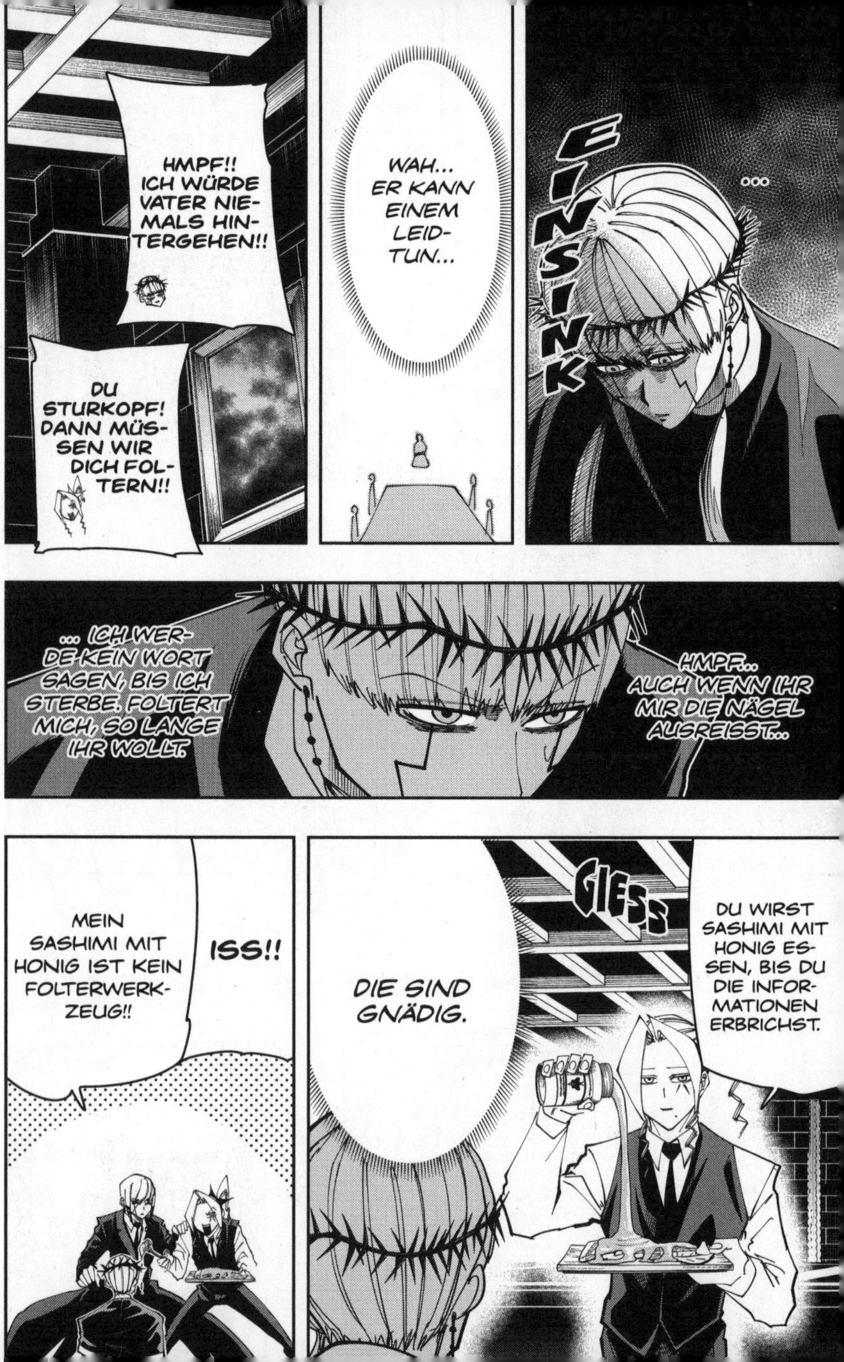

EINSINK
...
WAH... ER KANN EINEM LEID-TUN...
HMPF!! ICH WÜRDE VATER NIE-MALS HIN-TERGEHEN!!
DU STURKOPF! DANN MÜS-SEN WIR DICH FOL-TERN!!
HMPF... AUCH WENN IHR MIR DIE NÄGEL AUSREISST...
... ICH WER-DE KEIN WORT SAGEN, BIS ICH STERBE. FOLTERT MICH, SO LANGE IHR WOLLT.
GIESS
DU WIRST SASHIMI MIT HONIG ES-SEN, BIS DU DIE INFOR-MATIONEN ERBRICHST.
DIE SIND GNÄDIG.
ISS!!
MEIN SASHIMI MIT HONIG IST KEIN FOLTERWERK-ZEUG!!

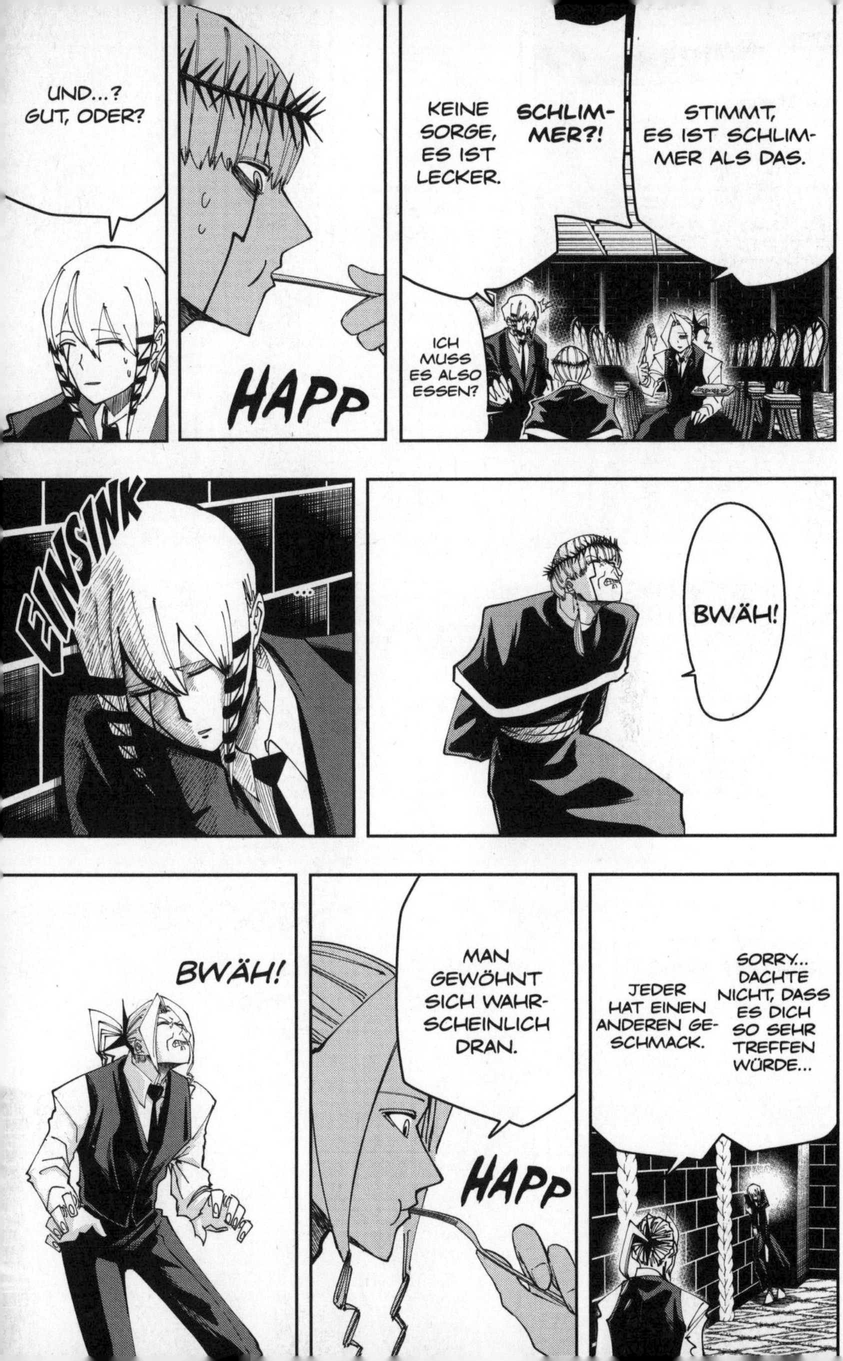
STIMMT, ES IST SCHLIMMER ALS DAS.
SCHLIMMER?!
KEINE SORGE, ES IST LECKER.
ICH MUSS ES ALSO ESSEN?
HAPP
UND...? GUT, ODER?
BWÄH!
EINSINK
SORRY... DACHTE NICHT, DASS ES DICH SO SEHR TREFFEN WÜRDE...
JEDER HAT EINEN ANDEREN GESCHMACK.
MAN GEWÖHNT SICH WAHRSCHEINLICH DRAN.
HAPP
BWÄH!

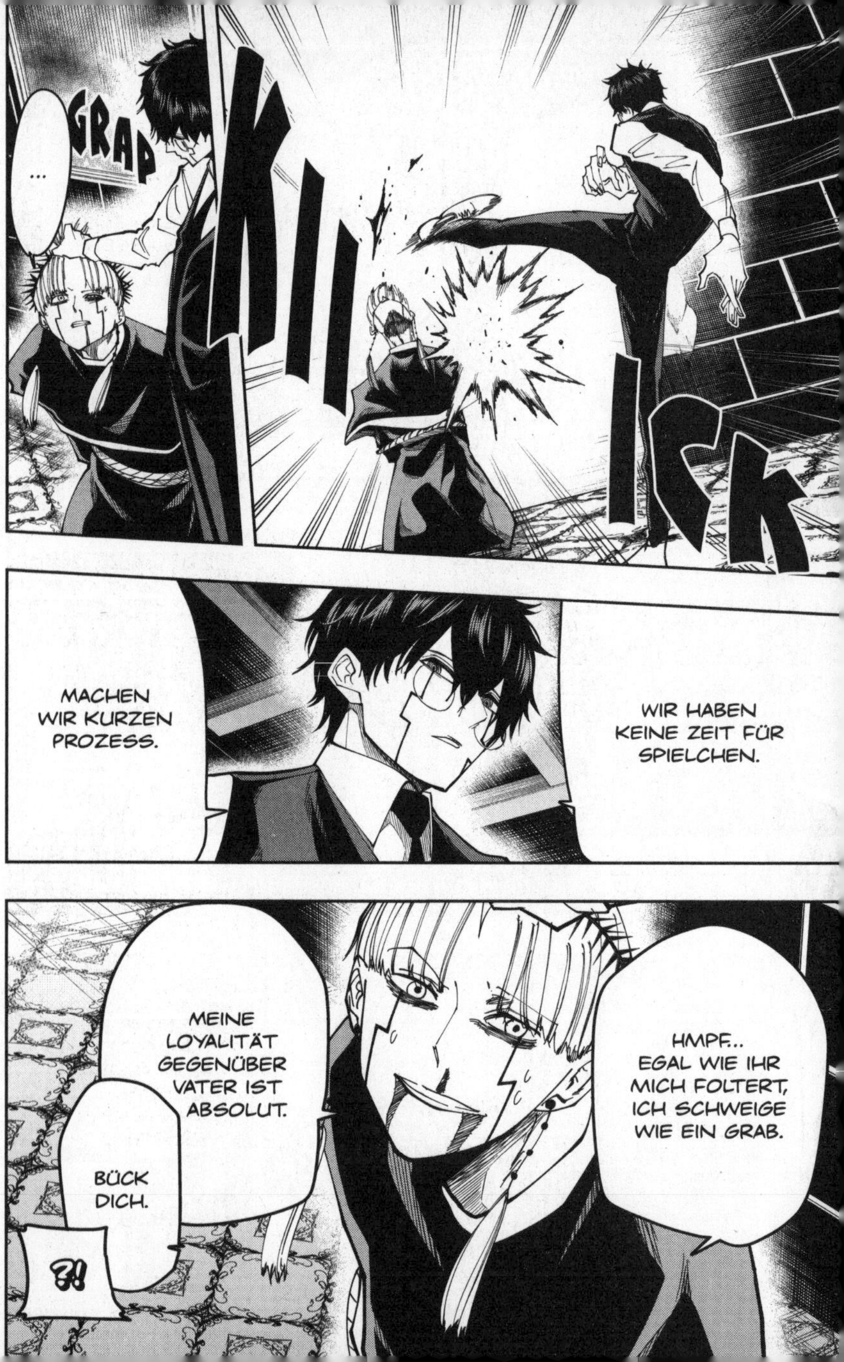
KICK
GRAP
...
WIR HABEN KEINE ZEIT FÜR SPIELCHEN.
MACHEN WIR KURZEN PROZESS.
HMPF... EGAL WIE IHR MICH FOLTERT, ICH SCHWEIGE WIE EIN GRAB.
MEINE LOYALITÄT GEGENÜBER VATER IST ABSOLUT.
BÜCK DICH.
?!

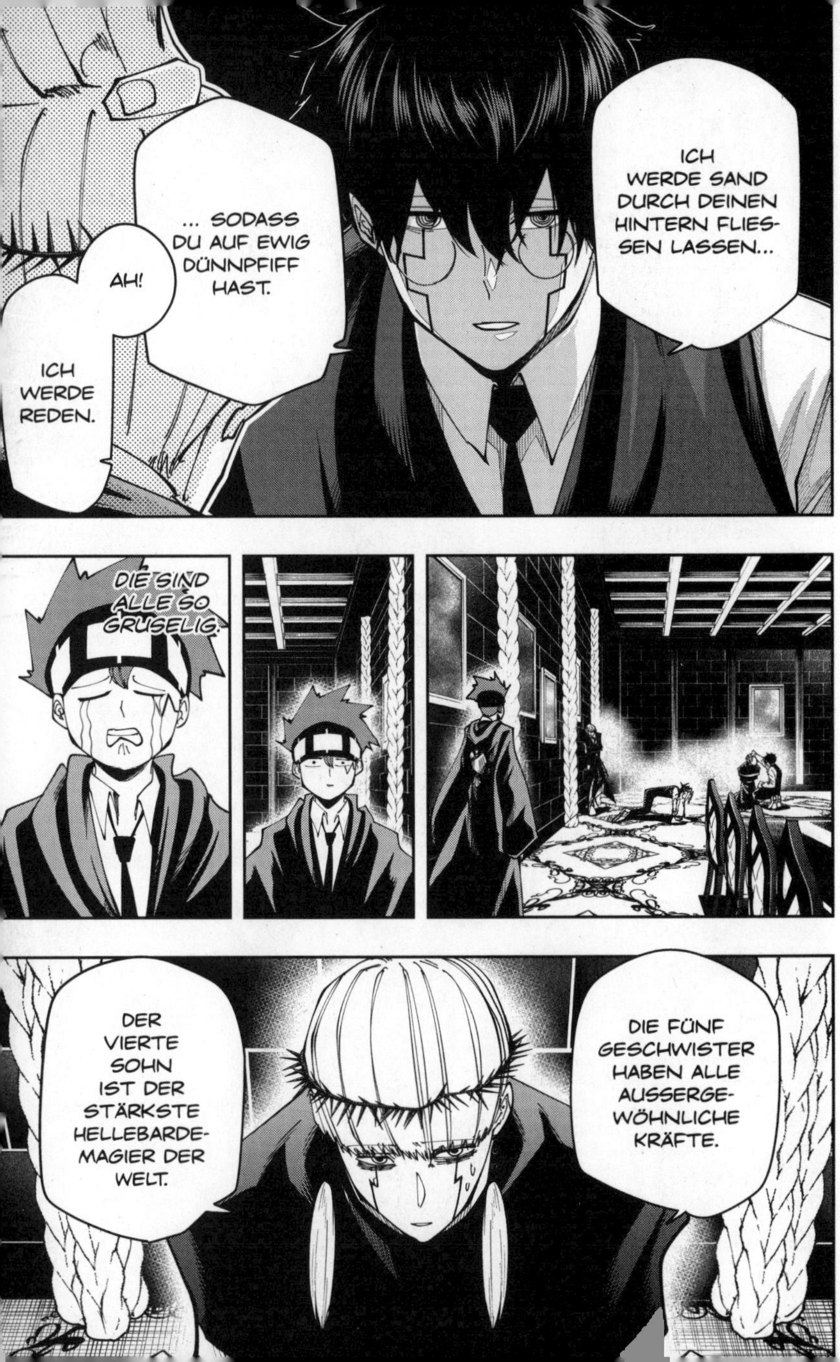
ICH WERDE SAND DURCH DEINEN HINTERN FLIESSEN LASSEN...
... SODASS DU AUF EWIG DÜNNPFIFF HAST.
AH!
ICH WERDE REDEN.
DIE SIND ALLE SO GRUSELIG.
DIE FÜNF GESCHWISTER HABEN ALLE AUSSERGEWÖHNLICHE KRÄFTE.
DER VIERTE SOHN IST DER STÄRKSTE HELLEBARDE-MAGIER DER WELT.

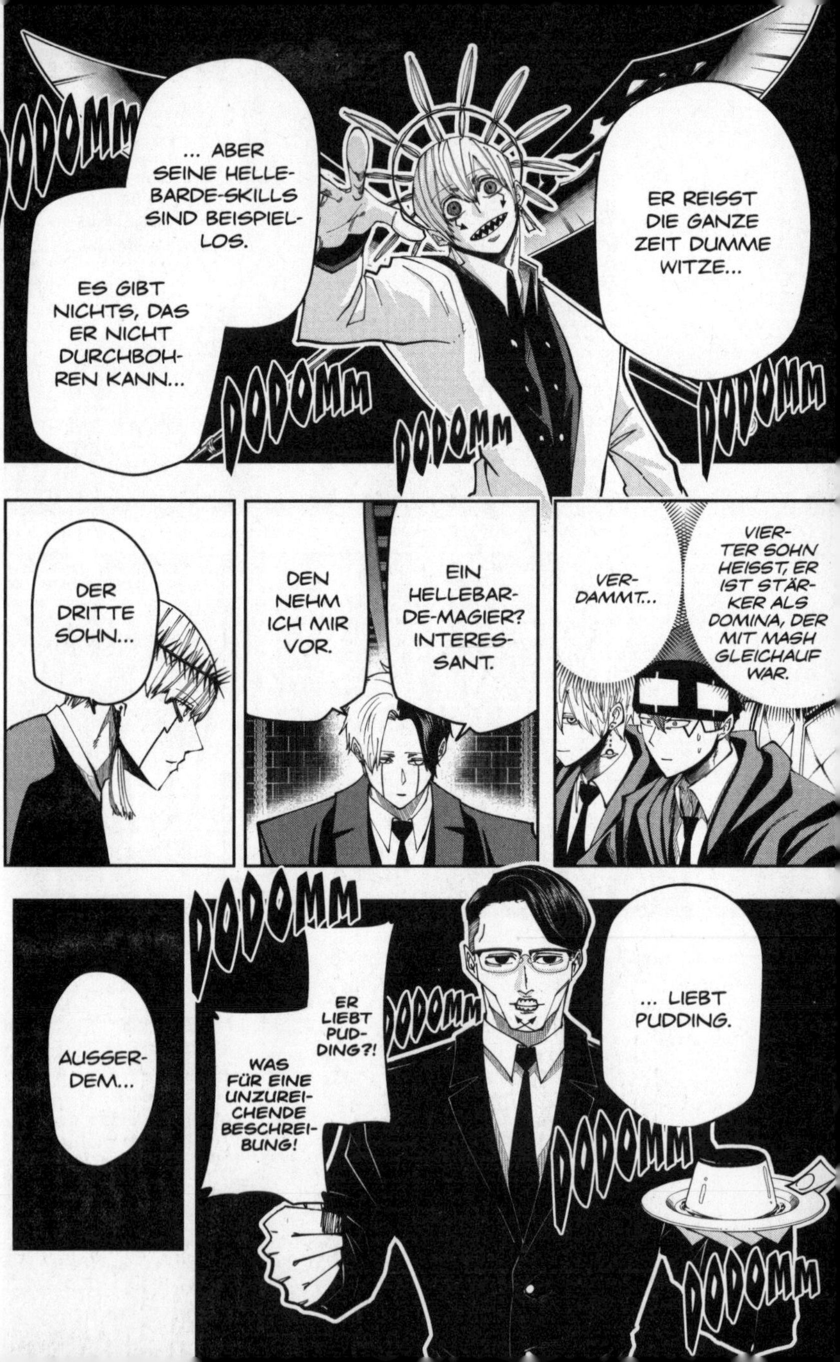
ER REISST DIE GANZE ZEIT DUMME WITZE...
... ABER SEINE HELLEBARDE-SKILLS SIND BEISPIELLOS.
ES GIBT NICHTS, DAS ER NICHT DURCHBOHREN KANN...
DODOMM
DODOMM
DODOMM
DODOMM
VIERTER SOHN HEISST, ER IST STÄRKER ALS DOMINA, DER MIT MASH GLEICHAUF WAR.
VERDAMMT...
EIN HELLEBARDE-MAGIER? INTERESSANT.
DEN NEHM ICH MIR VOR.
DER DRITTE SOHN...
AUSSERDEM...
... LIEBT PUDDING.
DODOMM
DODOMM
ER LIEBT PUDDING?!
WAS FÜR EINE UNZUREICHENDE BESCHREIBUNG!
DODOMM
DODOMM

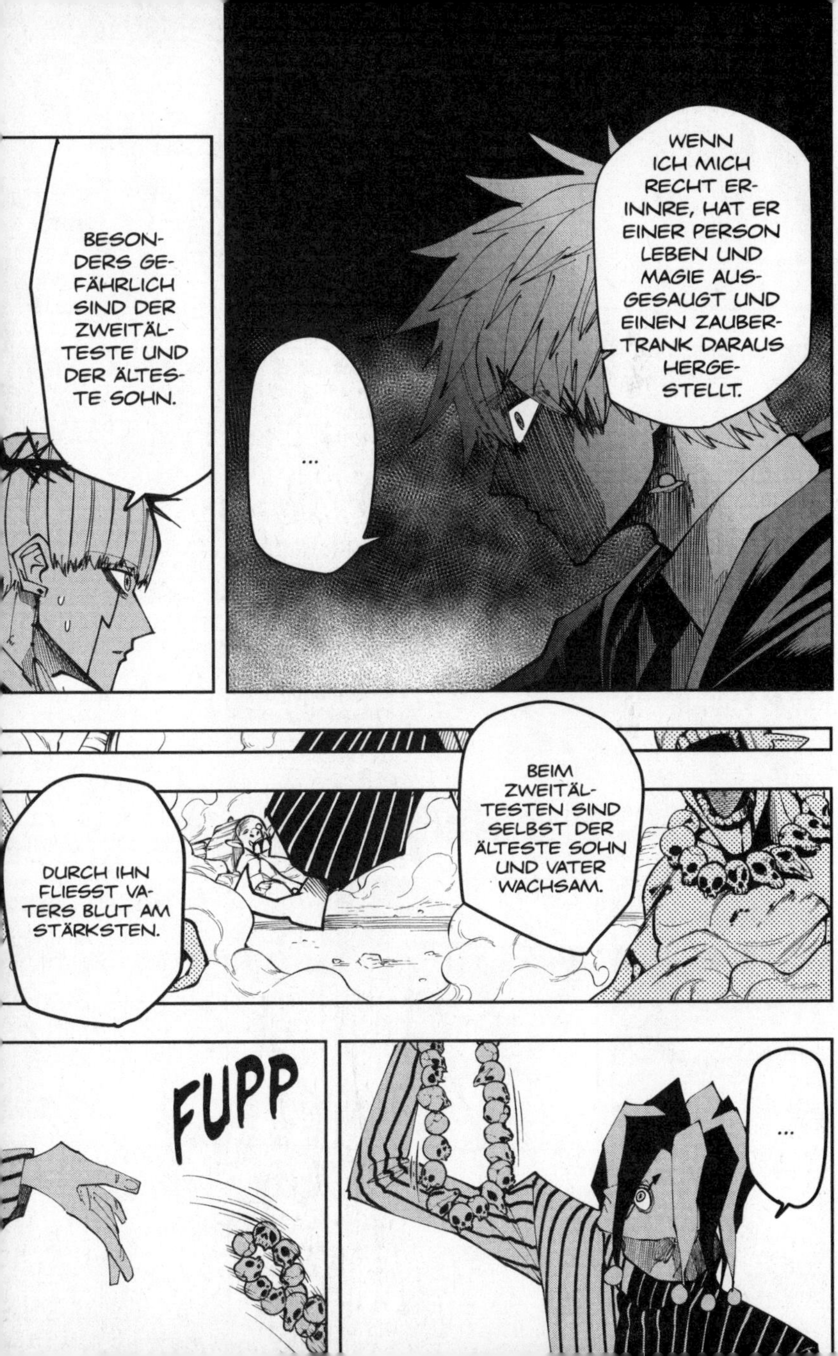
WENN ICH MICH RECHT ERINNRE, HAT ER EINER PERSON LEBEN UND MAGIE AUSGESAUGT UND EINEN ZAUBERTRANK DARAUS HERGESTELLT.
...
BESONDERS GEFÄHRLICH SIND DER ZWEITÄLTESTE UND DER ÄLTESTE SOHN.
BEIM ZWEITÄLTESTEN SIND SELBST DER ÄLTESTE SOHN UND VATER WACHSAM.
DURCH IHN FLIESST VATERS BLUT AM STÄRKSTEN.
...
FUPP

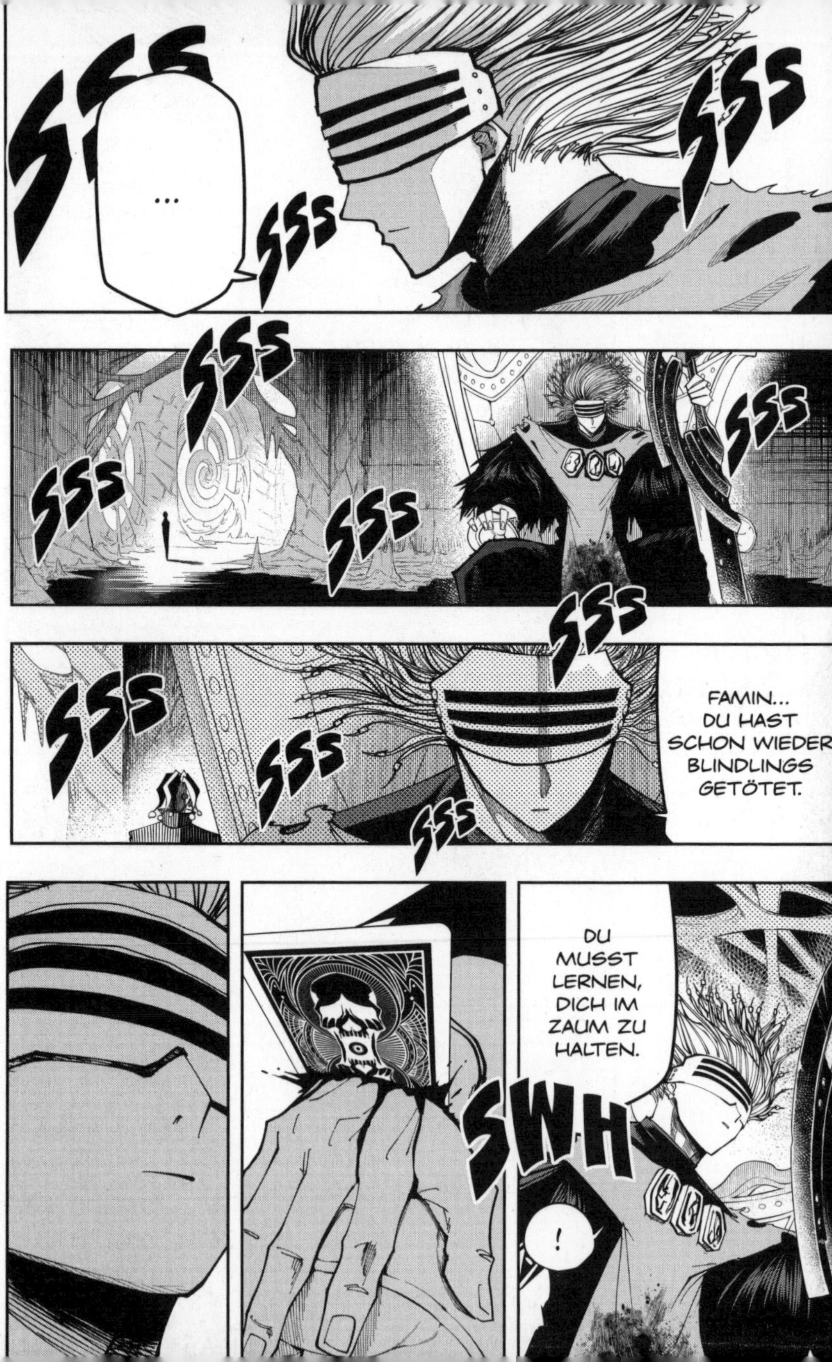
SSS
...
SSS
SSS
SSS
SSS
SSS
SSS
SSS
SSS
FAMIN... DU HAST SCHON WIEDER BLINDLINGS GETÖTET.
SSS
SSS
SSS
DU MUSST LERNEN, DICH IM ZAUM ZU HALTEN.
!
SWH

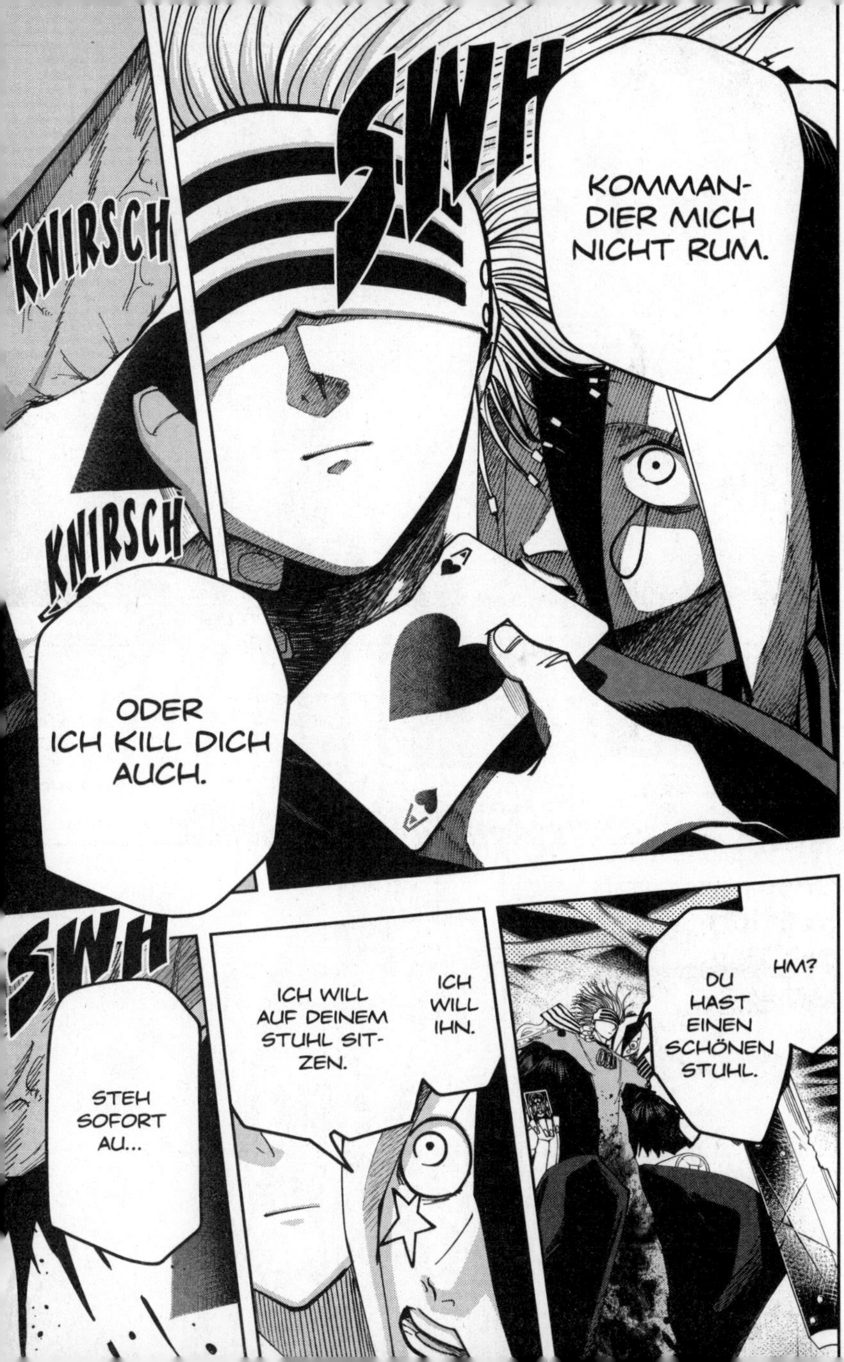
SWH
KOMMANDIER MICH NICHT RUM.
KNIRSCH
KNIRSCH
ODER ICH KILL DICH AUCH.
HM?
DU HAST EINEN SCHÖNEN STUHL.
ICH WILL IHN.
ICH WILL AUF DEINEM STUHL SITZEN.
SWH
STEH SOFORT AU...

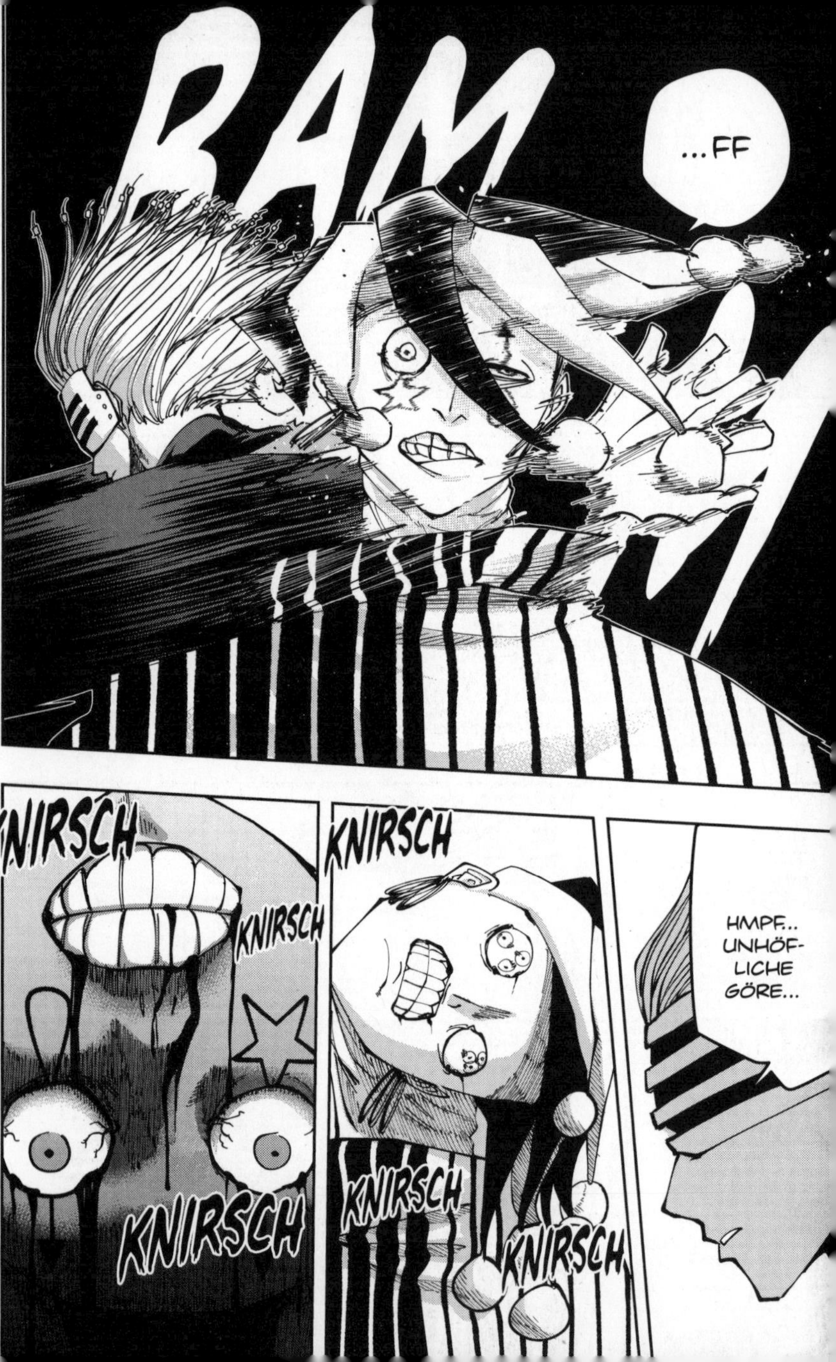

BAM
...FF
HMPF... UNHÖF-LICHE GÖRE...
KNIRSCH
KNIRSCH
KNIRSCH
KNIRSCH
KNIRSCH
KNIRSCH

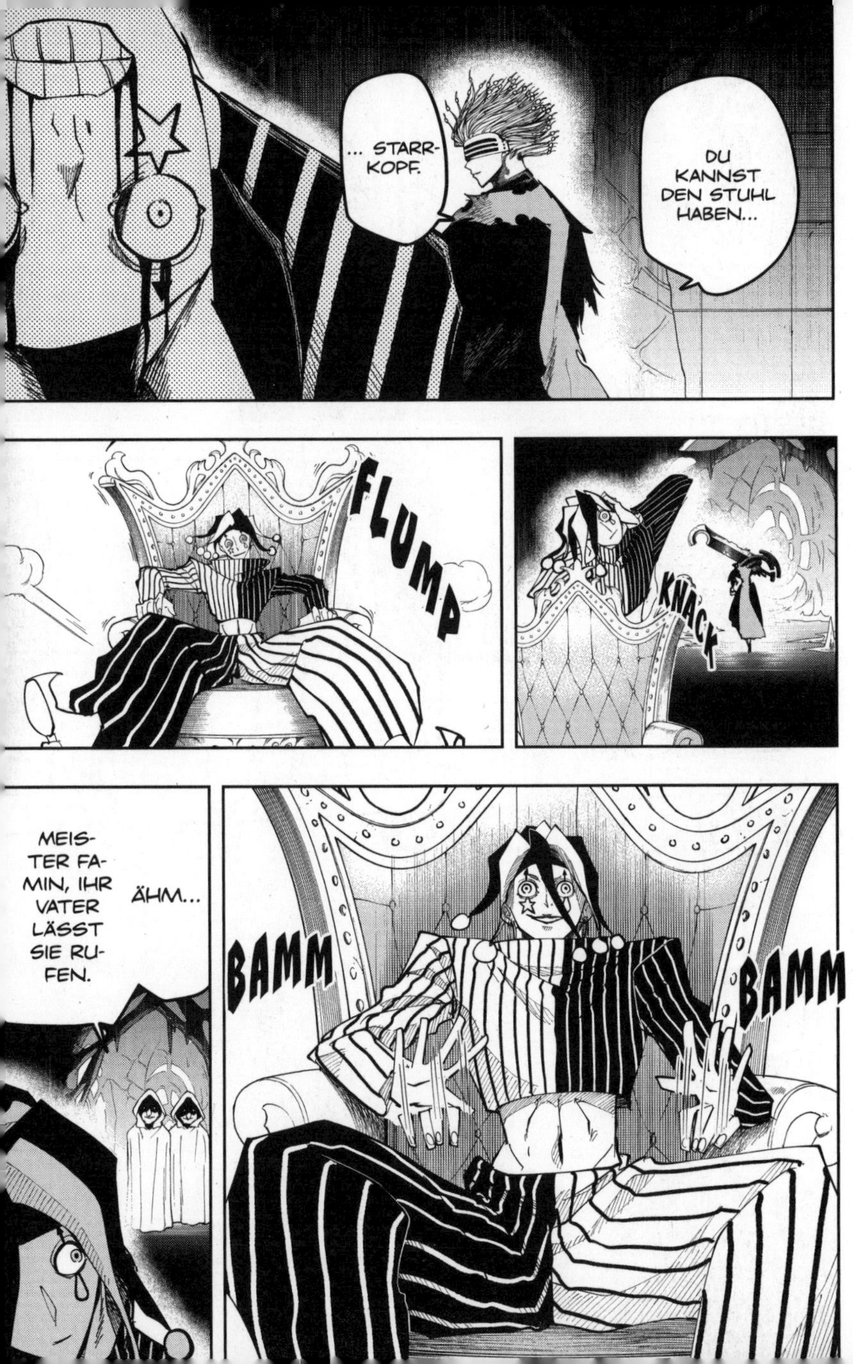
DU KANNST DEN STUHL HABEN...
... STARR-KOPF.
KNACK
FLUMP
BAMM
BAMM
ÄHM...
MEIS-TER FA-MIN, IHR VATER LÄSST SIE RU-FEN.

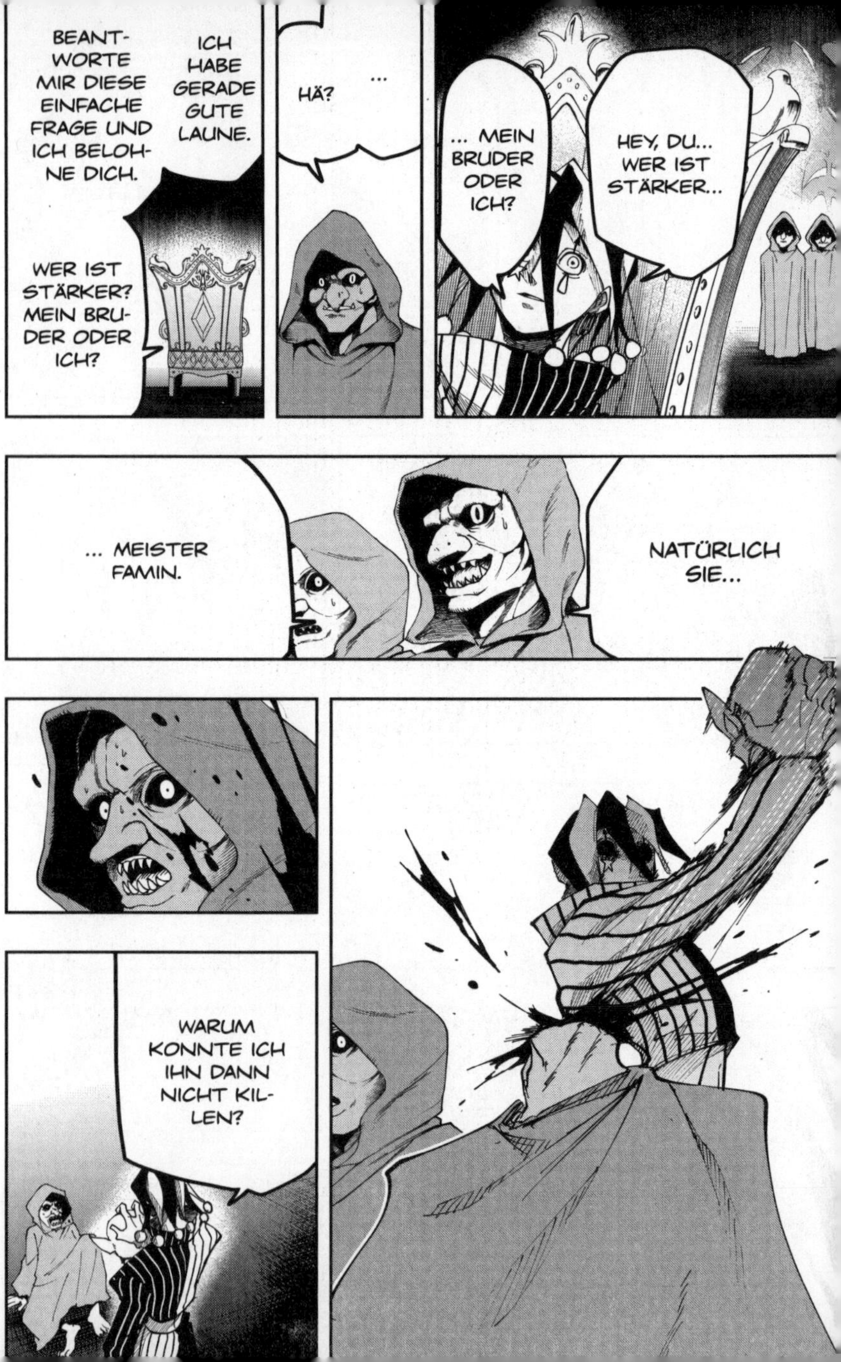
HEY, DU... WER IST STÄRKER...
... MEIN BRUDER ODER ICH?
...
HÄ?
ICH HABE GERADE GUTE LAUNE.
BEANTWORTE MIR DIESE EINFACHE FRAGE UND ICH BELOHNE DICH.
WER IST STÄRKER? MEIN BRUDER ODER ICH?
NATÜRLICH SIE...
... MEISTER FAMIN.
WARUM KONNTE ICH IHN DANN NICHT KILLEN?

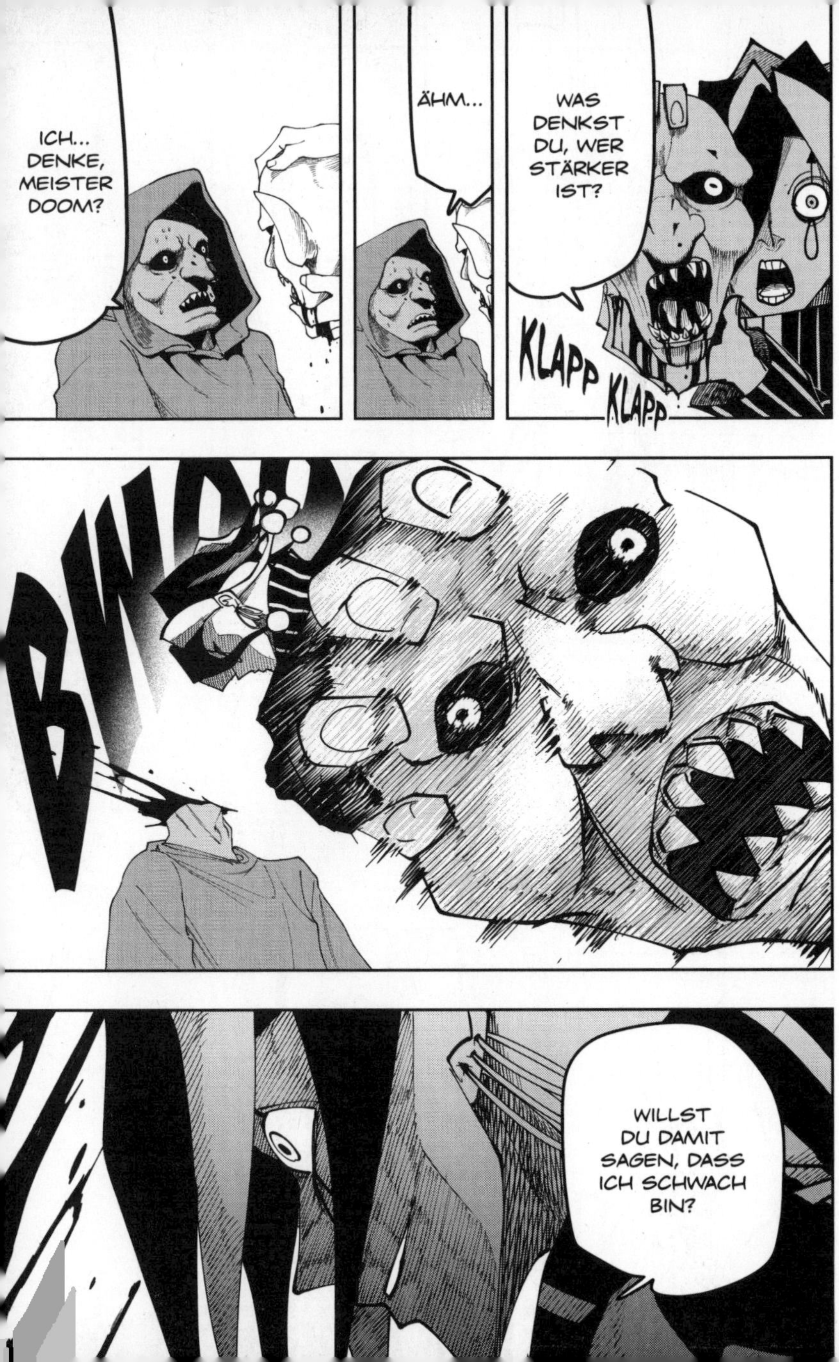
WAS DENKST DU, WER STÄRKER IST?
KLAPP KLAPP
ÄHM...
ICH... DENKE, MEISTER DOOM?
WILLST DU DAMIT SAGEN, DASS ICH SCHWACH BIN?

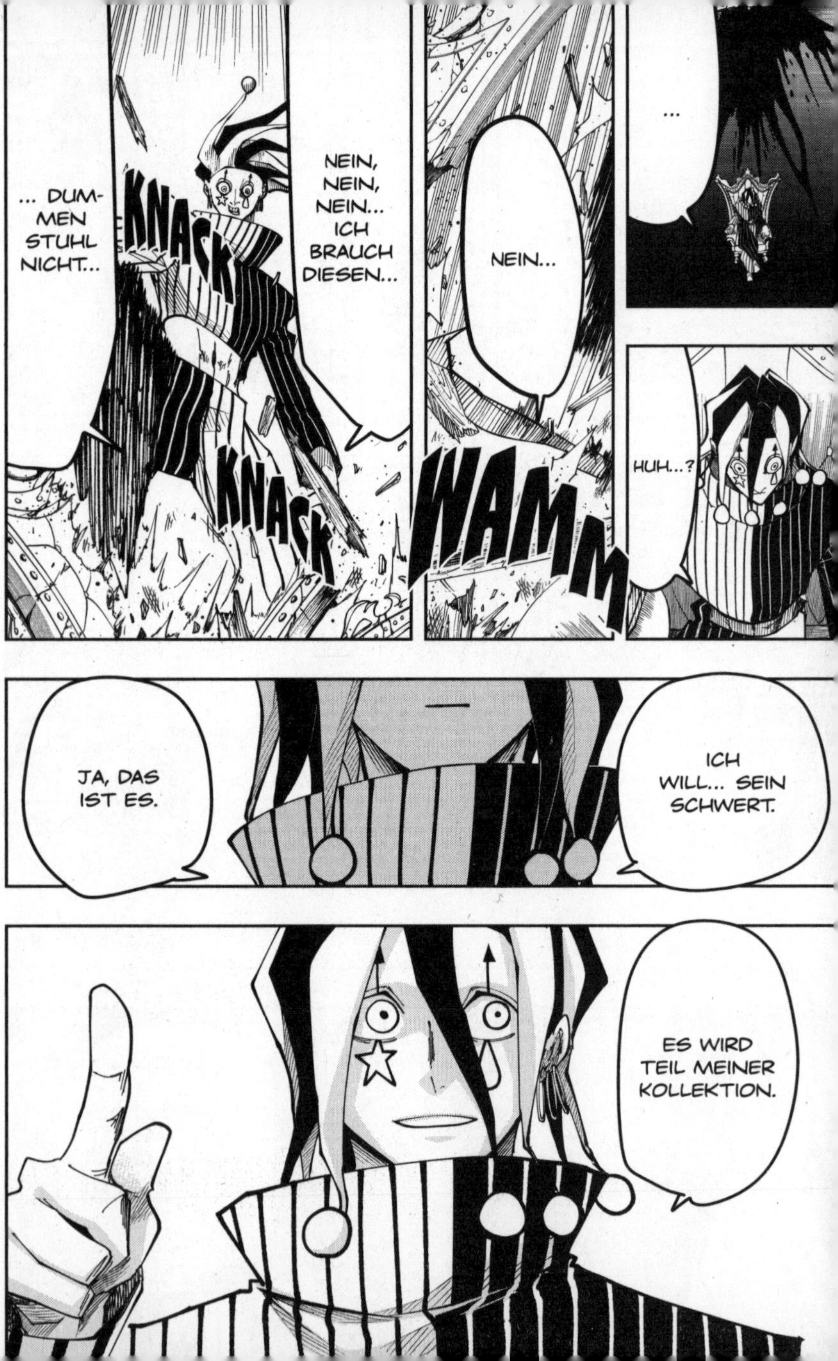
...
HUH...?
NEIN...
WAMM
NEIN, NEIN, NEIN... ICH BRAUCH DIESEN...
KNACK
KNACK
... DUMMEN STUHL NICHT...
ICH WILL... SEIN SCHWERT.
JA, DAS IST ES.
ES WIRD TEIL MEINER KOLLEKTION.

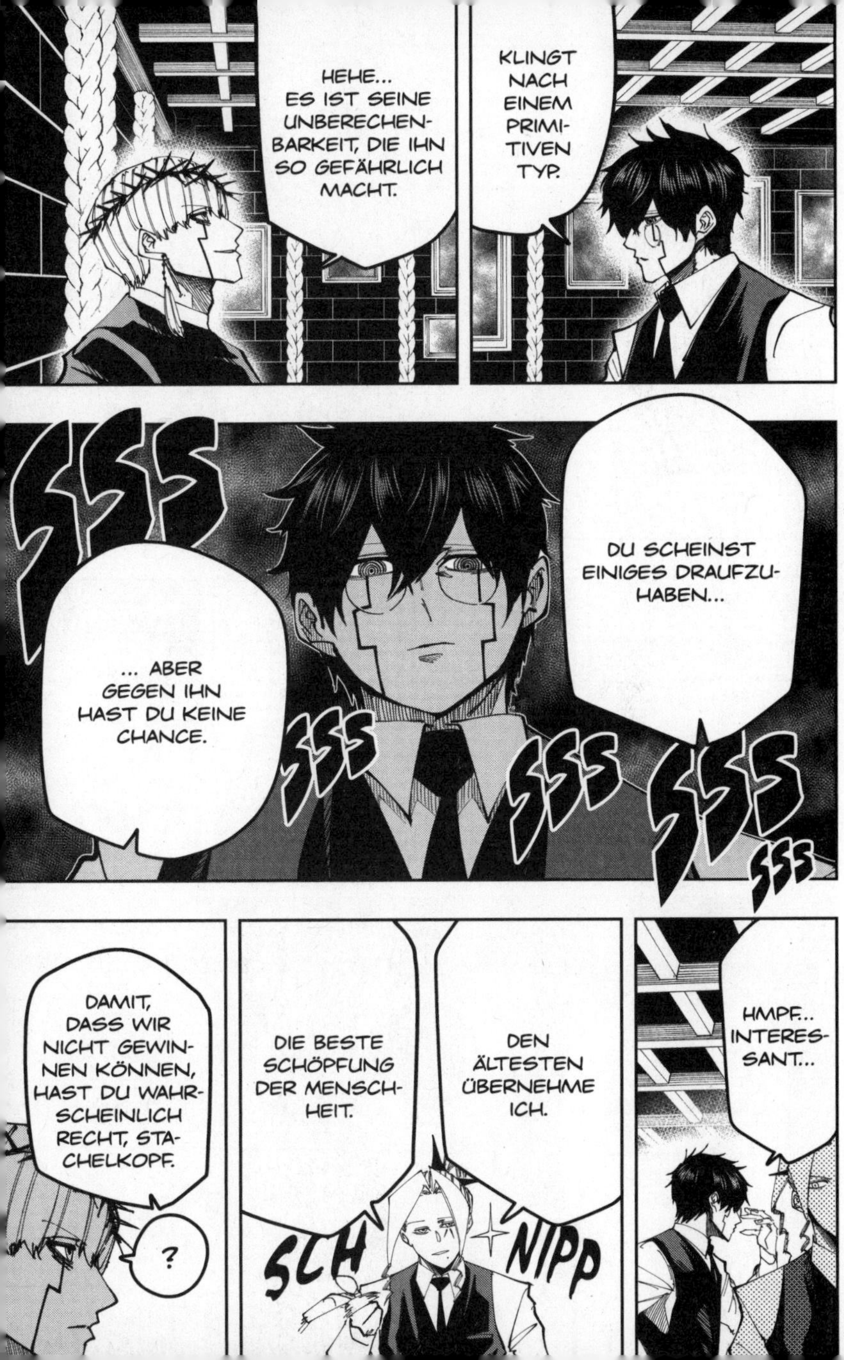
KLINGT NACH EINEM PRIMITIVEN TYP.
HEHE... ES IST SEINE UNBERECHENBARKEIT, DIE IHN SO GEFÄHRLICH MACHT.
DU SCHEINST EINIGES DRAUFZUHABEN...
SSS
SSS
SSS
SSS
SSS
... ABER GEGEN IHN HAST DU KEINE CHANCE.
HMPF... INTERESSANT...
DEN ÄLTESTEN ÜBERNEHME ICH.
DIE BESTE SCHÖPFUNG DER MENSCHHEIT.
SCHNIPP
DAMIT, DASS WIR NICHT GEWINNEN KÖNNEN, HAST DU WAHRSCHEINLICH RECHT, STACHELKOPF.
?

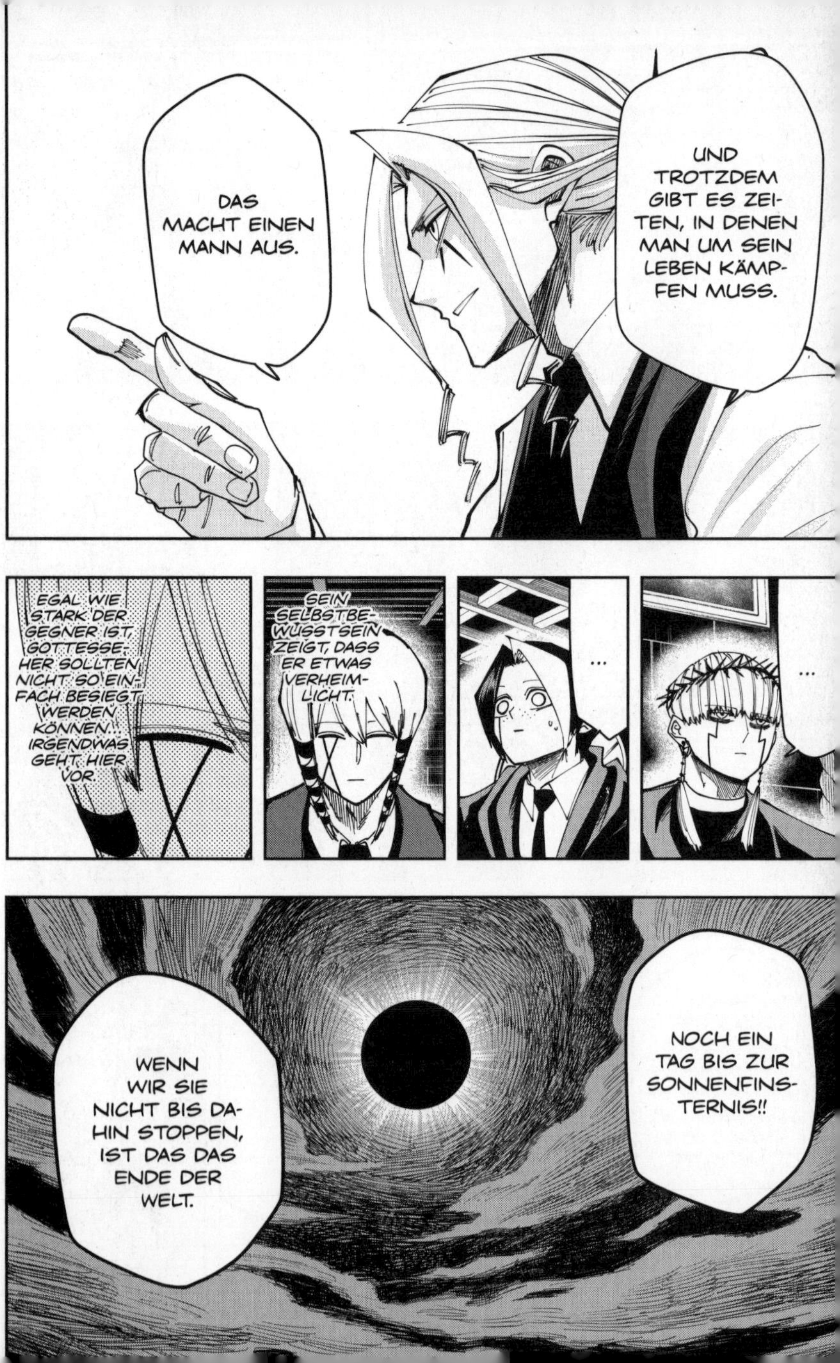
UND TROTZDEM GIBT ES ZEITEN, IN DENEN MAN UM SEIN LEBEN KÄMPFEN MUSS.
DAS MACHT EINEN MANN AUS.
...
...
SEIN SELBSTBEWUSSTSEIN ZEIGT, DASS ER ETWAS VERHEIMLICHT.
EGAL WIE STARK DER GEGNER IST, GOTTESSEHER SOLLTEN NICHT SO EINFACH BESIEGT WERDEN KÖNNEN... IRGENDWAS GEHT HIER VOR.
NOCH EIN TAG BIS ZUR SONNENFINSTERNIS!!
WENN WIR SIE NICHT BIS DAHIN STOPPEN, IST DAS DAS ENDE DER WELT.

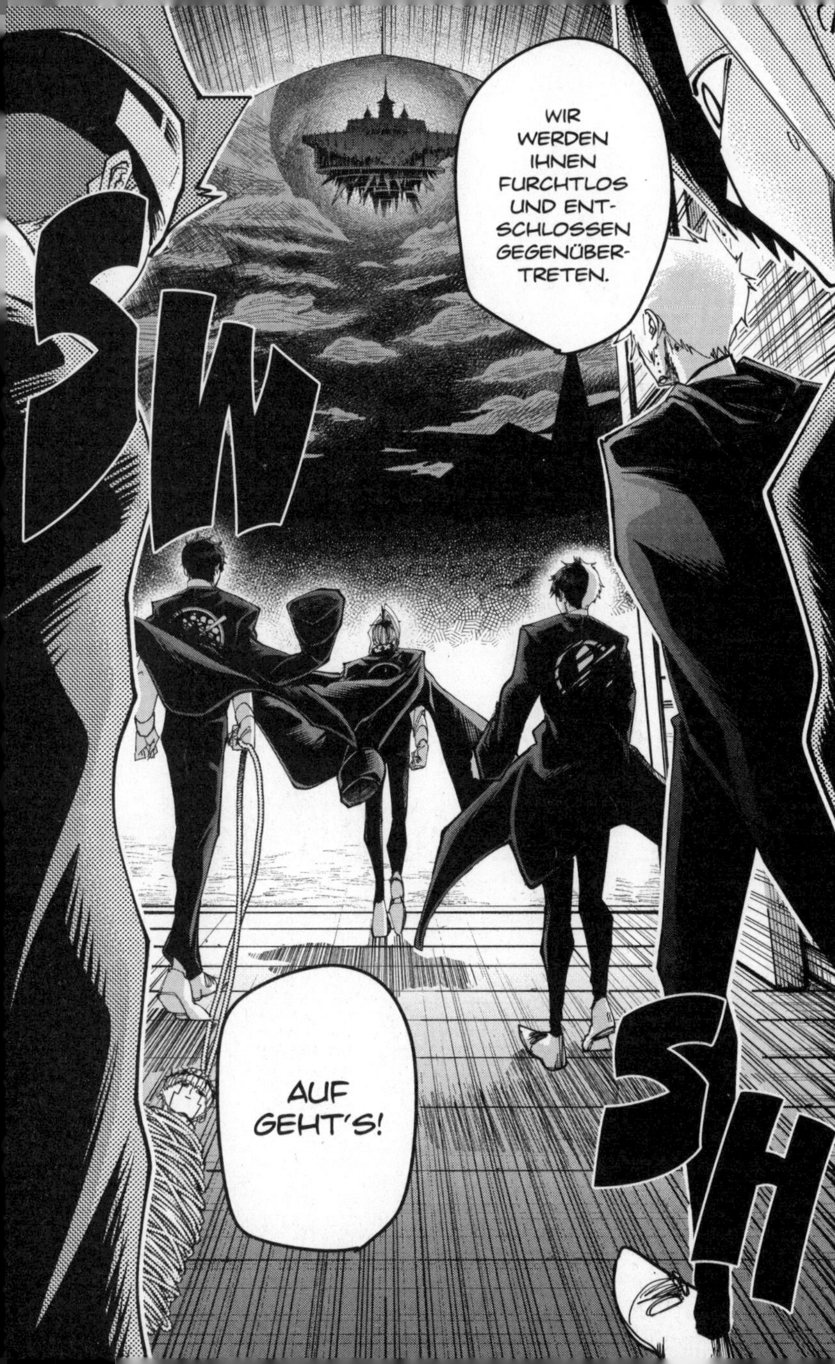
WIR WERDEN IHNEN FURCHTLOS UND ENT-SCHLOSSEN GEGENÜBER-TRETEN.
SW
AUF GEHT'S!
SH

Extra 5

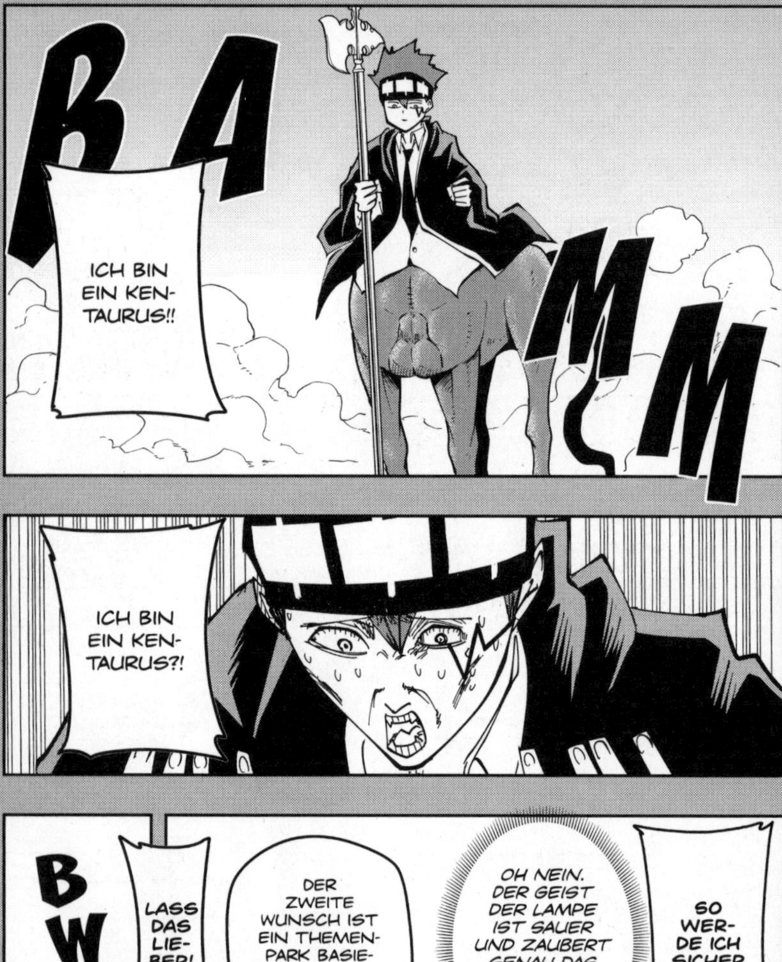

Fortsetzung auf Seite 128

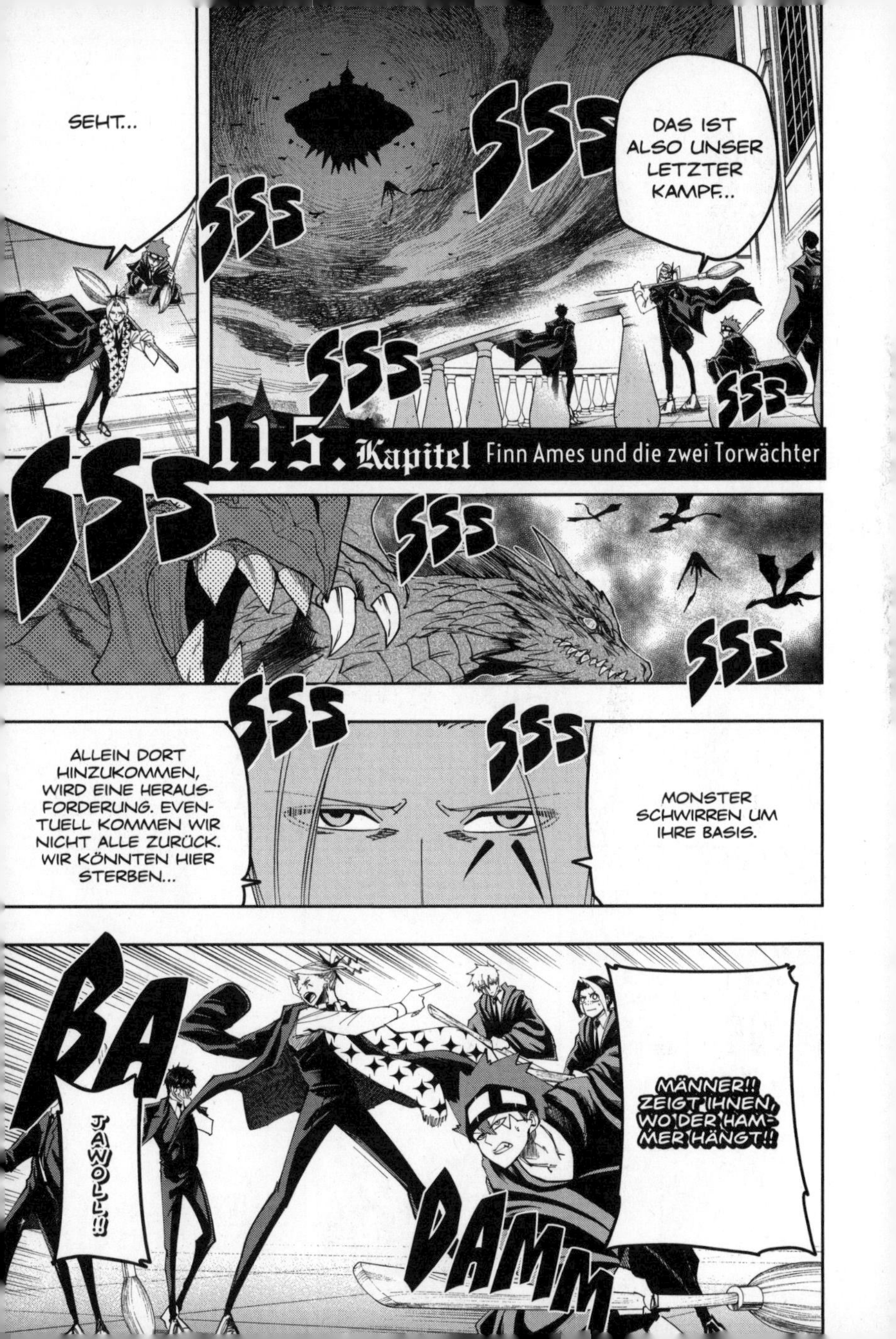
DAS IST ALSO UNSER LETZTER KAMPF...
SEHT...
SSS
115. Kapitel Finn Ames und die zwei Torwächter
SSS
MONSTER SCHWIRREN UM IHRE BASIS.
ALLEIN DORT HINZUKOMMEN, WIRD EINE HERAUS-FORDERUNG. EVEN-TUELL KOMMEN WIR NICHT ALLE ZURÜCK. WIR KÖNNTEN HIER STERBEN...
MÄNNER!! ZEIGT IHNEN, WO DER HAM-MER HÄNGT!!
JAWOLL!!
BA DAMM

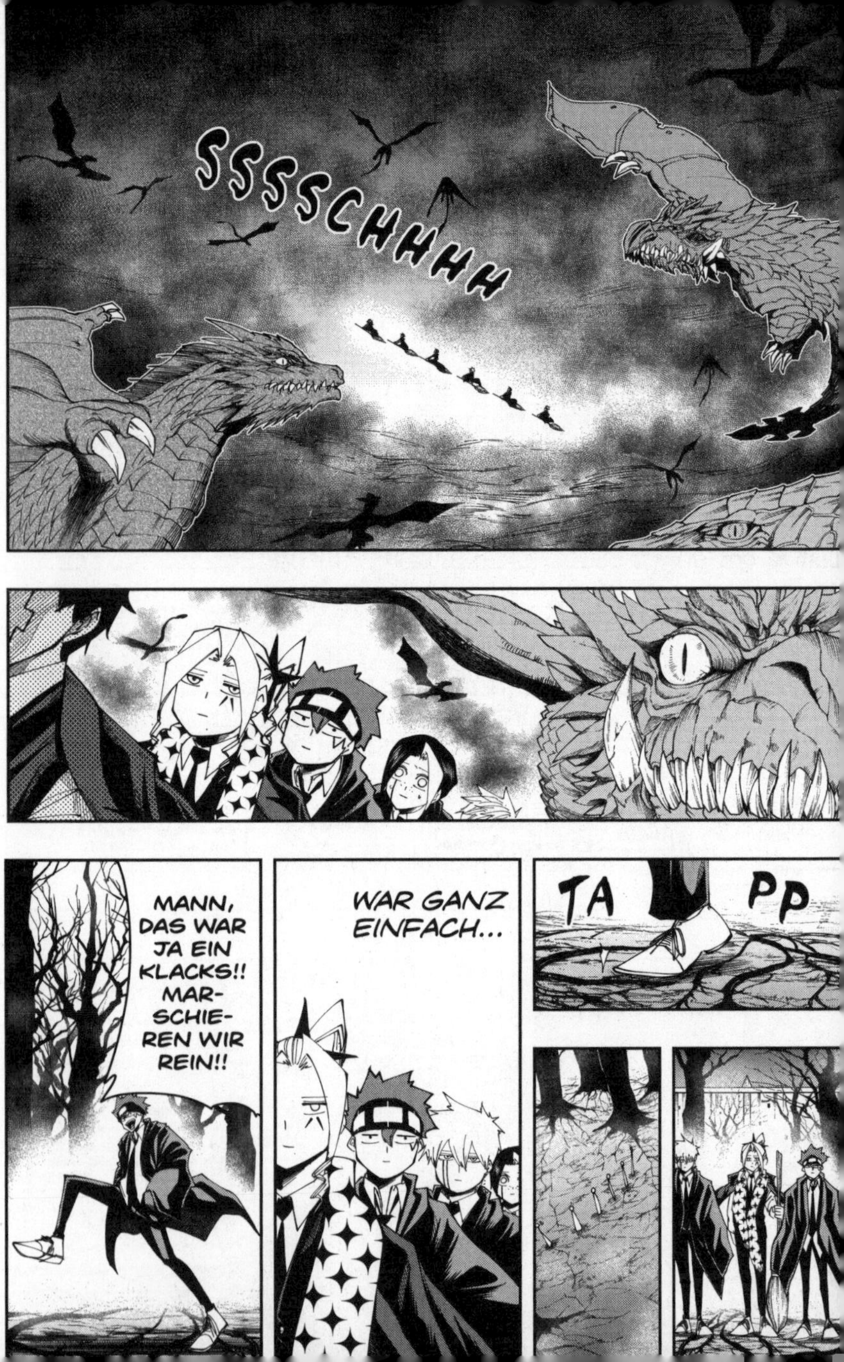
SSSSCHHHHH
TA PP
WAR GANZ EINFACH...
MANN, DAS WAR JA EIN KLACKS!! MARSCHIEREN WIR REIN!!

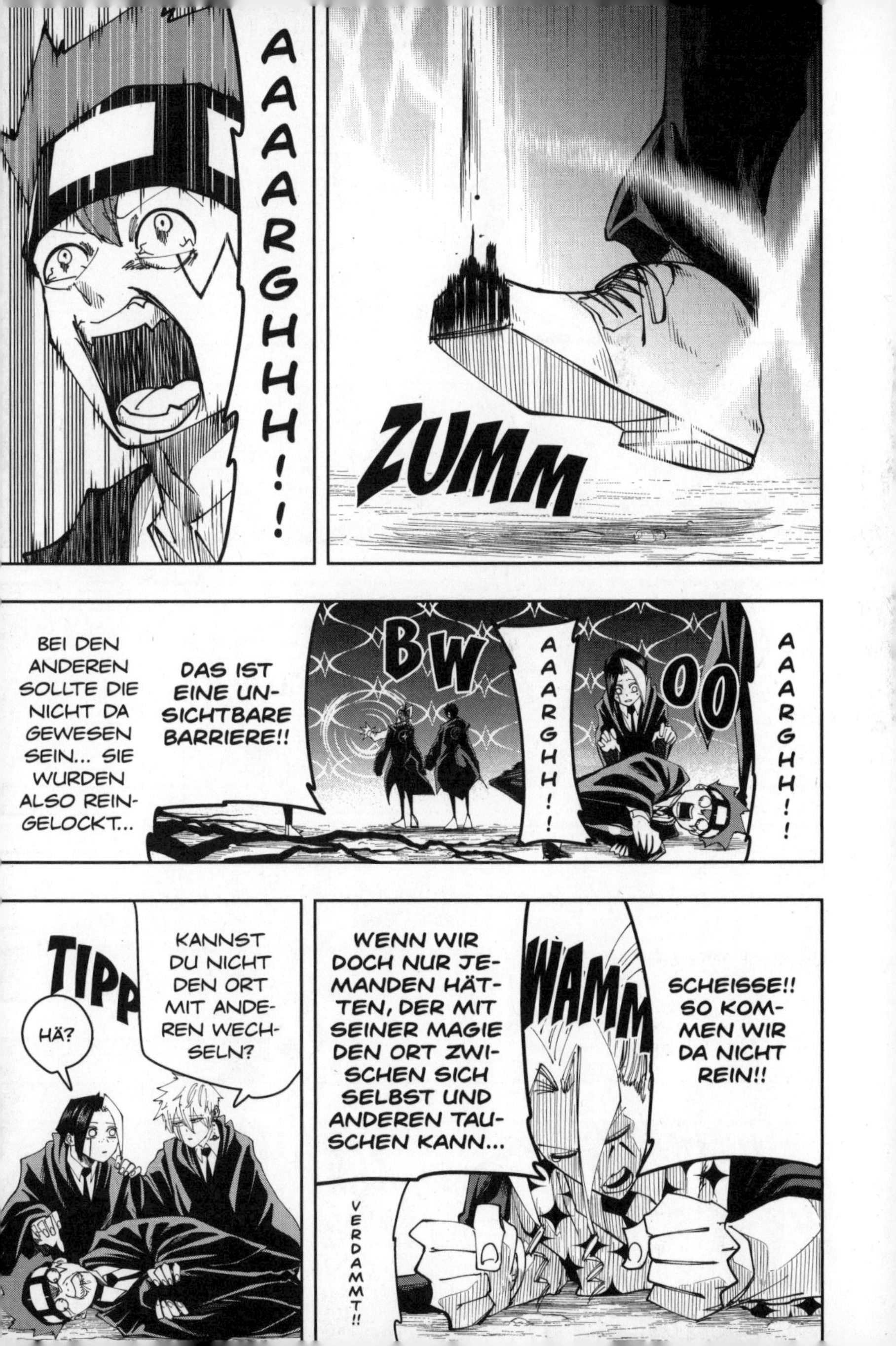

ZUMM
AAAARGHHH!!
AAARGHH!!
BWOO
AAARGHH!!
DAS IST EINE UNSICHTBARE BARRIERE!!
BEI DEN ANDEREN SOLLTE DIE NICHT DA GEWESEN SEIN... SIE WURDEN ALSO REINGELOCKT...
SCHEISSE!! SO KOMMEN WIR DA NICHT REIN!!
WAMM
WENN WIR DOCH NUR JEMANDEN HÄTTEN, DER MIT SEINER MAGIE DEN ORT ZWISCHEN SICH SELBST UND ANDEREN TAUSCHEN KANN...
VERDAMMT!!
TIPP
KANNST DU NICHT DEN ORT MIT ANDEREN WECHSELN?
HÄ?

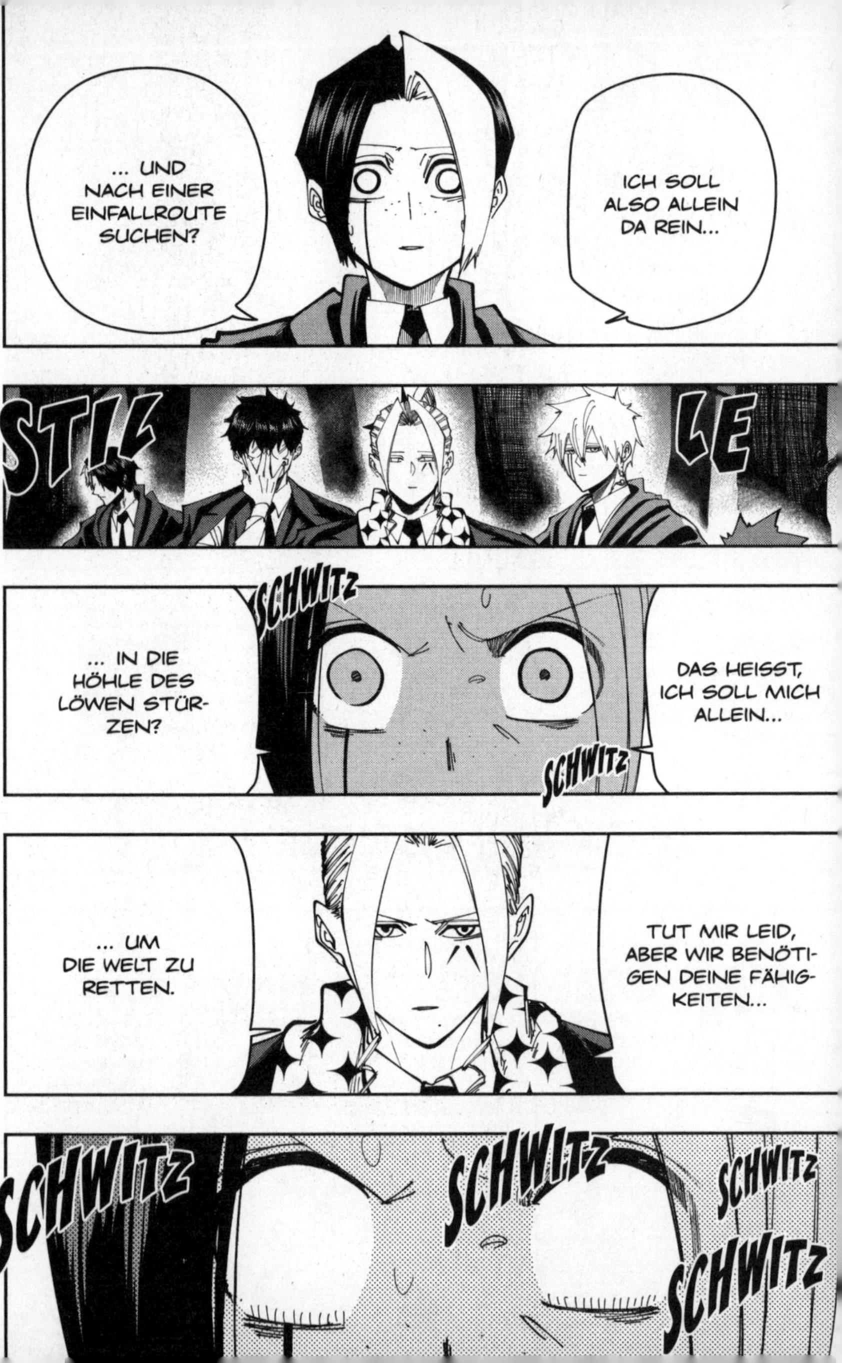
ICH SOLL ALSO ALLEIN DA REIN...
... UND NACH EINER EINFALLROUTE SUCHEN?
STIL
LE
SCHWITZ
DAS HEISST, ICH SOLL MICH ALLEIN...
SCHWITZ
... IN DIE HÖHLE DES LÖWEN STÜR-ZEN?
TUT MIR LEID, ABER WIR BENÖTI-GEN DEINE FÄHIG-KEITEN...
... UM DIE WELT ZU RETTEN.
SCHWITZ
SCHWITZ
SCHWITZ
SCHWITZ
SCHWITZ

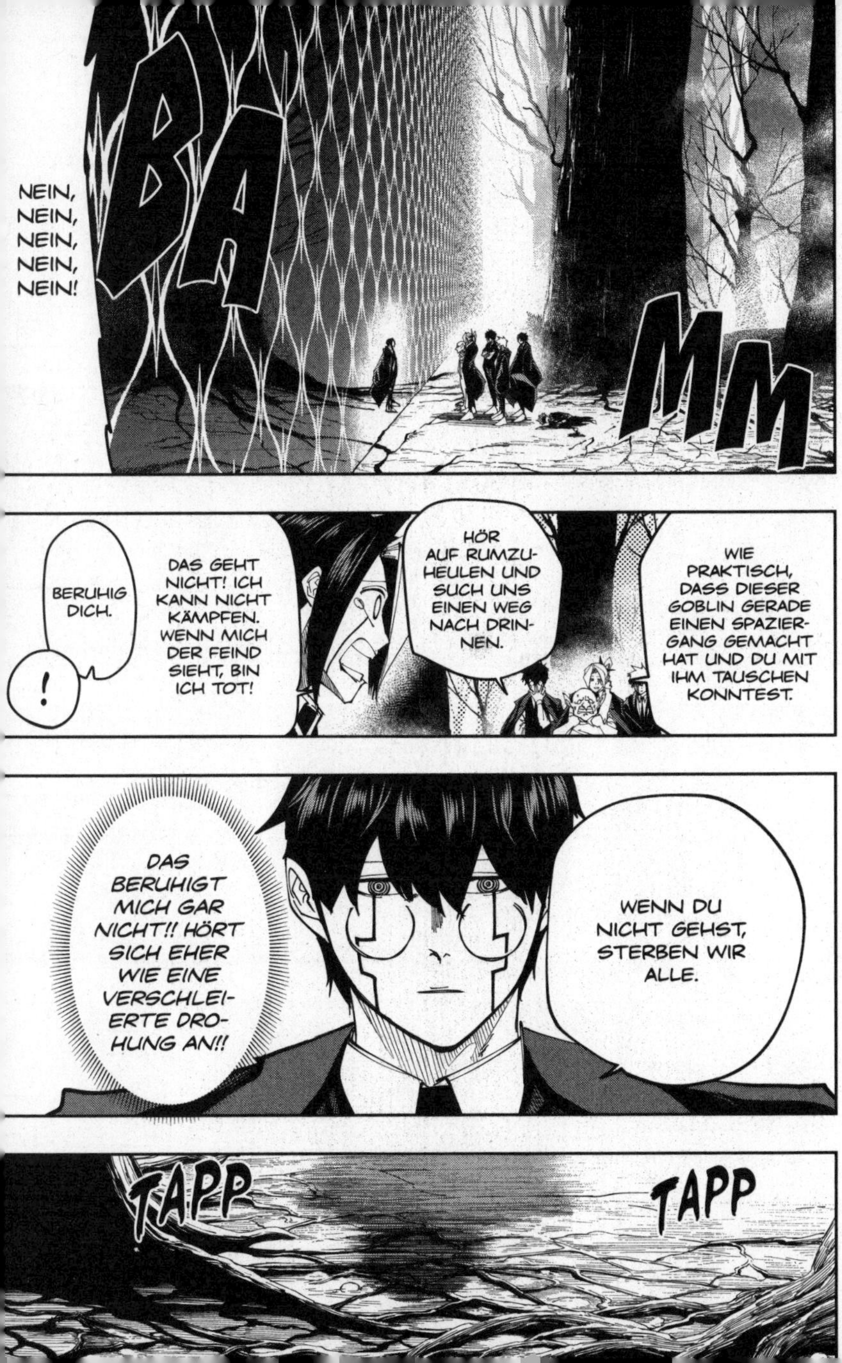
BAMM
NEIN, NEIN, NEIN, NEIN, NEIN!
WIE PRAKTISCH, DASS DIESER GOBLIN GERADE EINEN SPAZIER-GANG GEMACHT HAT UND DU MIT IHM TAUSCHEN KONNTEST.
HÖR AUF RUMZU-HEULEN UND SUCH UNS EINEN WEG NACH DRIN-NEN.
DAS GEHT NICHT! ICH KANN NICHT KÄMPFEN. WENN MICH DER FEIND SIEHT, BIN ICH TOT!
BERUHIG DICH.
!
WENN DU NICHT GEHST, STERBEN WIR ALLE.
DAS BERUHIGT MICH GAR NICHT!! HÖRT SICH EHER WIE EINE VERSCHLEI-ERTE DRO-HUNG AN!!
TAPP
TAPP

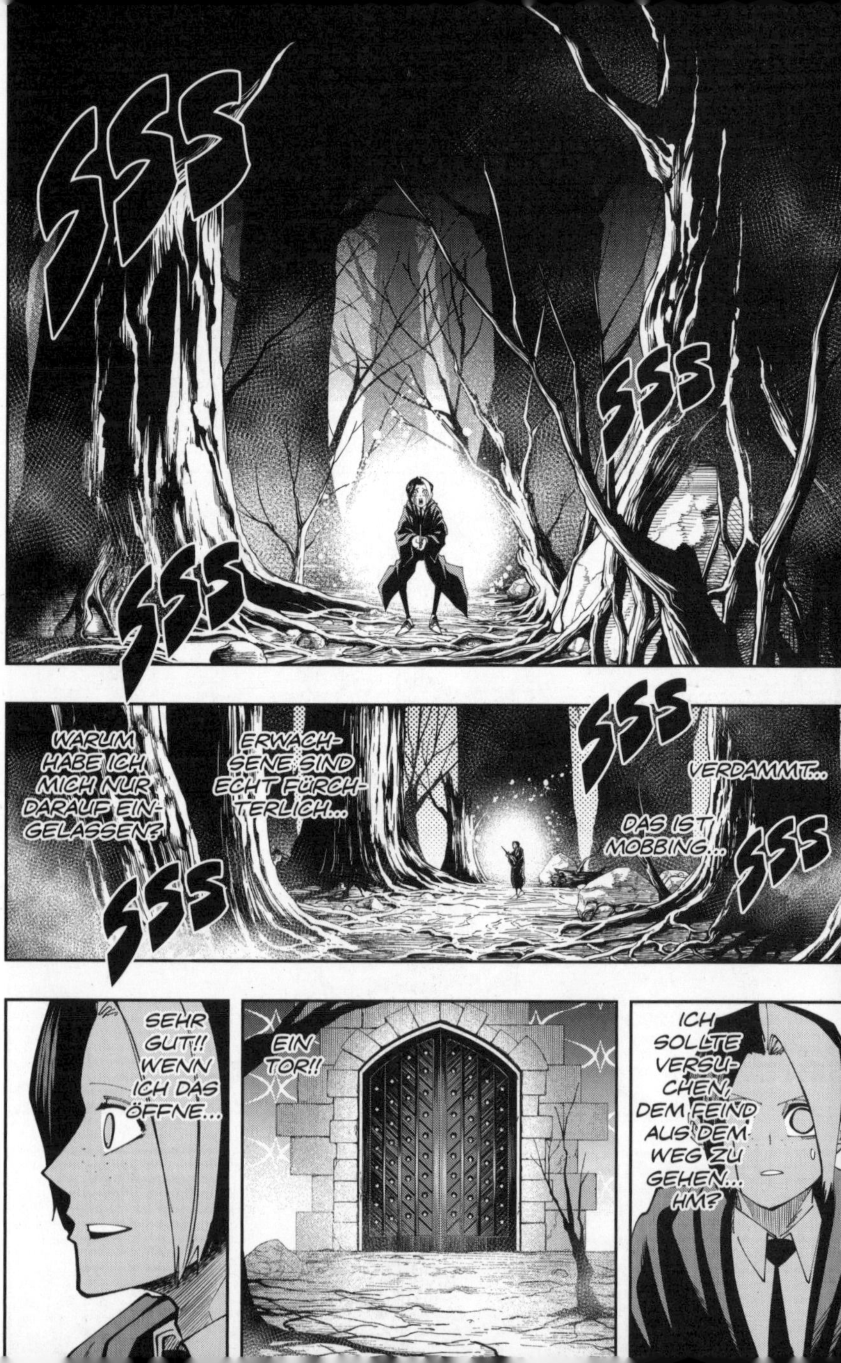
SSS
SSS
SSS
SSS
SSS
SSS
VERDAMMT...
DAS IST MOBBING...
ERWACH-SENE SIND ECHT FÜRCH-TERLICH...
WARUM HABE ICH MICH NUR DARAUF EIN-GELASSEN?
ICH SOLLTE VERSU-CHEN, DEM FEIND AUS DEM WEG ZU GEHEN... HM?
EIN TOR!!
SEHR GUT!! WENN ICH DAS ÖFFNE...

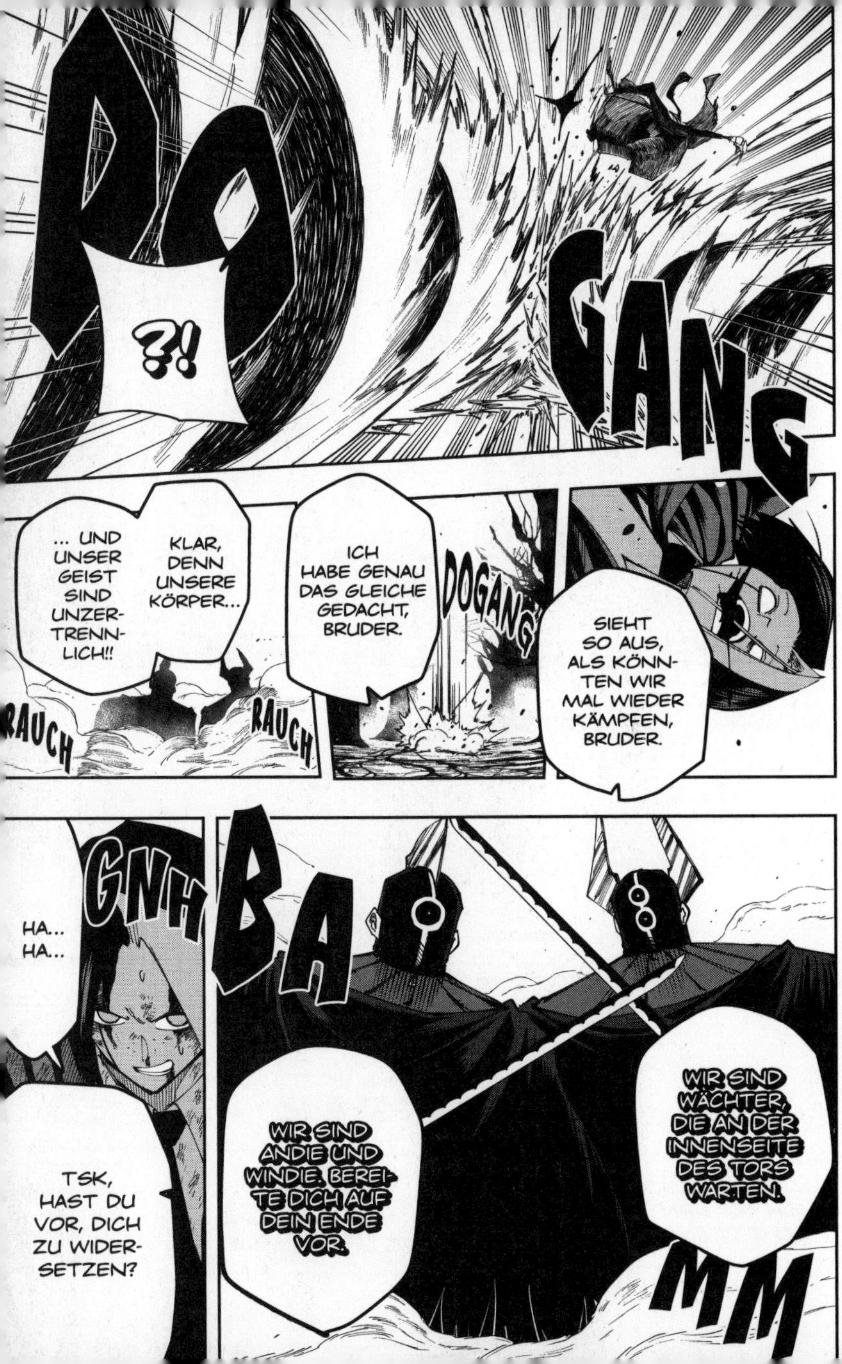

DO
?!
GANG
SIEHT SO AUS, ALS KÖNNTEN WIR MAL WIEDER KÄMPFEN, BRUDER.
DOGANG
ICH HABE GENAU DAS GLEICHE GEDACHT, BRUDER.
KLAR, DENN UNSERE KÖRPER...
... UND UNSER GEIST SIND UNZERTRENNLICH!!
RAUCH
RAUCH
WIR SIND WÄCHTER, DIE AN DER INNENSEITE DES TORS WARTEN.
WIR SIND ANDIE UND WINDIE. BEREITE DICH AUF DEIN ENDE VOR.
BAMM
GNH
HA... HA...
TSK, HAST DU VOR, DICH ZU WIDERSETZEN?

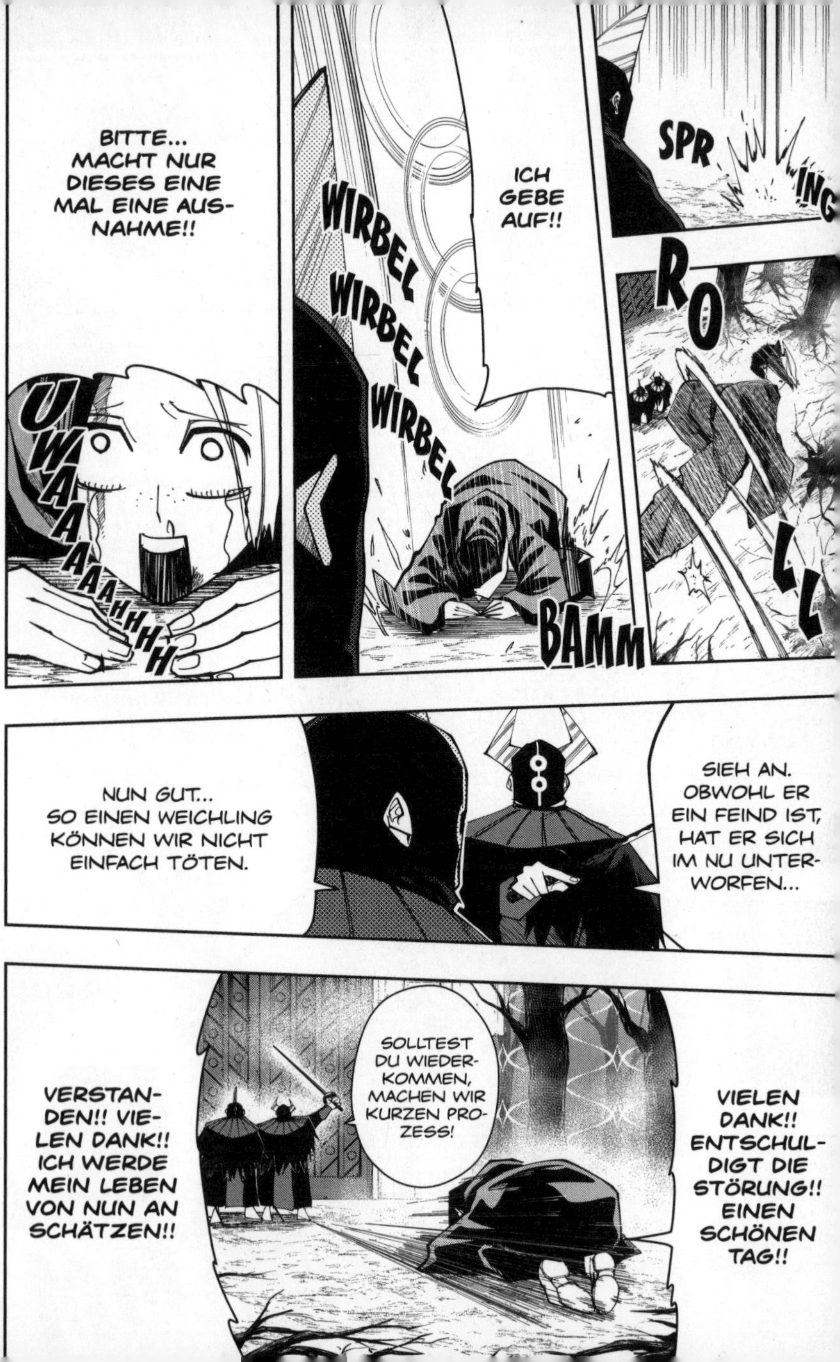

SPR ING
ROLL
ICH GEBE AUF!!
WIRBEL WIRBEL WIRBEL WIRBEL
BAMM
BITTE... MACHT NUR DIESES EINE MAL EINE AUS-NAHME!!
UWAAAAAHHHH
SIEH AN. OBWOHL ER EIN FEIND IST, HAT ER SICH IM NU UNTER-WORFEN...
NUN GUT... SO EINEN WEICHLING KÖNNEN WIR NICHT EINFACH TÖTEN.
VIELEN DANK!! ENTSCHUL-DIGT DIE STÖRUNG!! EINEN SCHÖNEN TAG!!
SOLLTEST DU WIEDER-KOMMEN, MACHEN WIR KURZEN PRO-ZESS!
VERSTAN-DEN!! VIE-LEN DANK!! ICH WERDE MEIN LEBEN VON NUN AN SCHÄTZEN!!

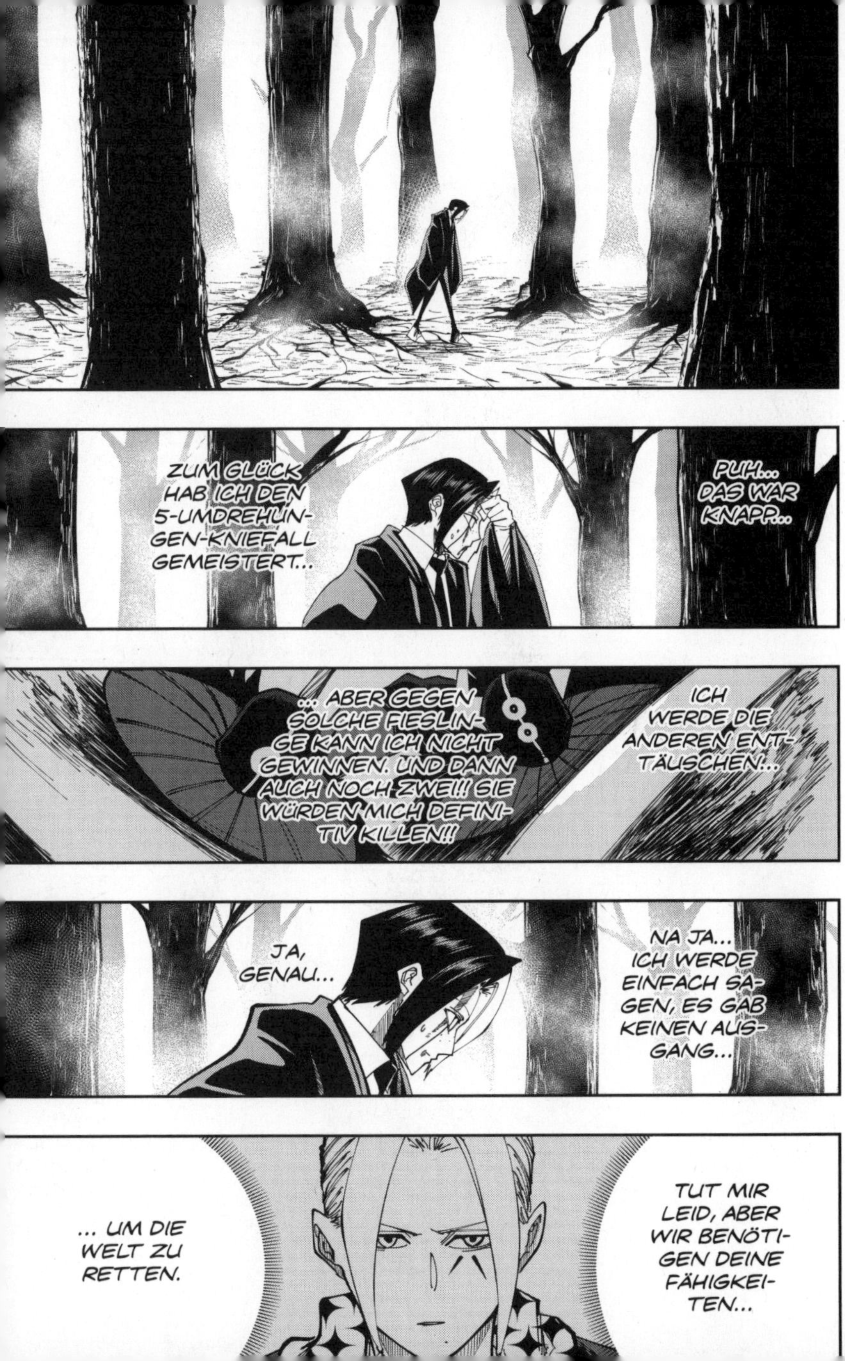
PUH... DAS WAR KNAPP...
ZUM GLÜCK HAB ICH DEN 5-UMDREHUNGEN-KNIEFALL GEMEISTERT...
ICH WERDE DIE ANDEREN ENTTÄUSCHEN...
... ABER GEGEN SOLCHE FIESLINGE KANN ICH NICHT GEWINNEN. UND DANN AUCH NOCH ZWEI!! SIE WÜRDEN MICH DEFINITIV KILLEN!!
NA JA... ICH WERDE EINFACH SAGEN, ES GAB KEINEN AUSGANG...
JA, GENAU...
TUT MIR LEID, ABER WIR BENÖTIGEN DEINE FÄHIGKEITEN...
... UM DIE WELT ZU RETTEN.

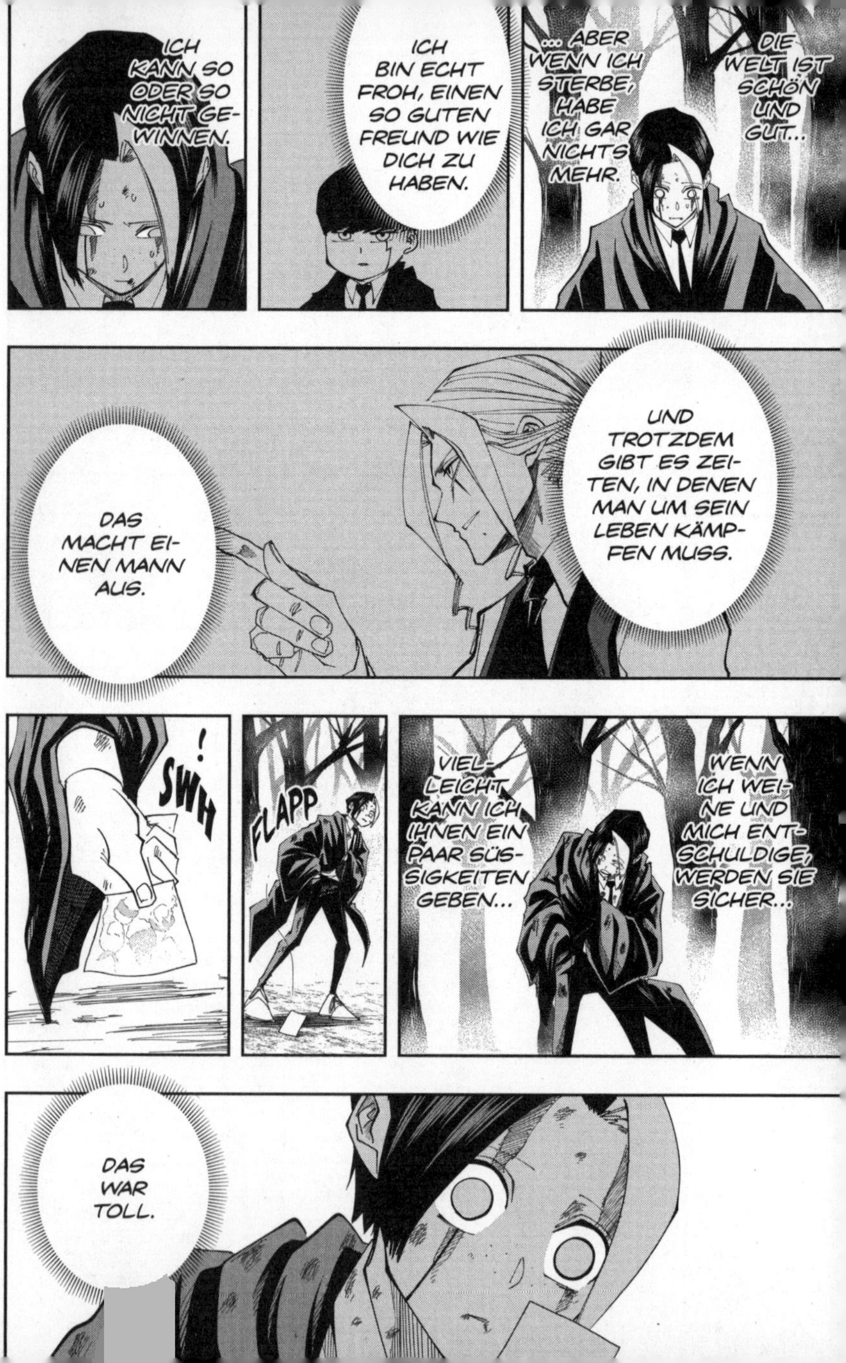
DIE WELT IST SCHÖN UND GUT...
... ABER WENN ICH STERBE, HABE ICH GAR NICHTS MEHR.
ICH BIN ECHT FROH, EINEN SO GUTEN FREUND WIE DICH ZU HABEN.
ICH KANN SO ODER SO NICHT GE-WINNEN.
UND TROTZDEM GIBT ES ZEI-TEN, IN DENEN MAN UM SEIN LEBEN KÄMP-FEN MUSS.
DAS MACHT EI-NEN MANN AUS.
WENN ICH WEI-NE UND MICH ENT-SCHULDIGE, WERDEN SIE SICHER...
VIEL-LEICHT KANN ICH IHNEN EIN PAAR SÜS-SIGKEITEN GEBEN...
FLAPP
!
SWH
DAS WAR TOLL.

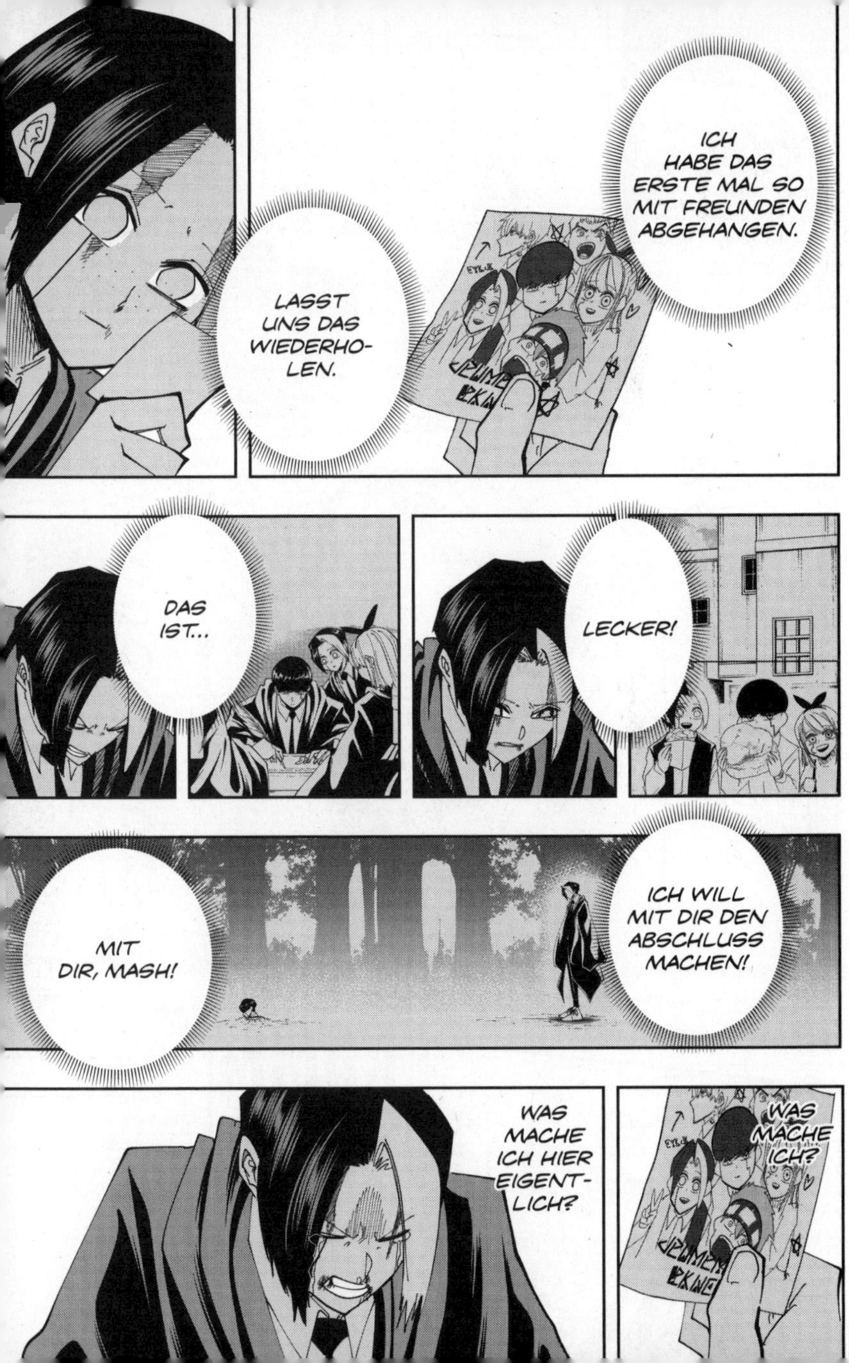
ICH HABE DAS ERSTE MAL SO MIT FREUNDEN ABGEHANGEN.
LASST UNS DAS WIEDERHO-LEN.
LECKER!
DAS IST...
ICH WILL MIT DIR DEN ABSCHLUSS MACHEN!
MIT DIR, MASH!
WAS MACHE ICH?
WAS MACHE ICH HIER EIGENT-LICH?

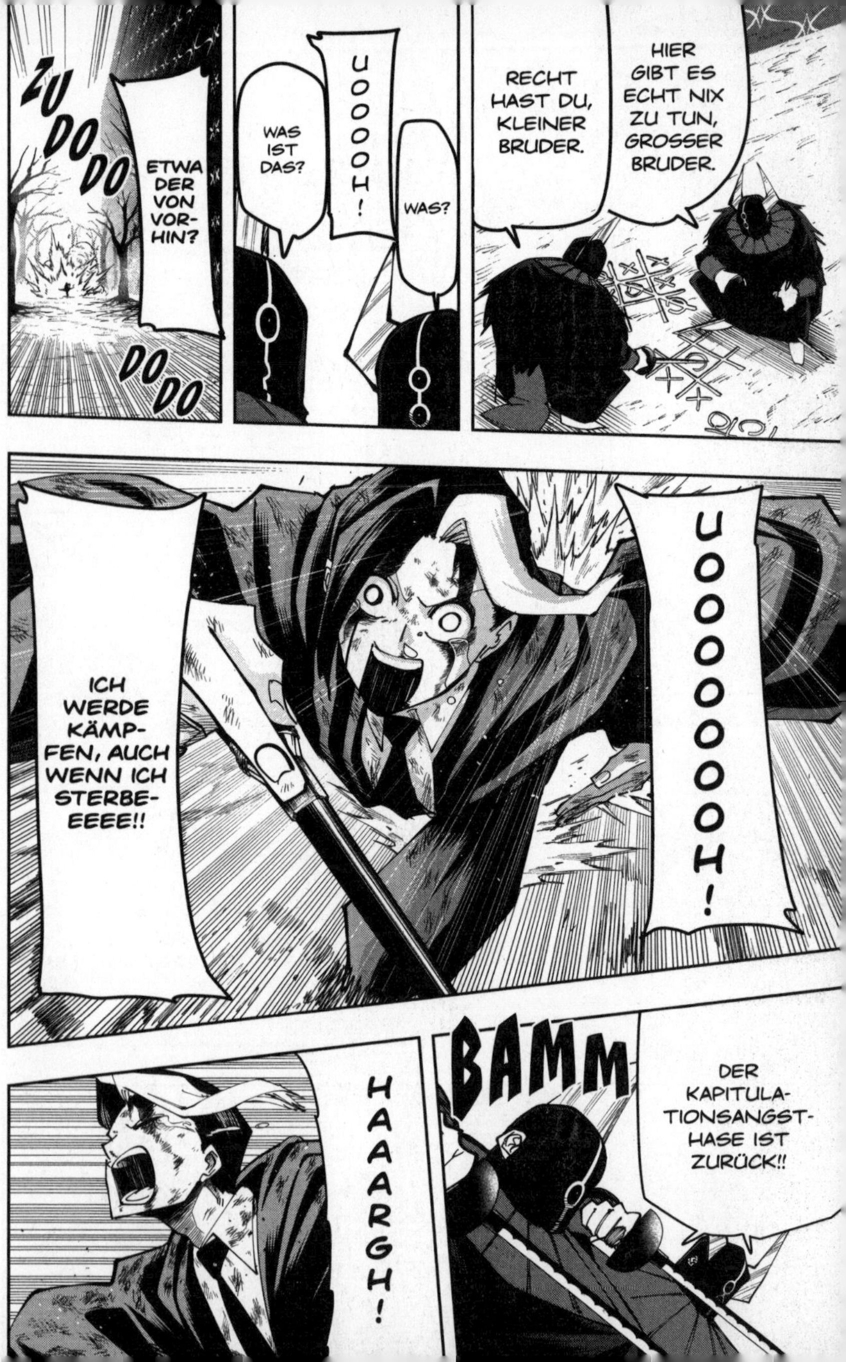
HIER GIBT ES ECHT NIX ZU TUN, GROSSER BRUDER.
RECHT HAST DU, KLEINER BRUDER.
WAS?
UOOOOOH!
WAS IST DAS?
ZUDODODO
ETWA DER VON VORHIN?
DODO
UOOOOOOOOOH!
ICH WERDE KÄMPFEN, AUCH WENN ICH STERBEEEEE!!
DER KAPITULATIONSANGSTHASE IST ZURÜCK!!
BAMM
HAAARGH!

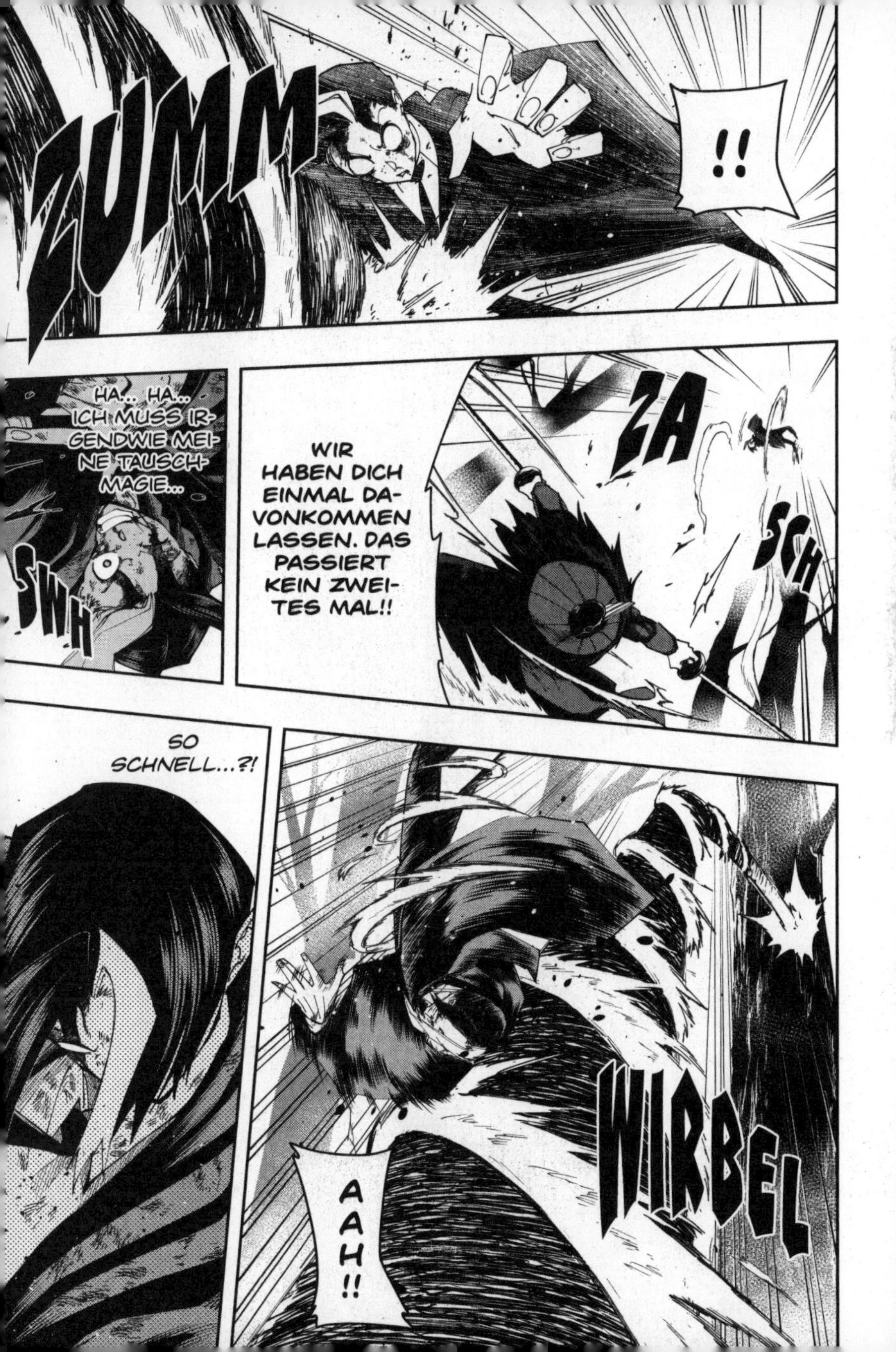
ZUMM
!!
ZASCH
WIR HABEN DICH EINMAL DAVONKOMMEN LASSEN. DAS PASSIERT KEIN ZWEITES MAL!!
HA... HA... ICH MUSS IRGENDWIE MEINE TAUSCHMAGIE...
SWH
WIRBEL
SO SCHNELL...?!
AAAH!!

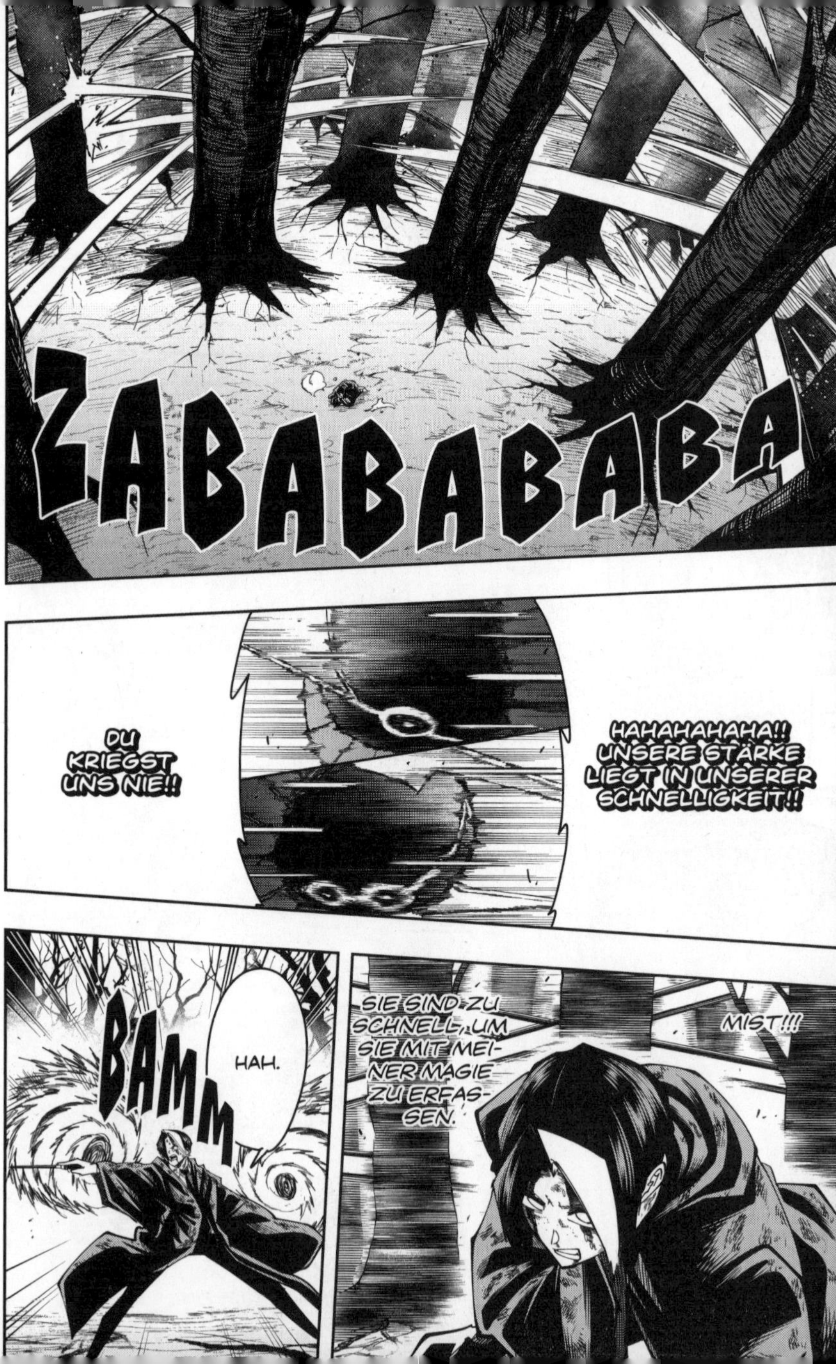
ZABABABABA
HAHAHAHAHA!! UNSERE STÄRKE LIEGT IN UNSERER SCHNELLIGKEIT!!
DU KRIEGST UNS NIE!!
MIST!!!
SIE SIND ZU SCHNELL, UM SIE MIT MEINER MAGIE ZU ERFASSEN.
HAH.
BAMM

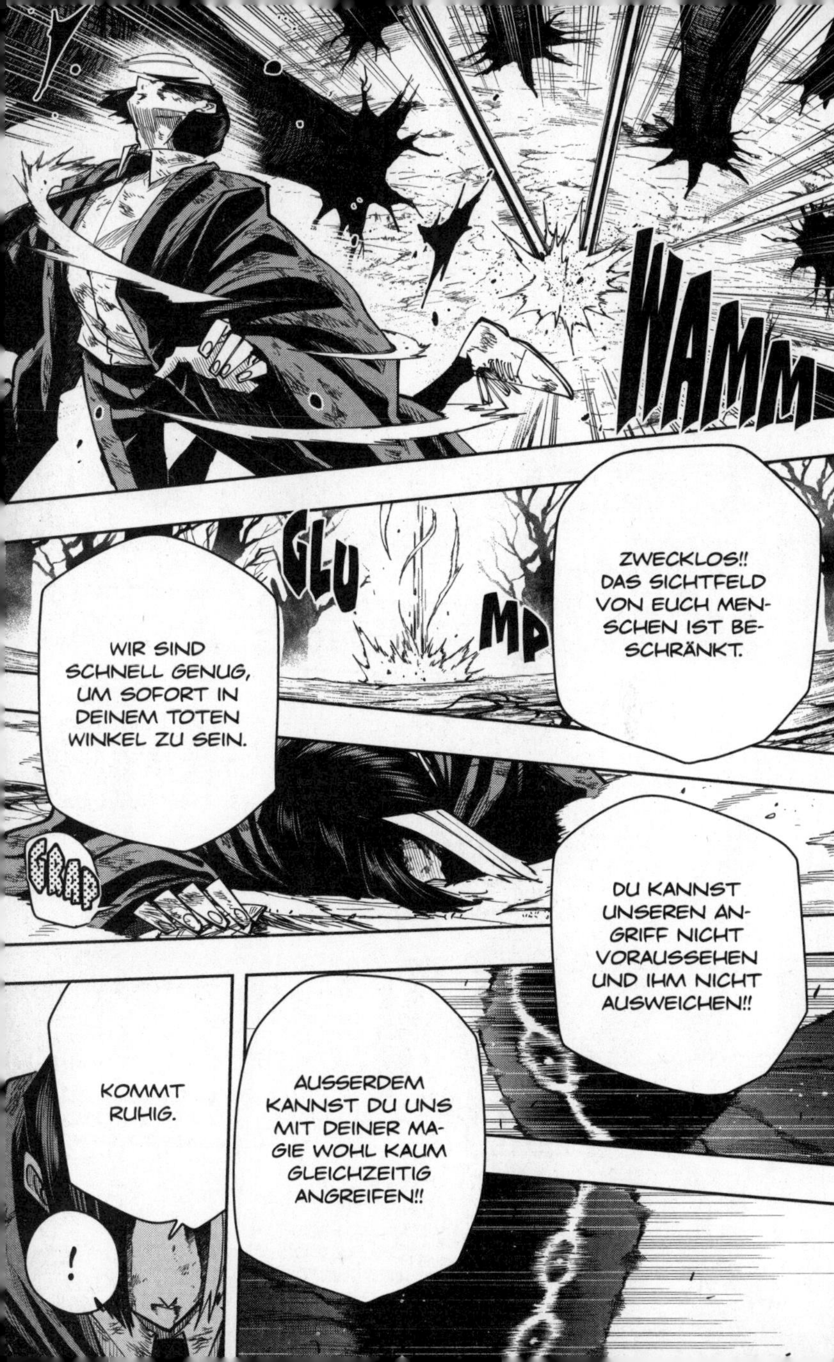
WAMM
GLUMP
ZWECKLOS!! DAS SICHTFELD VON EUCH MENSCHEN IST BESCHRÄNKT.
WIR SIND SCHNELL GENUG, UM SOFORT IN DEINEM TOTEN WINKEL ZU SEIN.
DU KANNST UNSEREN ANGRIFF NICHT VORAUSSEHEN UND IHM NICHT AUSWEICHEN!!
GRAP
AUSSERDEM KANNST DU UNS MIT DEINER MAGIE WOHL KAUM GLEICHZEITIG ANGREIFEN!!
KOMMT RUHIG.
!

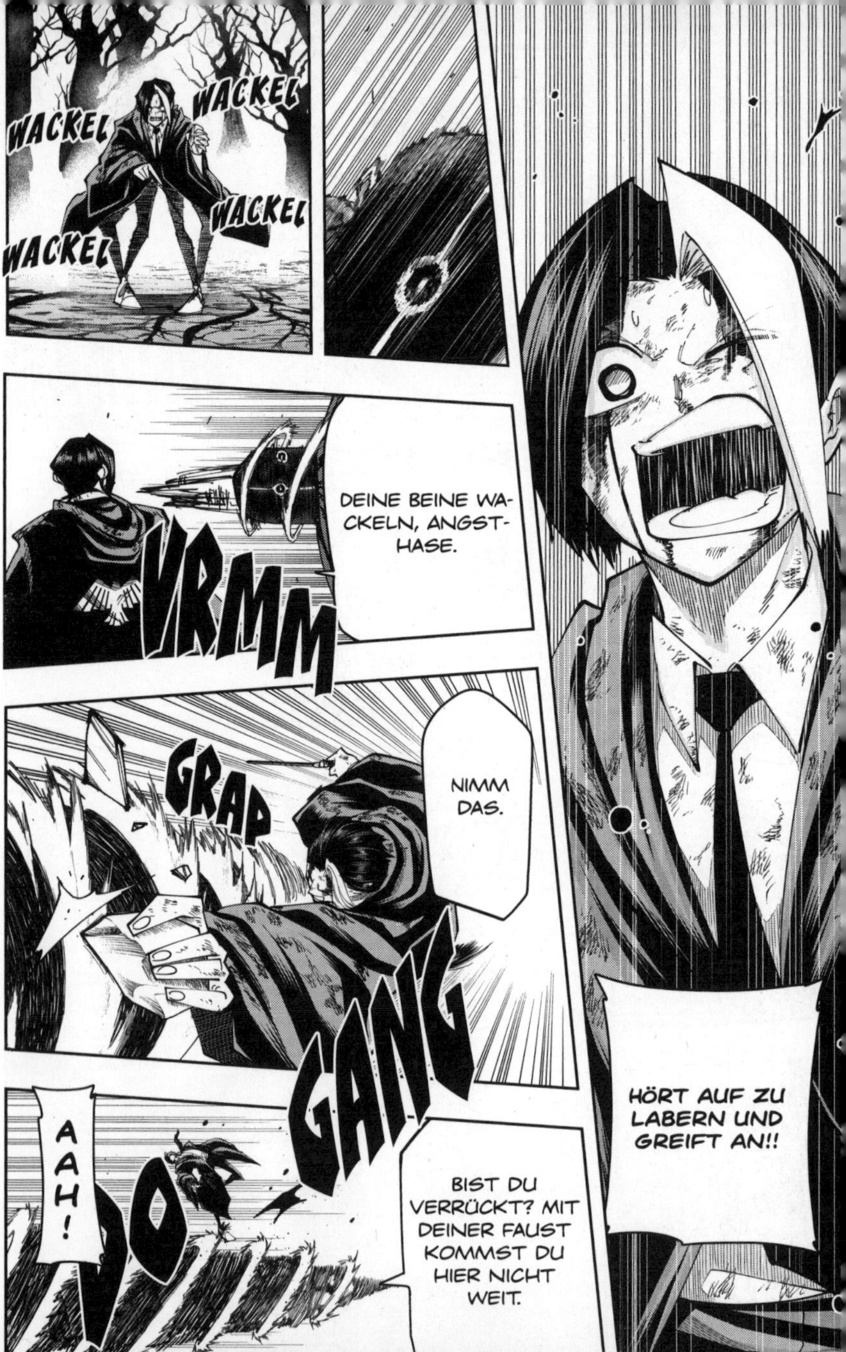
WACKEL
WACKEL
WACKEL
WACKEL
DEINE BEINE WACKELN, ANGSTHASE.
VRMMM
NIMM DAS.
GRAP
GANG
BIST DU VERRÜCKT? MIT DEINER FAUST KOMMST DU HIER NICHT WEIT.
AAH!
HÖRT AUF ZU LABERN UND GREIFT AN!!

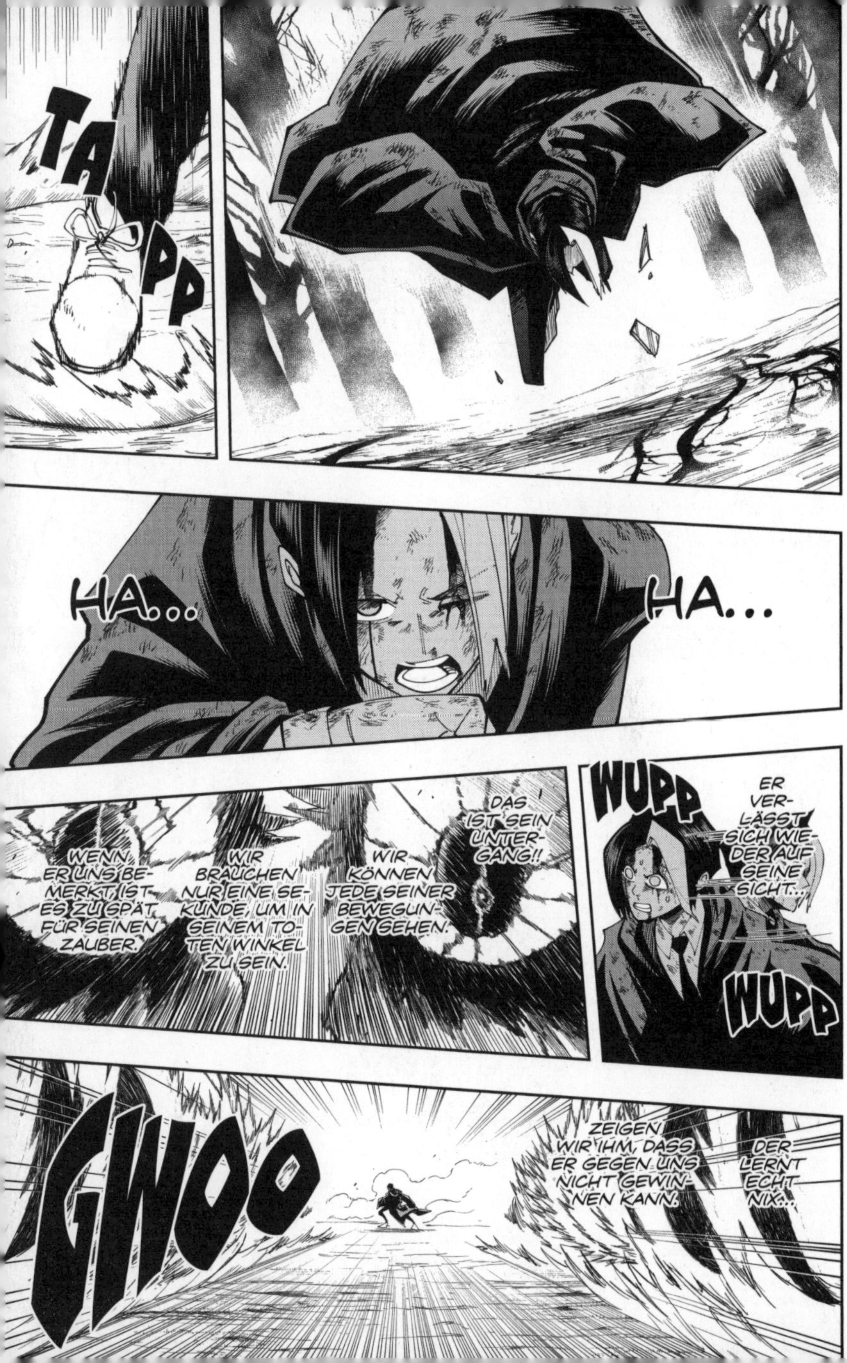
TAPP
HA... HA...
WUPP
ER VERLÄSST SICH WIEDER AUF SEINE SICHT...
WUPP
DAS IST SEIN UNTERGANG!!
WIR KÖNNEN JEDE SEINER BEWEGUNGEN SEHEN.
WIR BRAUCHEN NUR EINE SEKUNDE, UM IN SEINEM TOTEN WINKEL ZU SEIN.
WENN ER UNS BEMERKT, IST ES ZU SPÄT FÜR SEINEN ZAUBER.
DER LERNT ECHT NIX...
ZEIGEN WIR IHM, DASS ER GEGEN UNS NICHT GEWINNEN KANN.
GWOO

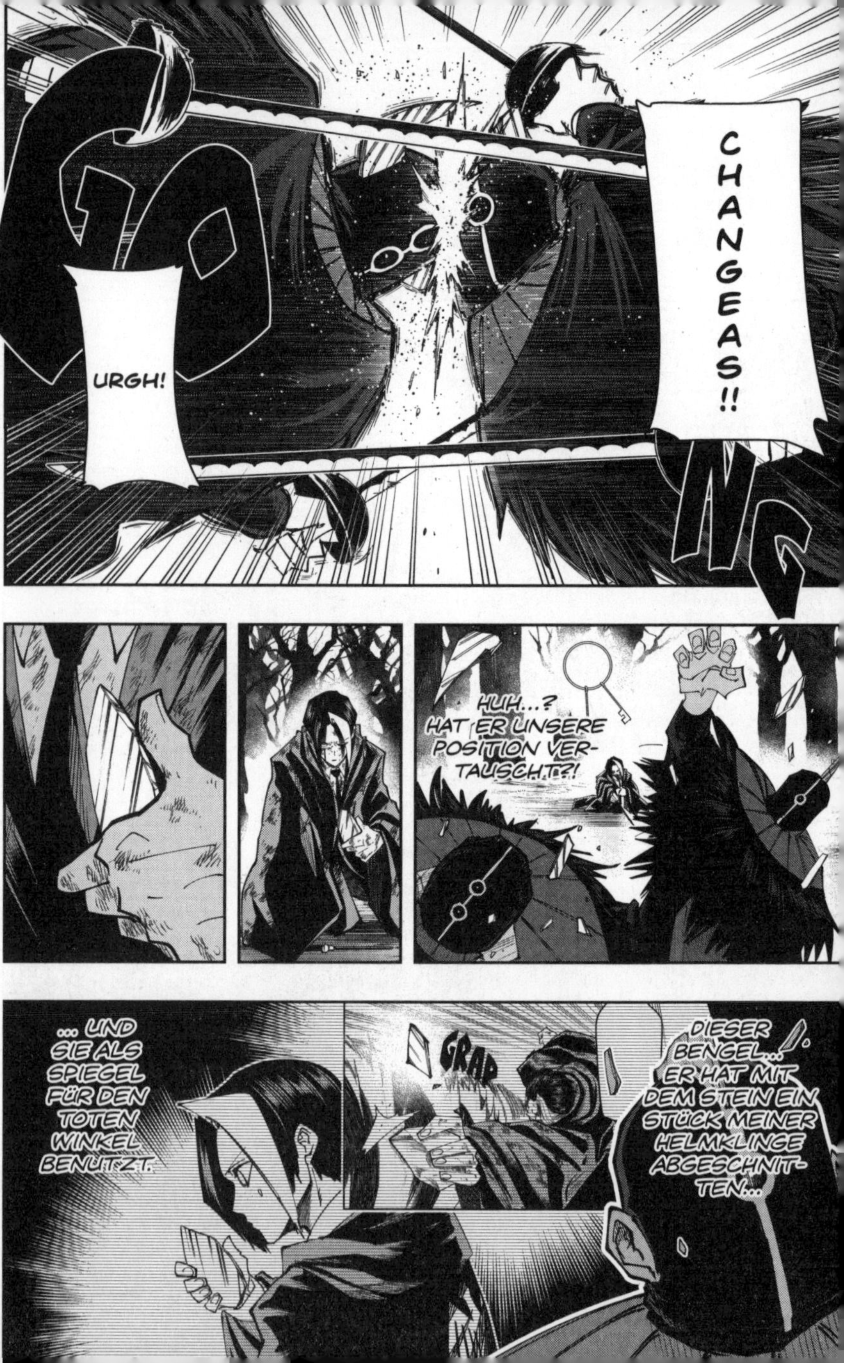
CHANGEAS!!
URGH!
ING
HUH...? HAT ER UNSERE POSITION VERTAUSCHT?!
GRAP
DIESER BENGEL...! ER HAT MIT DEM STEIN EIN STÜCK MEINER HELMKLINGE ABGESCHNITTEN...
... UND SIE ALS SPIEGEL FÜR DEN TOTEN WINKEL BENUTZT.

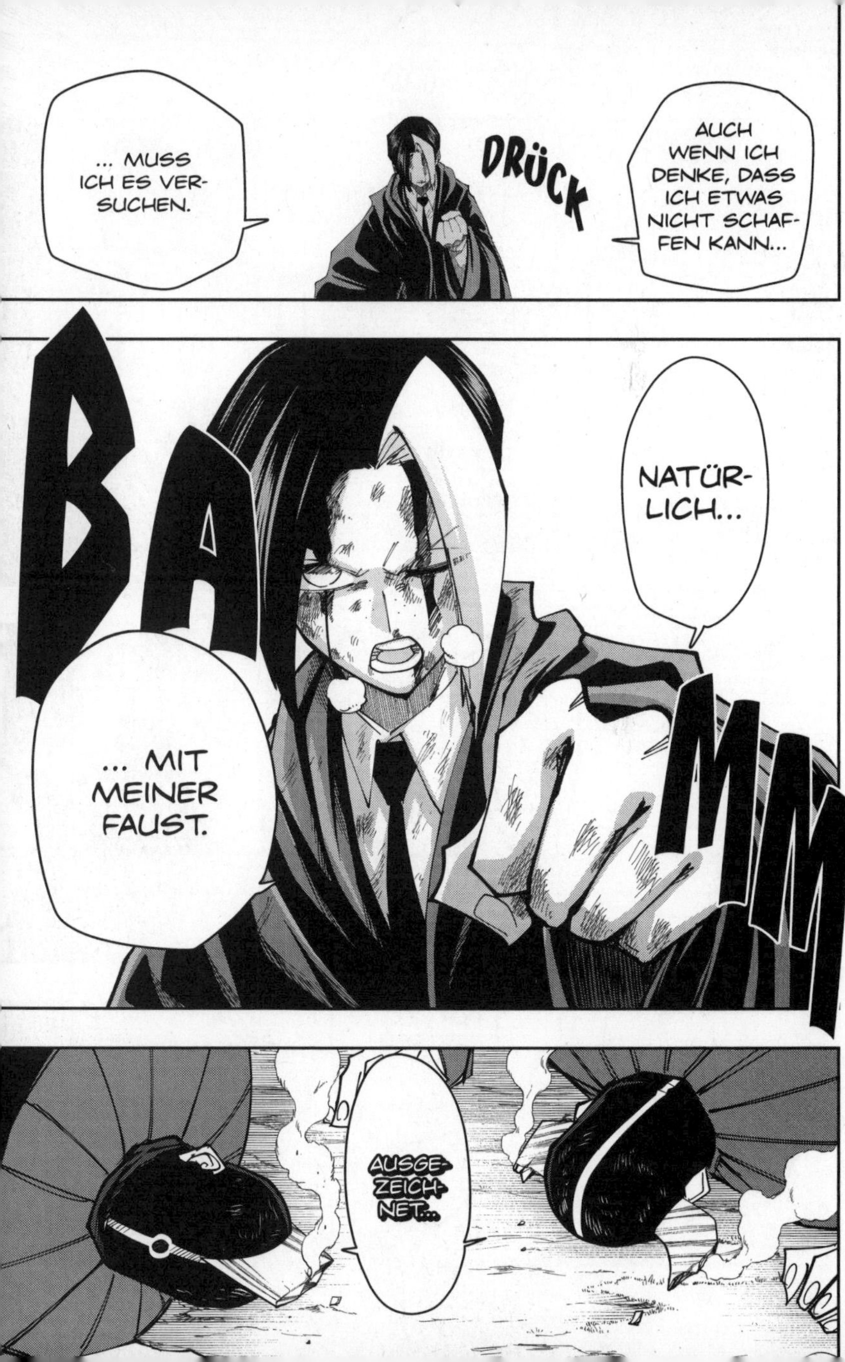

AUCH WENN ICH DENKE, DASS ICH ETWAS NICHT SCHAF-FEN KANN...
DRÜCK
... MUSS ICH ES VER-SUCHEN.
NATÜR-LICH...
BAMMM
... MIT MEINER FAUST.
AUSGE-ZEICH-NET...

Extra 6

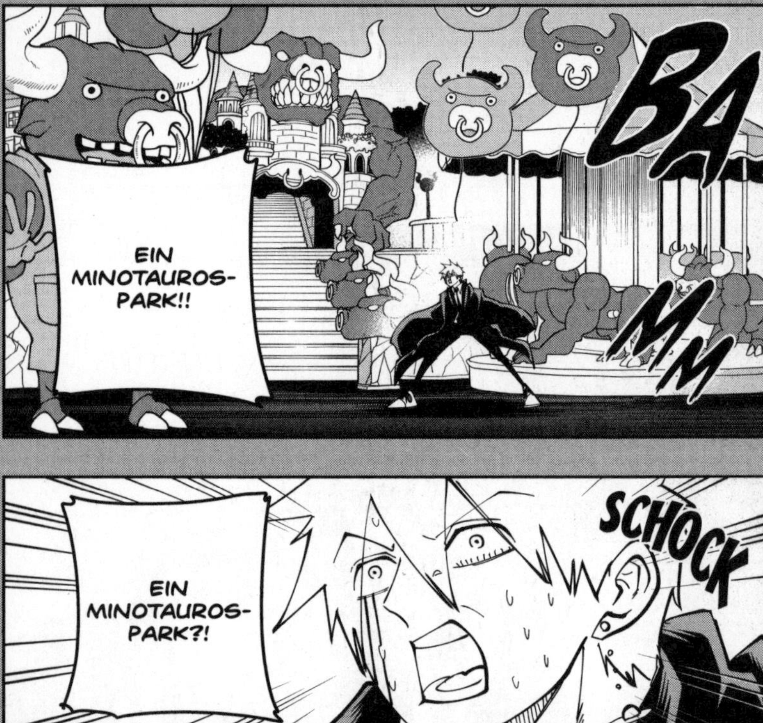

Fortsetzung auf Seite 148

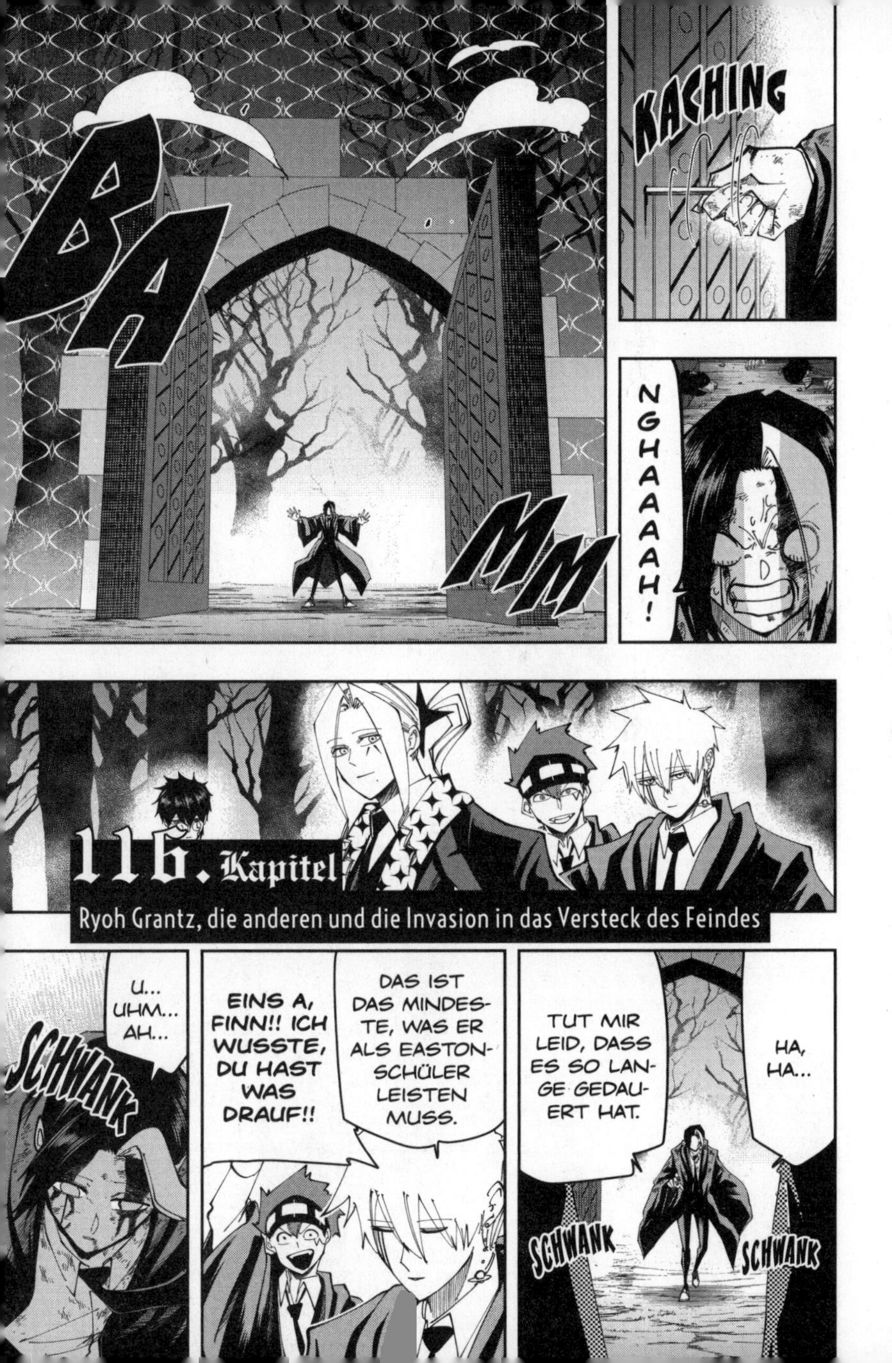
KACHING
BAMM
NGHAAAAAH!
116. Kapitel
Ryoh Grantz, die anderen und die Invasion in das Versteck des Feindes
HA, HA...
TUT MIR LEID, DASS ES SO LANGE GEDAUERT HAT.
SCHWANK
SCHWANK
DAS IST DAS MINDESTE, WAS ER ALS EASTON-SCHÜLER LEISTEN MUSS.
EINS A, FINN!! ICH WUSSTE, DU HAST WAS DRAUF!!
U... UHM... AH...
SCHWANK

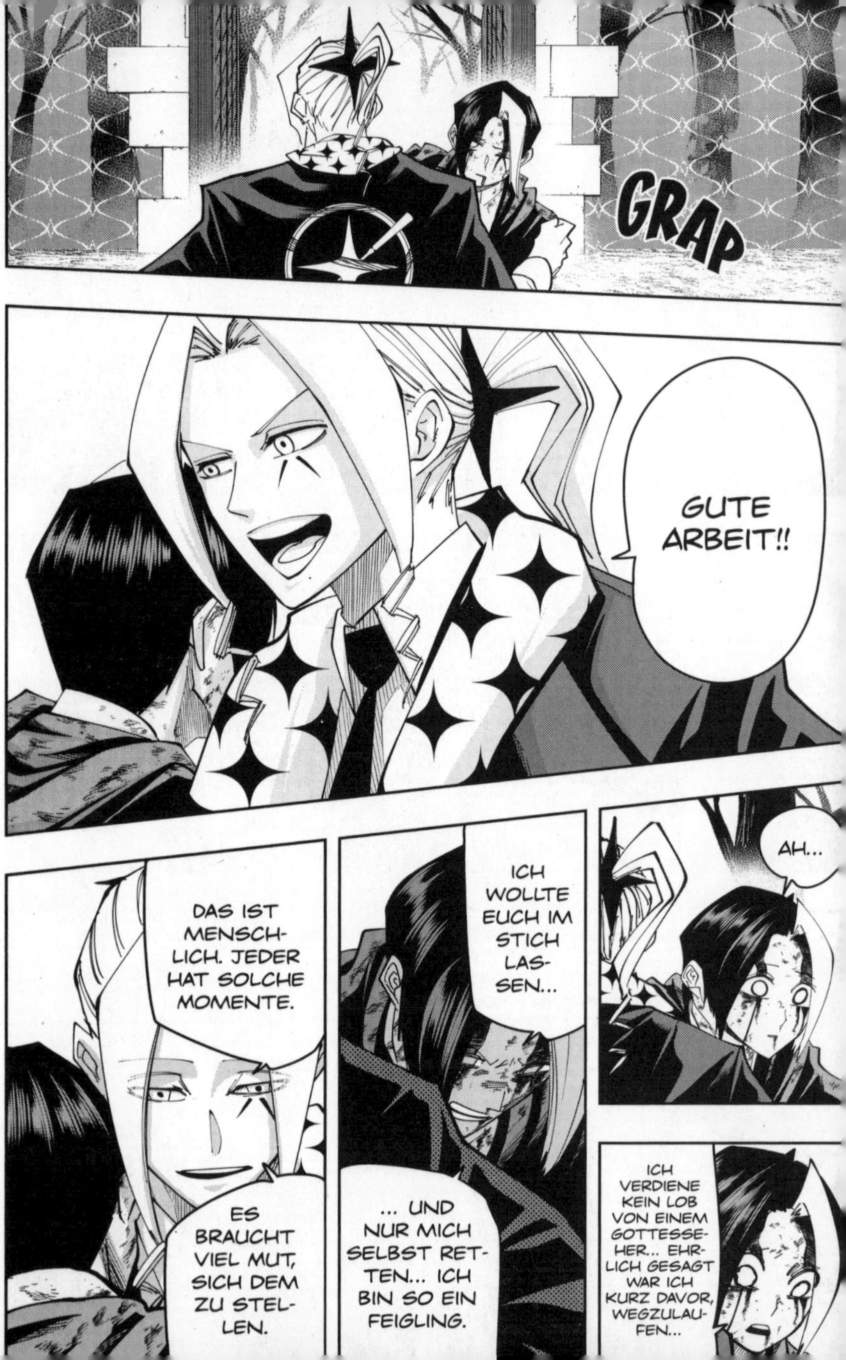
GRAP
GUTE ARBEIT!!
AH...
ICH VERDIENE KEIN LOB VON EINEM GOTTESSEHER... EHRLICH GESAGT WAR ICH KURZ DAVOR, WEGZULAUFEN...
ICH WOLLTE EUCH IM STICH LASSEN...
... UND NUR MICH SELBST RETTEN... ICH BIN SO EIN FEIGLING.
DAS IST MENSCHLICH. JEDER HAT SOLCHE MOMENTE.
ES BRAUCHT VIEL MUT, SICH DEM ZU STELLEN.

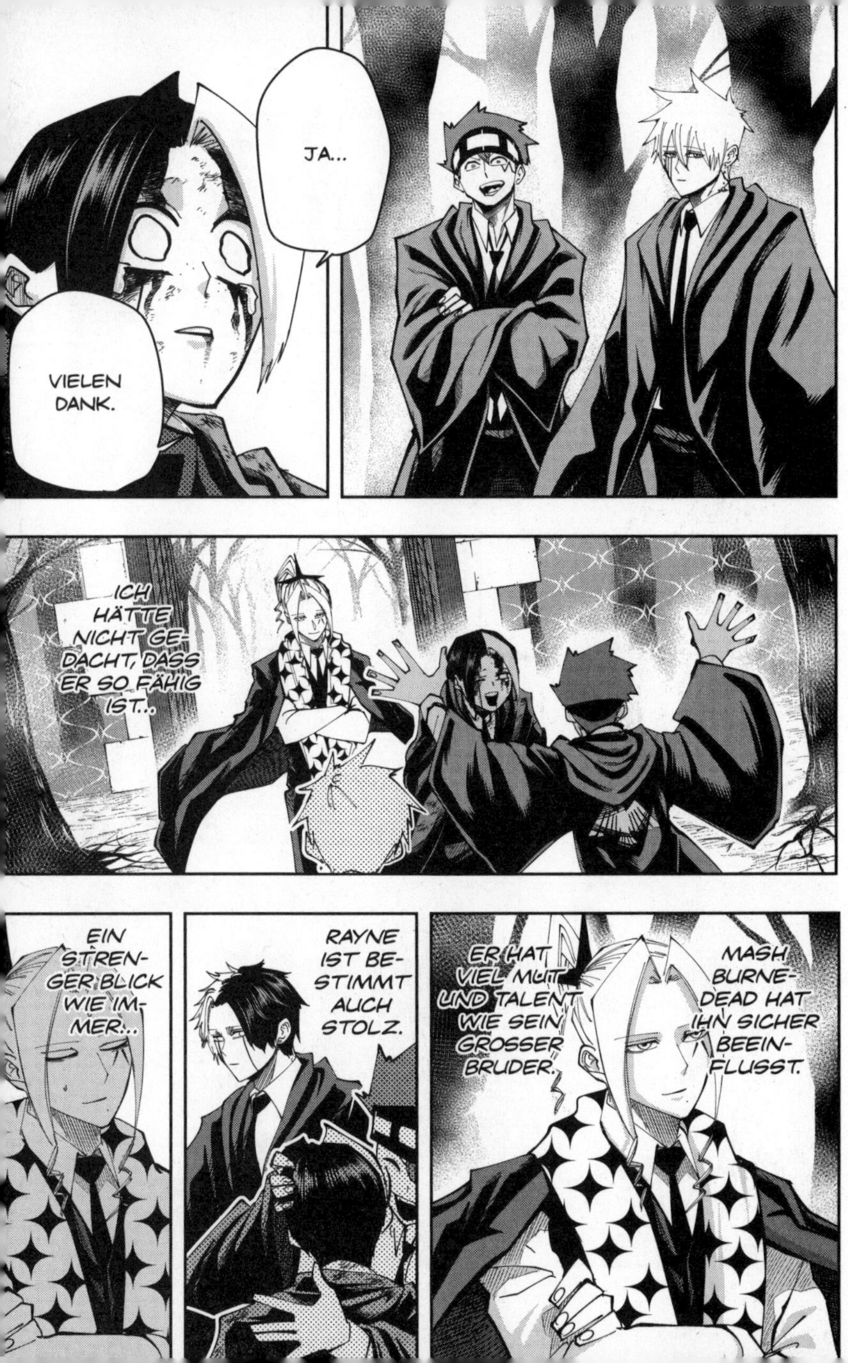
JA...
VIELEN DANK.
ICH HÄTTE NICHT GEDACHT, DASS ER SO FÄHIG IST...
MASH BURNEDEAD HAT IHN SICHER BEEINFLUSST.
ER HAT VIEL MUT UND TALENT WIE SEIN GROSSER BRUDER.
RAYNE IST BESTIMMT AUCH STOLZ.
EIN STRENGER BLICK WIE IMMER...

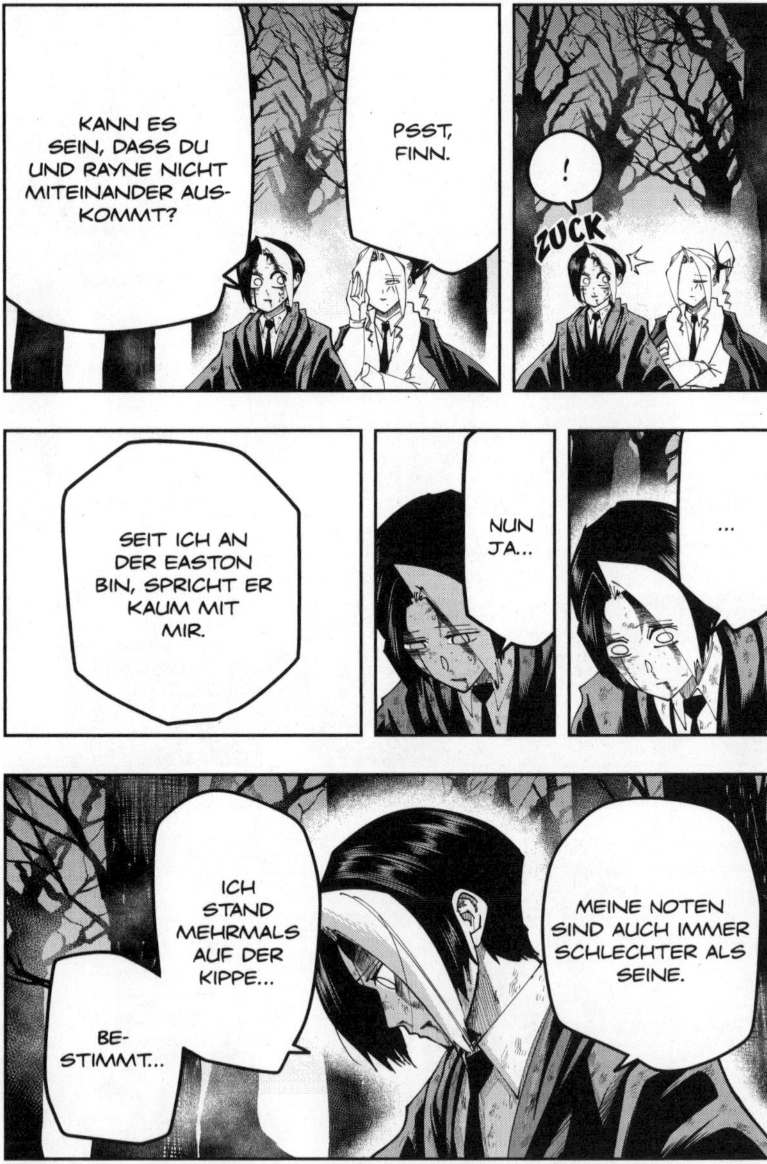
!
ZUCK
KANN ES SEIN, DASS DU UND RAYNE NICHT MITEINANDER AUS-KOMMT?
PSST, FINN.
...
NUN JA...
SEIT ICH AN DER EASTON BIN, SPRICHT ER KAUM MIT MIR.
MEINE NOTEN SIND AUCH IMMER SCHLECHTER ALS SEINE.
ICH STAND MEHRMALS AUF DER KIPPE...
BE-STIMMT...

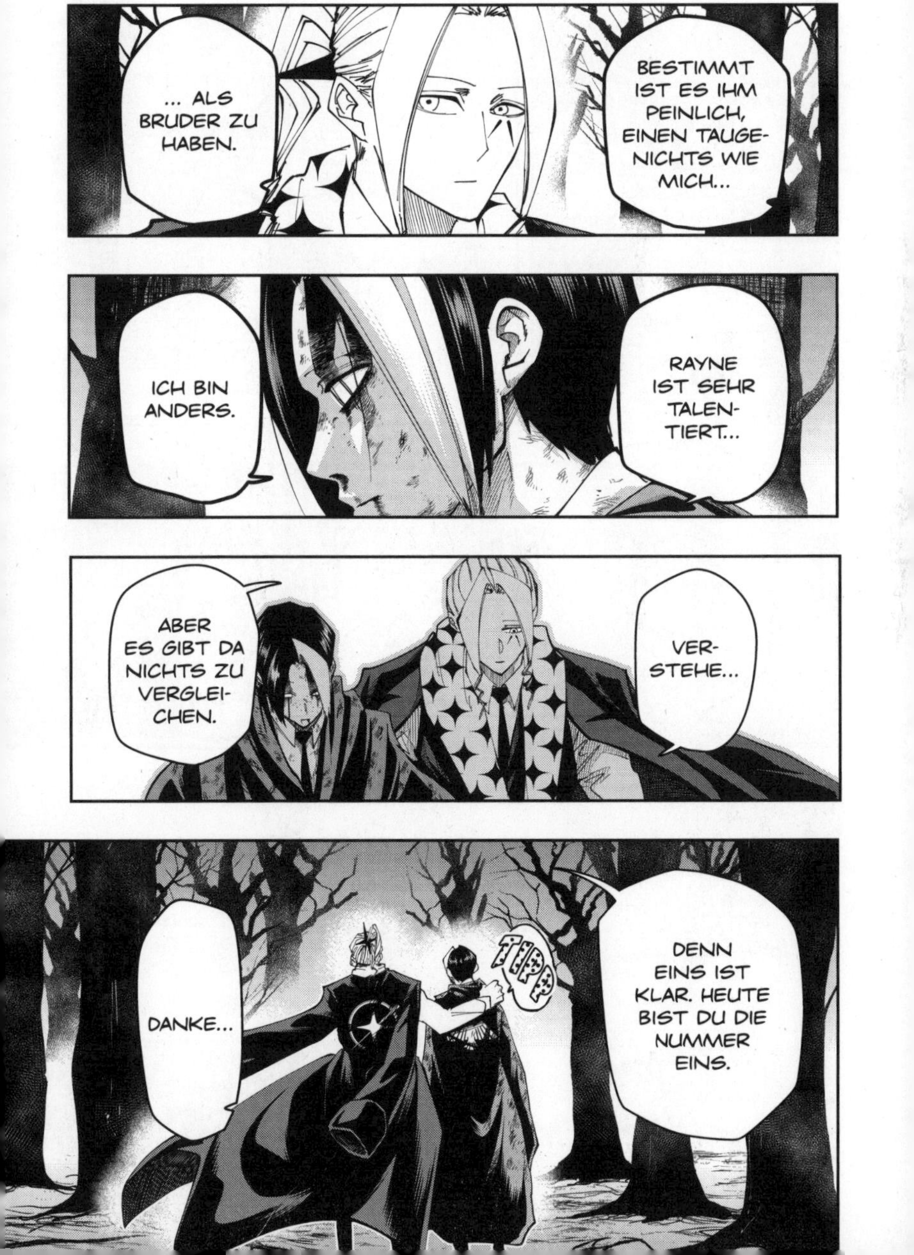
BESTIMMT IST ES IHM PEINLICH, EINEN TAUGE-NICHTS WIE MICH...
... ALS BRUDER ZU HABEN.
RAYNE IST SEHR TALEN-TIERT...
ICH BIN ANDERS.
VER-STEHE...
ABER ES GIBT DA NICHTS ZU VERGLEI-CHEN.
DENN EINS IST KLAR. HEUTE BIST DU DIE NUMMER EINS.
TIPP
DANKE...

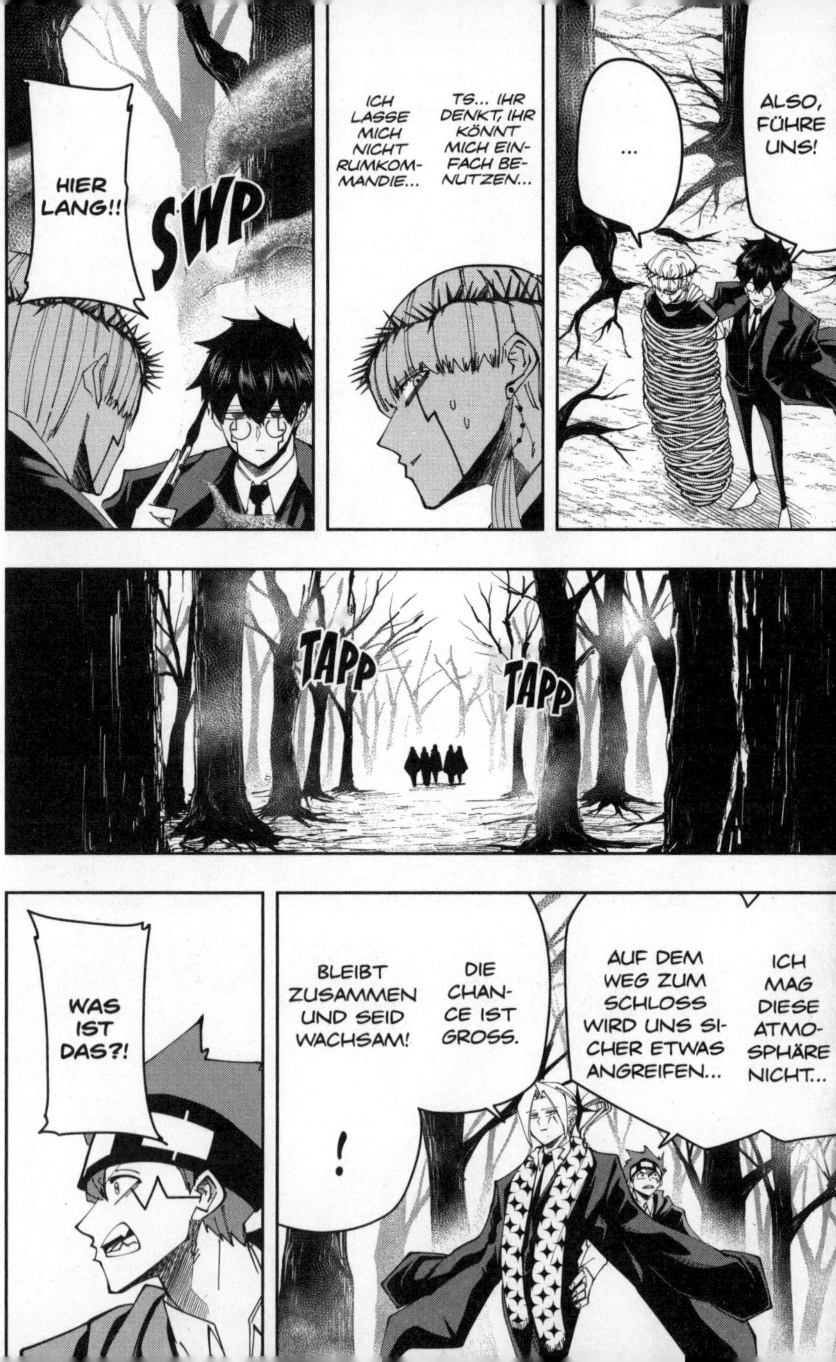
ALSO, FÜHRE UNS!
...
TS... IHR DENKT, IHR KÖNNT MICH EIN-FACH BE-NUTZEN...
ICH LASSE MICH NICHT RUMKOM-MANDIE...
SWP
HIER LANG!!
TAPP
TAPP
ICH MAG DIESE ATMO-SPHÄRE NICHT...
AUF DEM WEG ZUM SCHLOSS WIRD UNS SI-CHER ETWAS ANGREIFEN...
DIE CHAN-CE IST GROSS.
BLEIBT ZUSAMMEN UND SEID WACHSAM!
!
WAS IST DAS?!

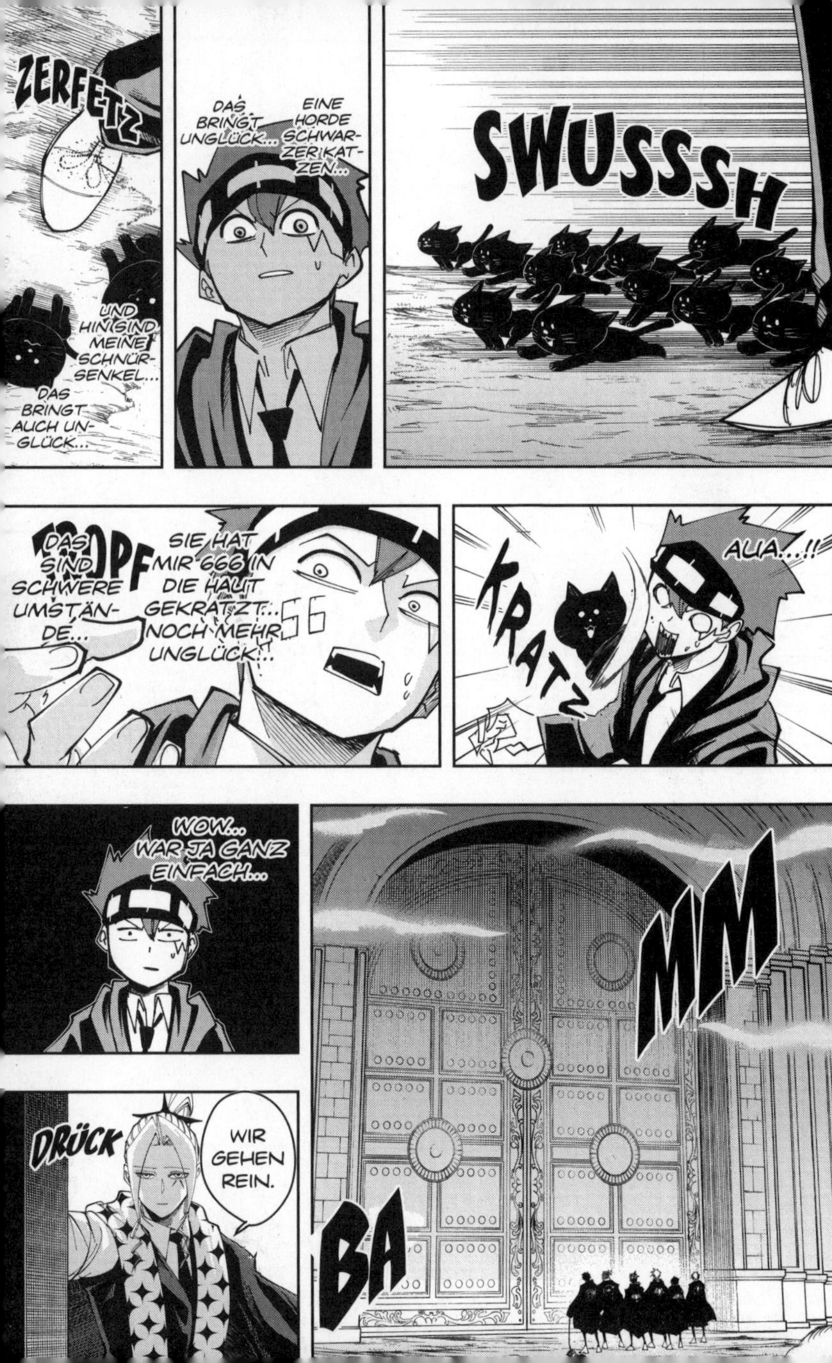
SWUSSSH
EINE HORDE SCHWARZER KATZEN...
DAS BRINGT UNGLÜCK...
ZERFETZ
UND HIN SIND MEINE SCHNÜRSENKEL...
DAS BRINGT AUCH UNGLÜCK...
KRATZ
AUA...!!
TROPF
SIE HAT MIR 666 IN DIE HAUT GEKRATZT... NOCH MEHR UNGLÜCK...
DAS SIND SCHWERE UMSTÄNDE...
BA
MM
WOW... WAR JA GANZ EINFACH...
DRÜCK
WIR GEHEN REIN.

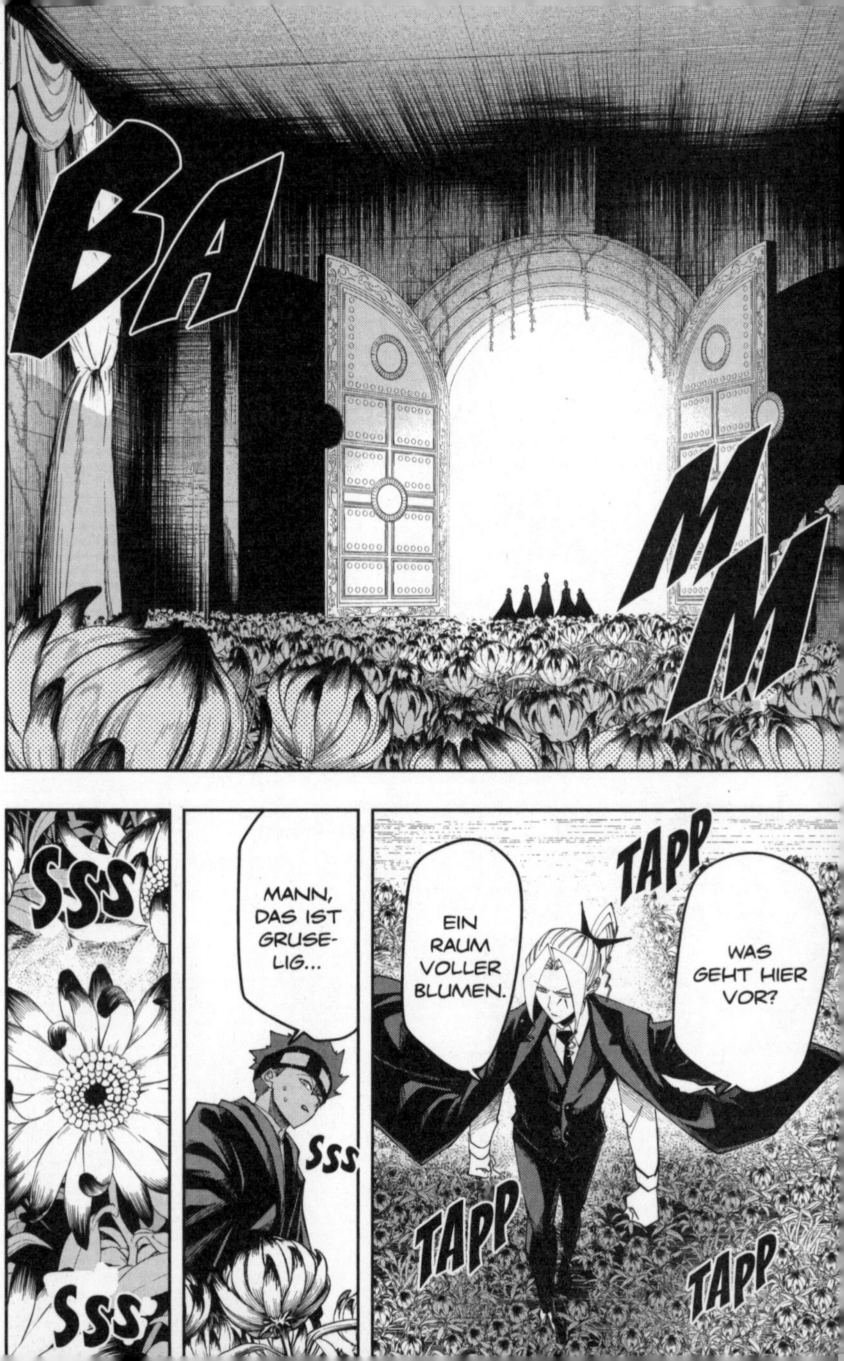
BA
MM
TAPP
WAS GEHT HIER VOR?
EIN RAUM VOLLER BLUMEN.
TAPP
TAPP
MANN, DAS IST GRUSE-LIG...
SSS
SSS
SSS

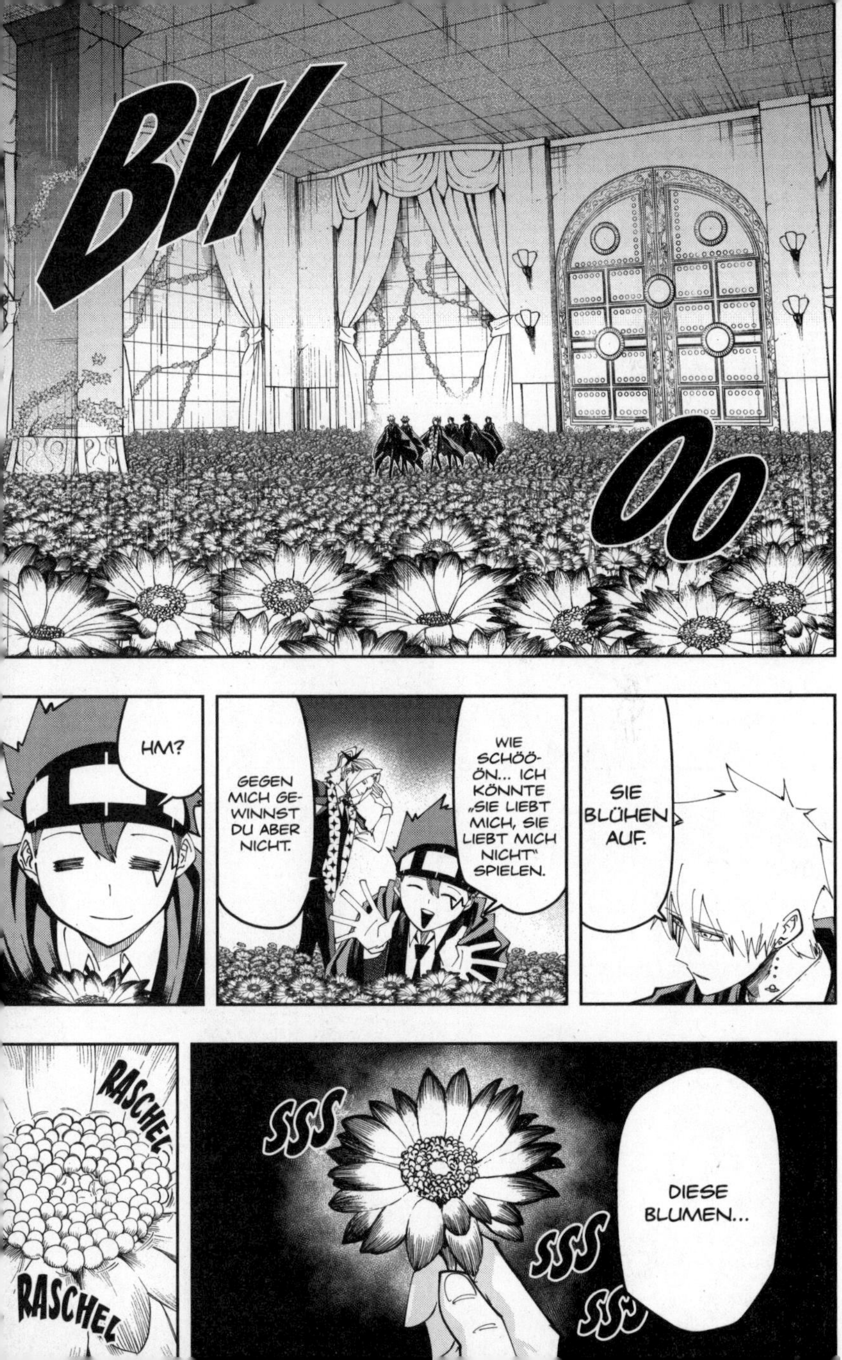
BW
OO
SIE BLÜHEN AUF.
WIE SCHÖÖ-ÖN... ICH KÖNNTE „SIE LIEBT MICH, SIE LIEBT MICH NICHT“ SPIELEN.
GEGEN MICH GE-WINNST DU ABER NICHT.
HM?
DIESE BLUMEN...
SSS
SSS
SSS
RASCHEL
RASCHEL

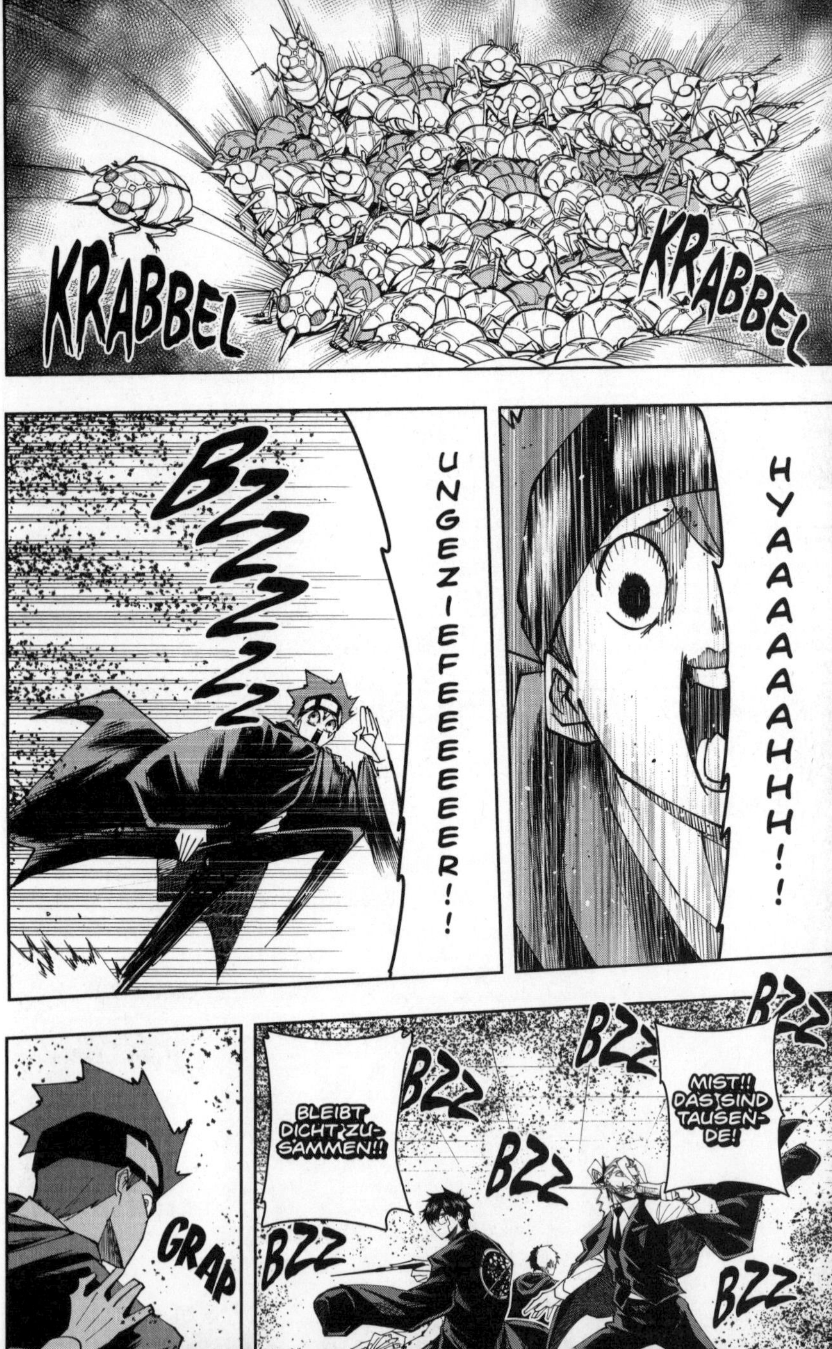
KRABBEL
KRABBEL
HYAAAAAAHHH!!
UNGEZIEFEEEEEER!!
BZZZZZ
BZZ
BZZ
MIST!! DAS SIND TAUSENDE!
BZZ
BLEIBT DICHT ZUSAMMEN!!
BZZ
BZZ
BZZ
BZZ
GRAP

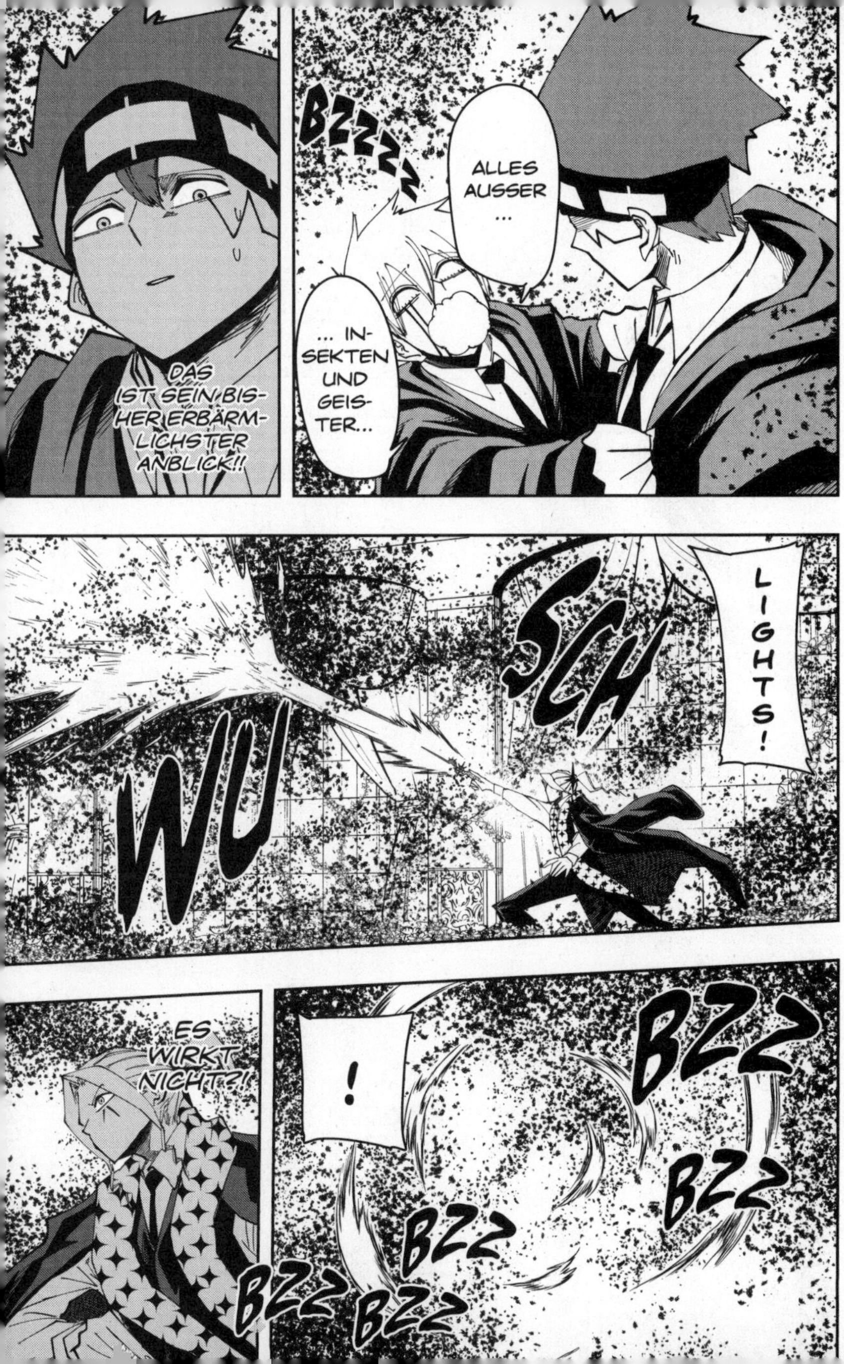
BZZZZZ
ALLES AUSSER ...
... IN-SEKTEN UND GEIS-TER...
DAS IST SEIN BIS-HER ERBÄRM-LICHSTER ANBLICK!!
LIGHTS!
SCH
WU
BZZ
!
ES WIRKT NICHT?!
BZZ
BZZ
BZZ
BZZ

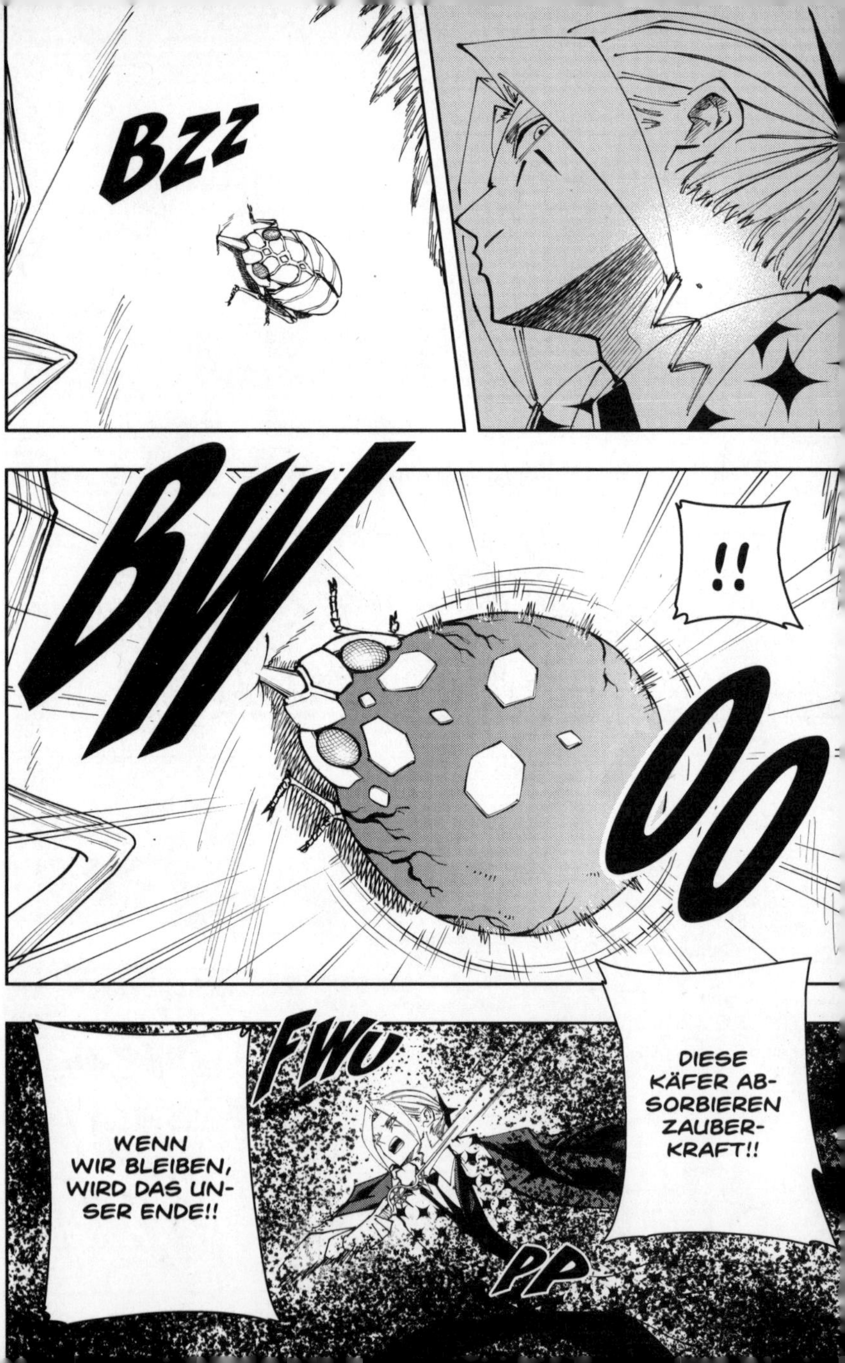
BZZ
BWOO
!!
FWUPP
DIESE KÄFER AB-SORBIEREN ZAUBER-KRAFT!!
WENN WIR BLEIBEN, WIRD DAS UN-SER ENDE!!

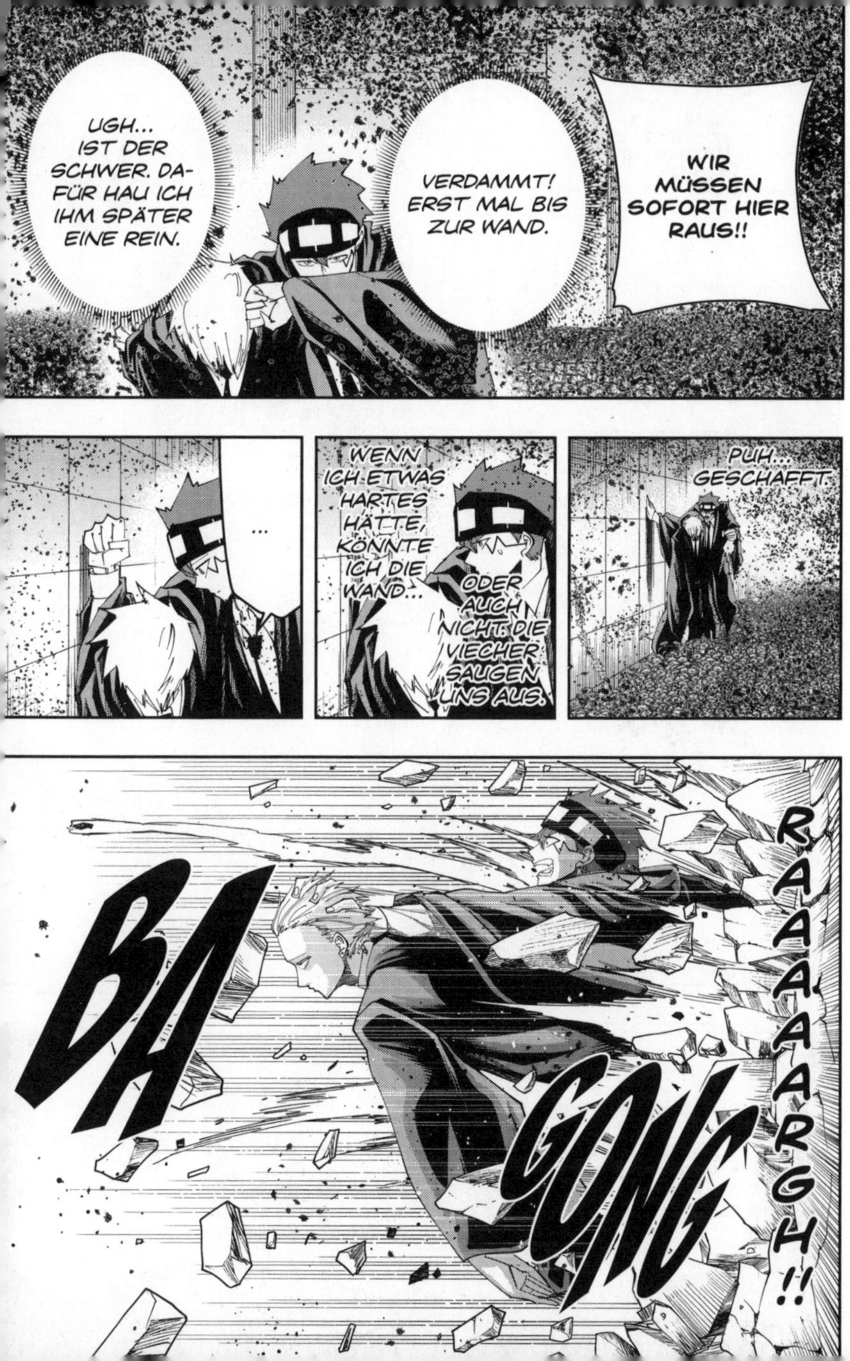
WIR MÜSSEN SOFORT HIER RAUS!!
VERDAMMT! ERST MAL BIS ZUR WAND.
UGH... IST DER SCHWER. DAFÜR HAU ICH IHM SPÄTER EINE REIN.
PUH... GESCHAFFT.
WENN ICH ETWAS HARTES HÄTTE, KÖNNTE ICH DIE WAND...
ODER AUCH NICHT. DIE VIECHER SAUGEN UNS AUS.
...
RAAAAAARGH!!
BA
GONG

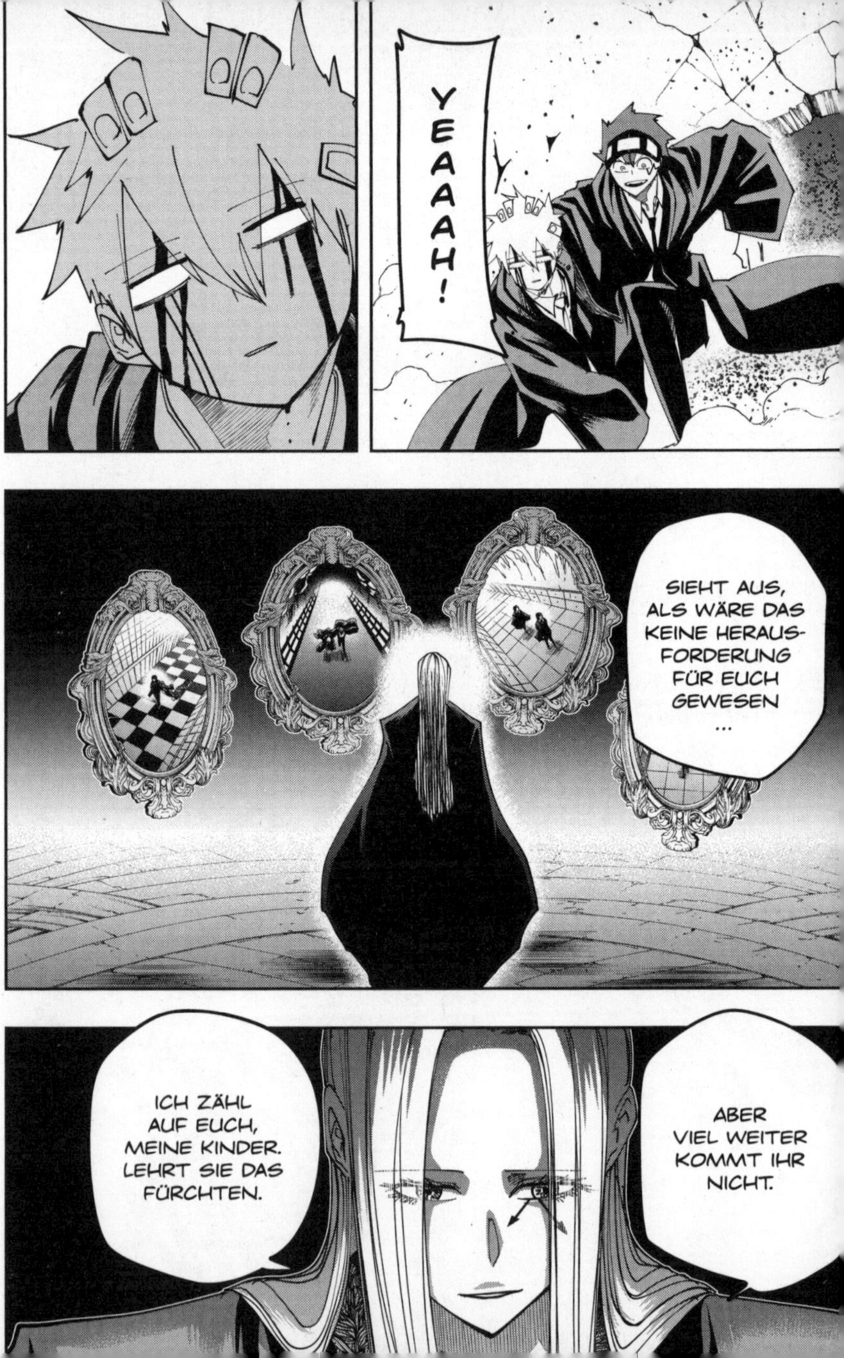
YEAAAAH!
SIEHT AUS, ALS WÄRE DAS KEINE HERAUS-FORDERUNG FÜR EUCH GEWESEN ...
ABER VIEL WEITER KOMMT IHR NICHT.
ICH ZÄHL AUF EUCH, MEINE KINDER. LEHRT SIE DAS FÜRCHTEN.

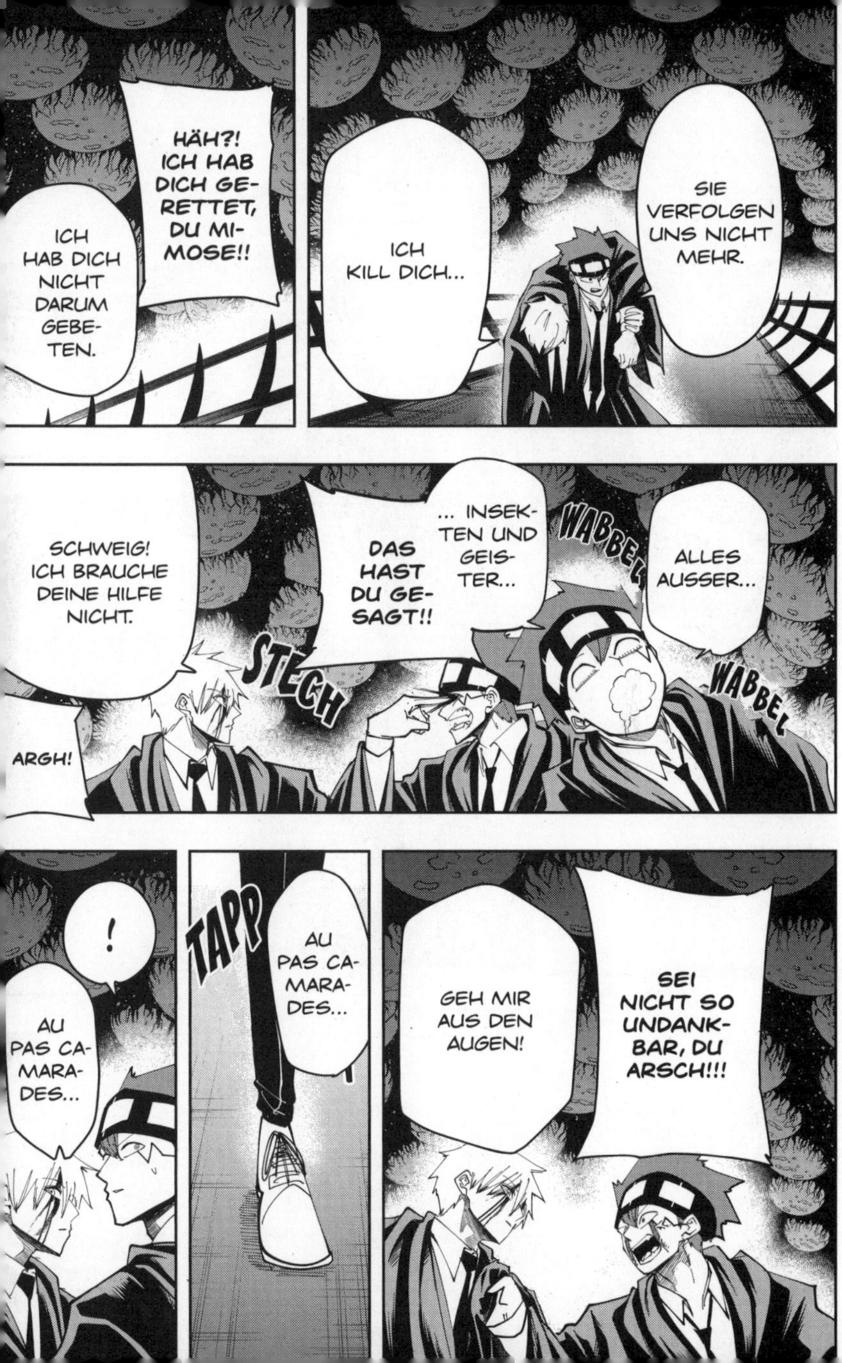
SIE VERFOLGEN UNS NICHT MEHR.
ICH KILL DICH...
HÄH?! ICH HAB DICH GERETTET, DU MIMOSE!!
ICH HAB DICH NICHT DARUM GEBETEN.
WABBEL
ALLES AUSSER...
WABBEL
... INSEKTEN UND GEISTER...
DAS HAST DU GESAGT!!
STECH
SCHWEIG! ICH BRAUCHE DEINE HILFE NICHT.
ARGH!
SEI NICHT SO UNDANKBAR, DU ARSCH!!!
GEH MIR AUS DEN AUGEN!
TAPP
AU PAS CAMARADES...
!
AU PAS CAMARADES...

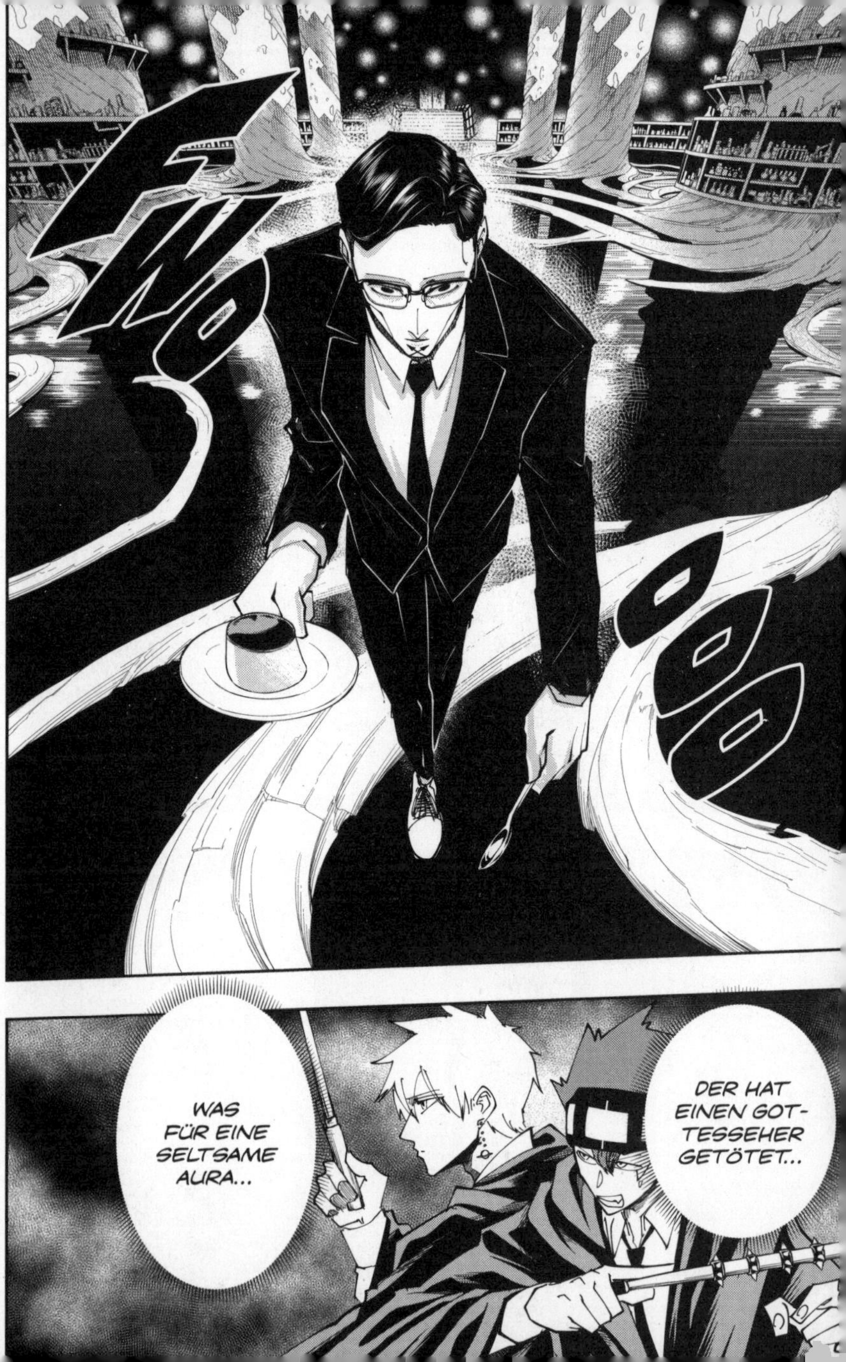
DER HAT EINEN GOTTESSEHER GETÖTET...
WAS FÜR EINE SELTSAME AURA...

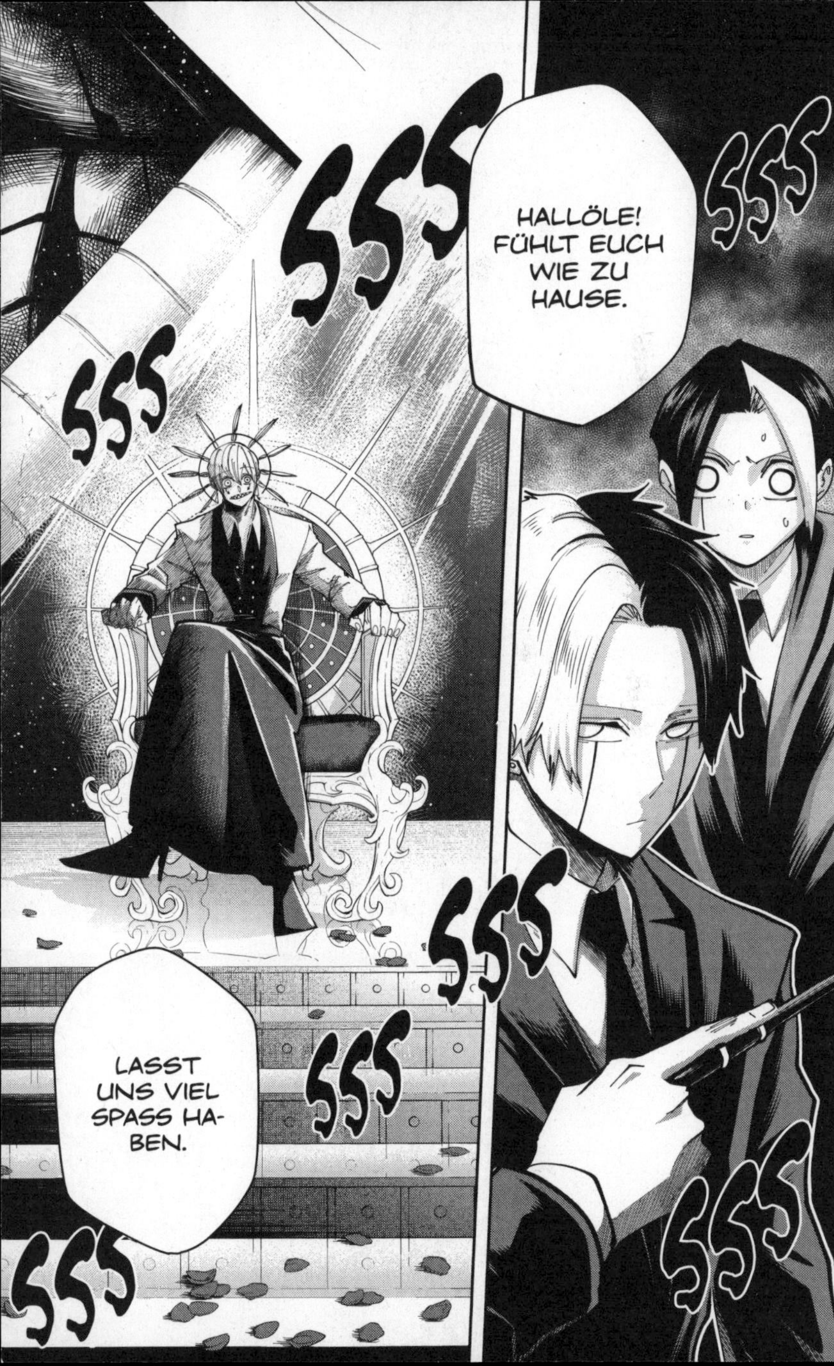
SSS
HALLÖLE! FÜHLT EUCH WIE ZU HAUSE.
SSS
SSS
SSS
LASST UNS VIEL SPASS HA-BEN.
SSS
SSS
SSS

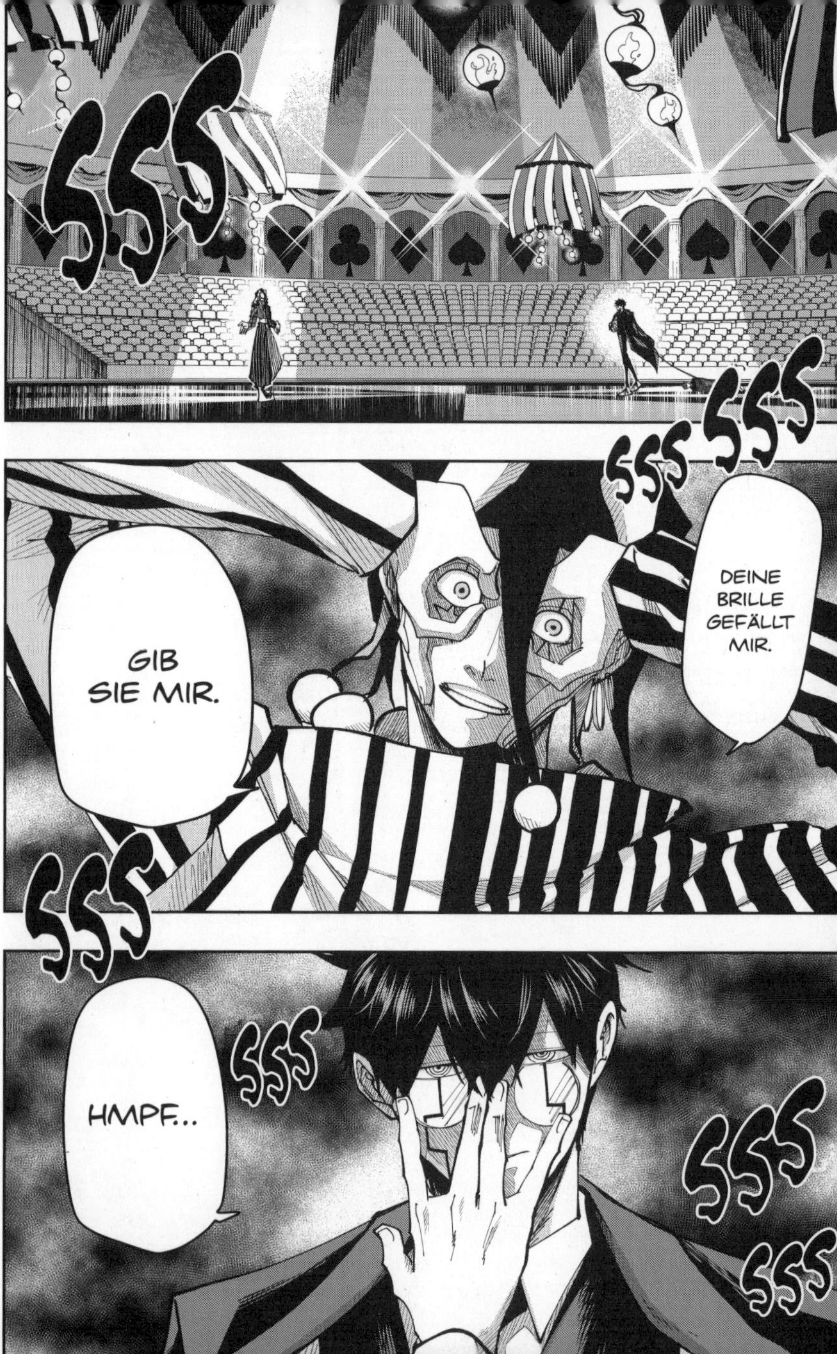
SSS
SSS SSS
DEINE BRILLE GEFÄLLT MIR.
GIB SIE MIR.
SSS
SSS
SSS
SSS
HMPF...

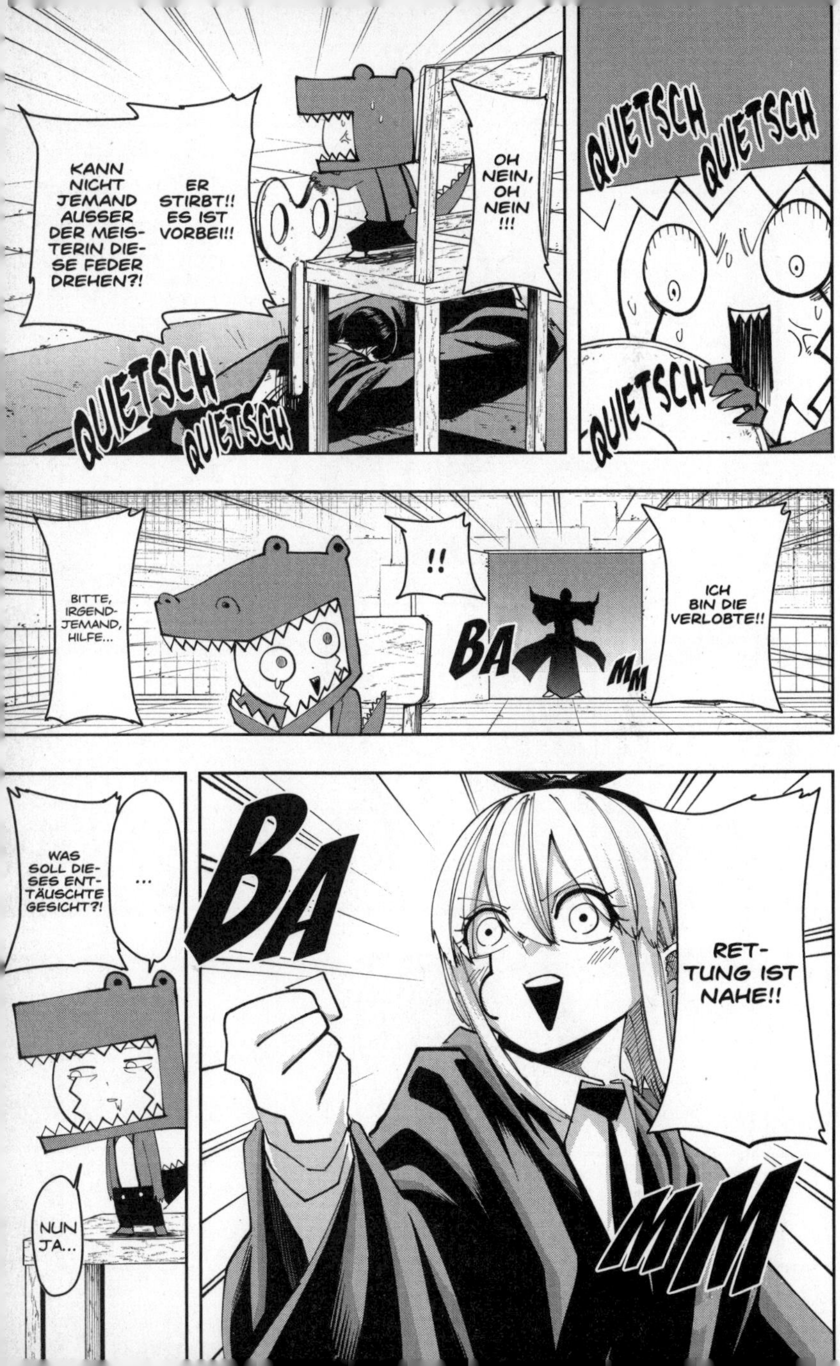
QUIETSCH QUIETSCH
QUIETSCH
OH NEIN, OH NEIN!!!
ER STIRBT!! ES IST VORBEI!!!
KANN NICHT JEMAND AUSSER DER MEISTERIN DIESE FEDER DREHEN?!
QUIETSCH QUIETSCH
ICH BIN DIE VERLOBTE!!
BAMM
!!
BITTE, IRGENDJEMAND, HILFE...
RETTUNG IST NAHE!!
BAMM
...
WAS SOLL DIESES ENTTÄUSCHTE GESICHT?!
NUN JA...

Extra 7

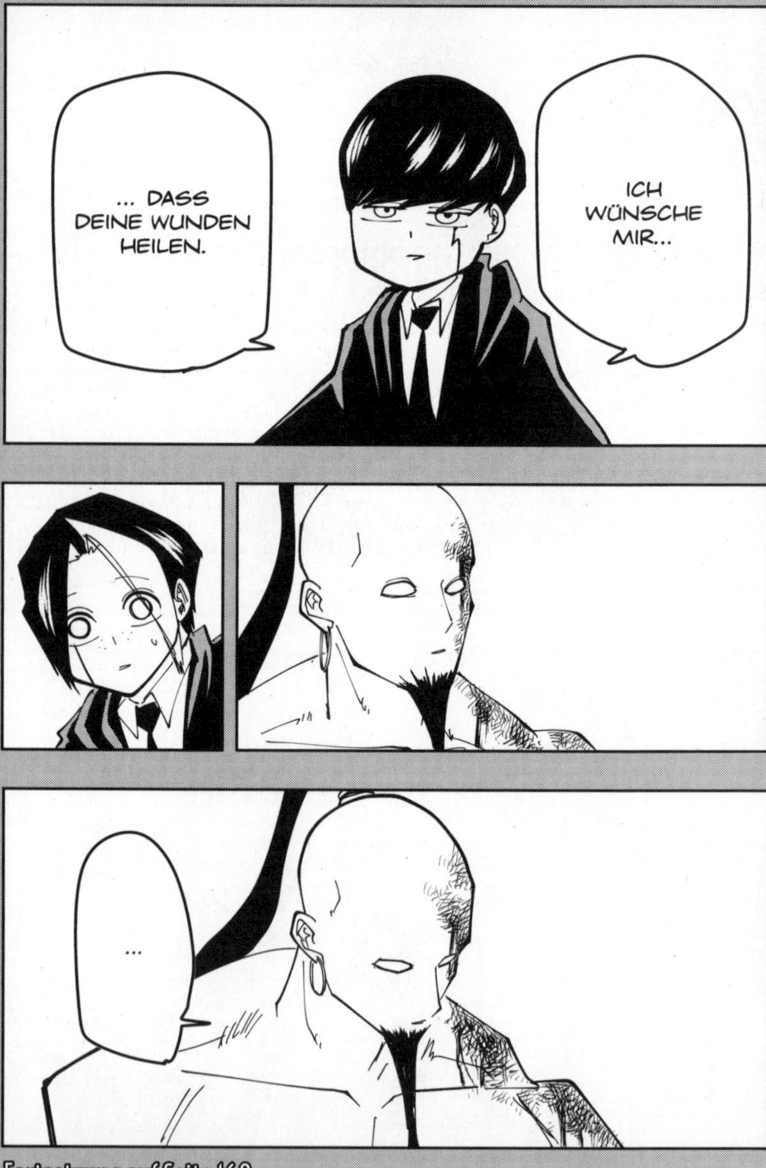

Fortsetzung auf Seite 168

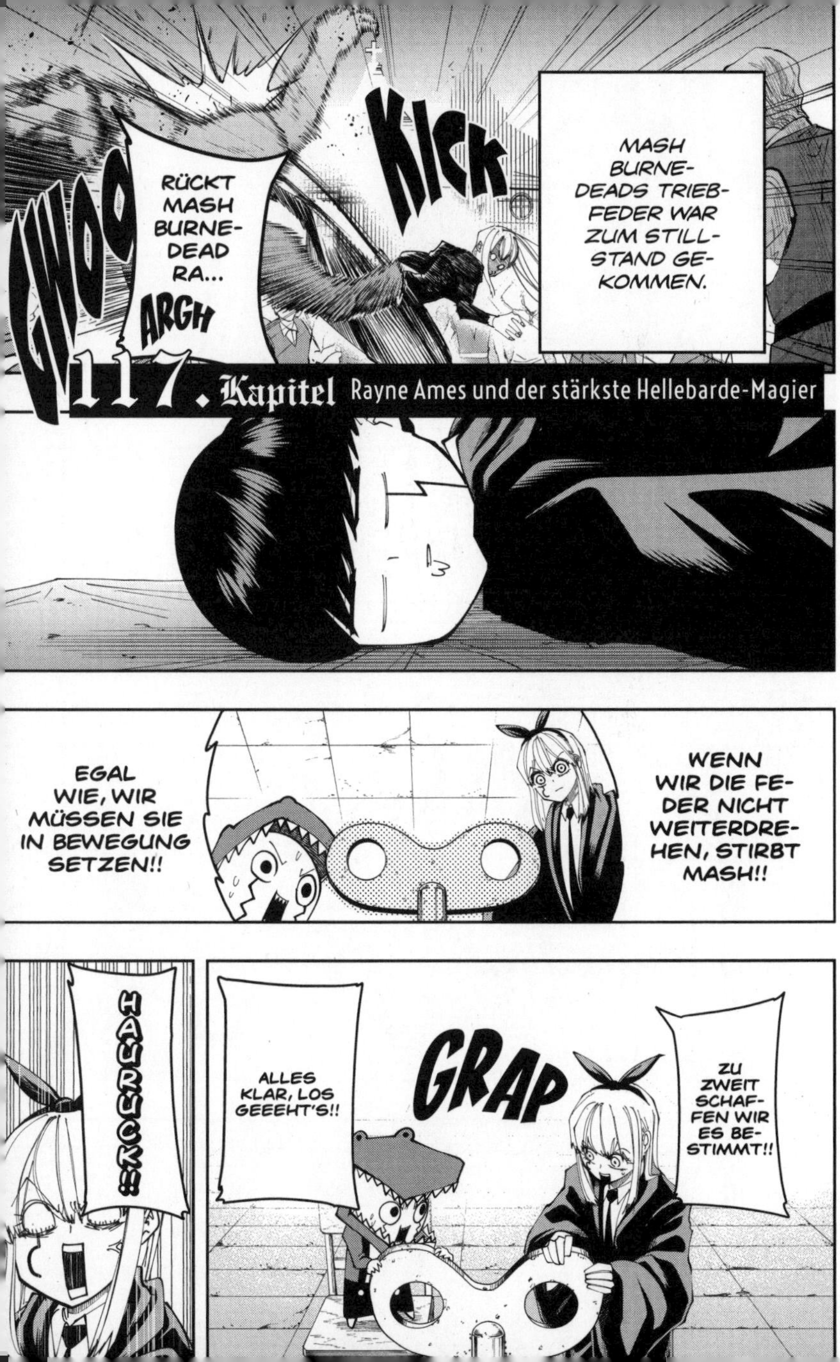

MASH BURNEDEADS TRIEBFEDER WAR ZUM STILLSTAND GEKOMMEN.
KICK
RÜCKT MASH BURNEDEAD RA...
GWOO
ARGH
117. Kapitel Rayne Ames und der stärkste Hellebarde-Magier
WENN WIR DIE FEDER NICHT WEITERDREHEN, STIRBT MASH!!
EGAL WIE, WIR MÜSSEN SIE IN BEWEGUNG SETZEN!!
ZU ZWEIT SCHAFFEN WIR ES BESTIMMT!!
GRAP
ALLES KLAR, LOS GEEEHT'S!!
HAURUCK!!

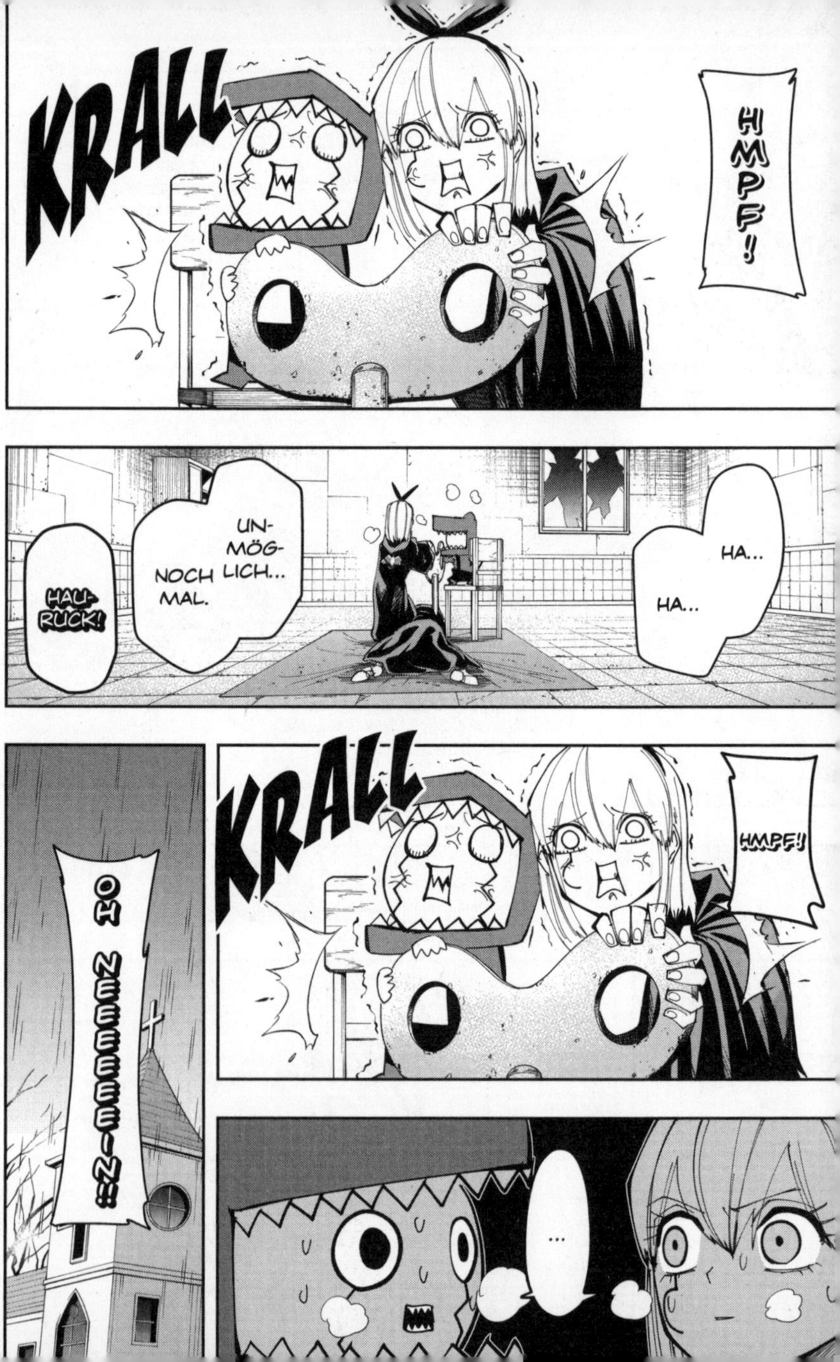
HMPF!
KRALL
HA...
HA...
UN-
MÖG-
LICH...
NOCH
MAL.
HAU-
RUCK!
HMPF!
KRALL
OH NEEEEEEIN!!
...

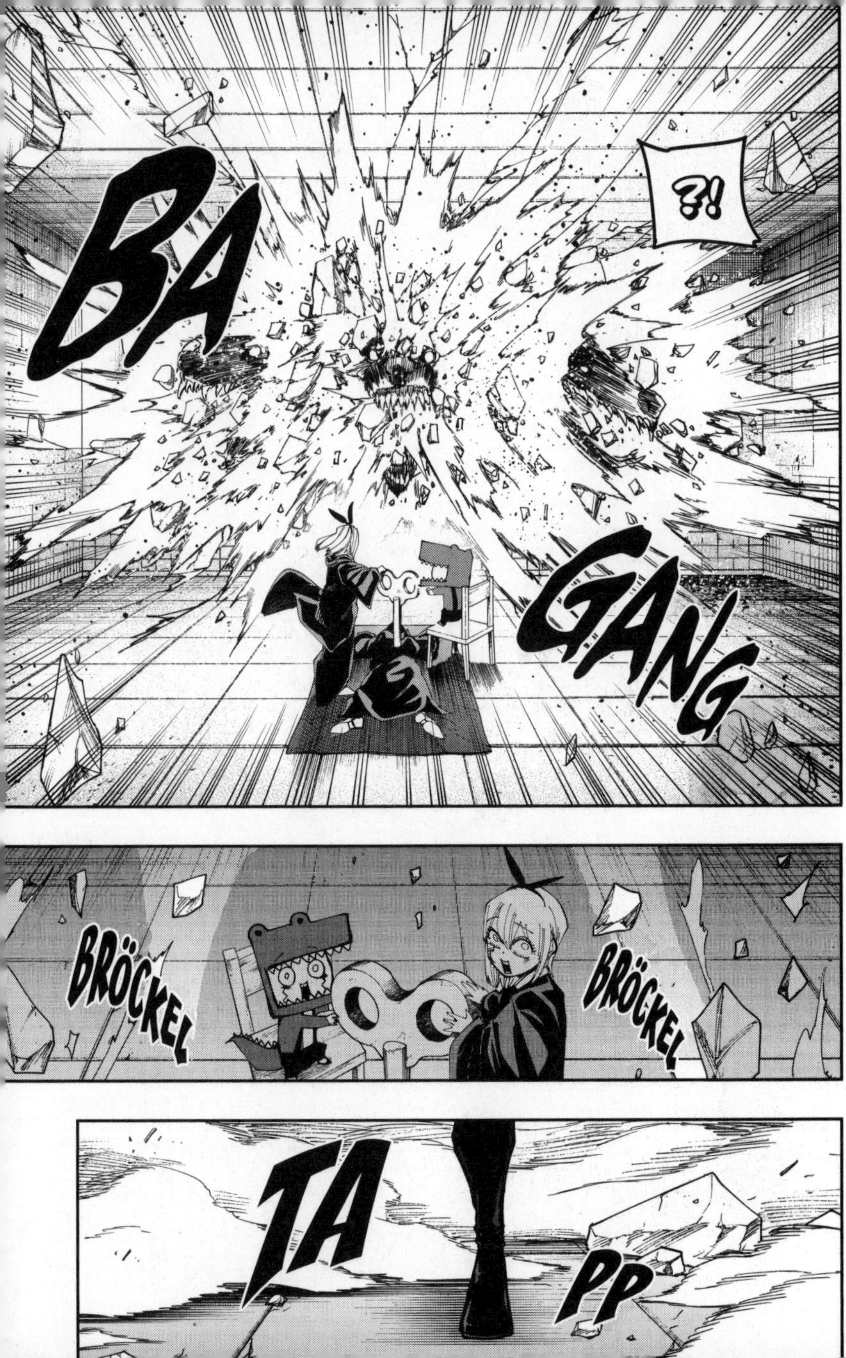
BA
?!
GANG
BRÖCKEL
BRÖCKEL
TA
PP

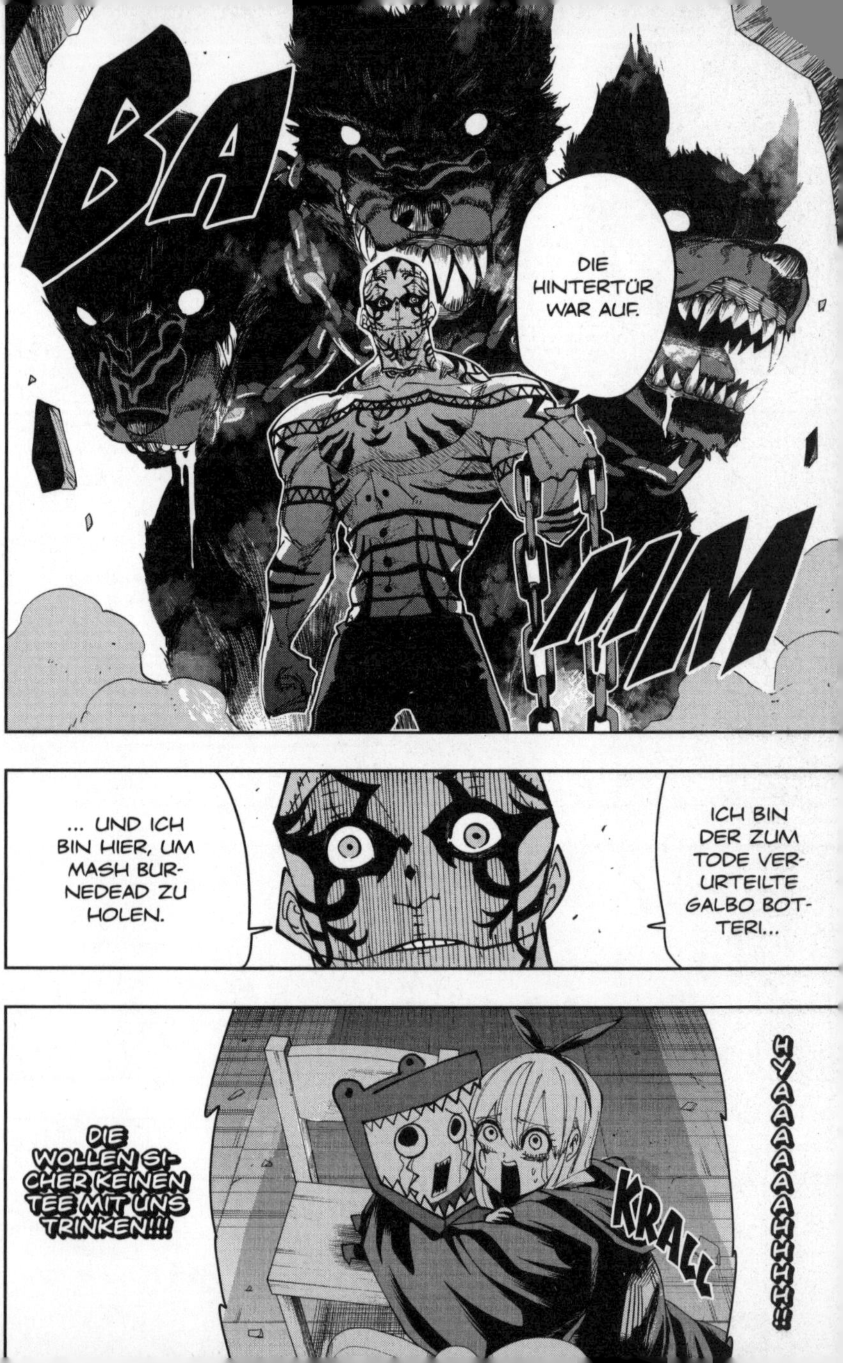
BA
DIE HINTERTÜR WAR AUF.
MM
ICH BIN DER ZUM TODE VER-URTEILTE GALBO BOT-TERI...
... UND ICH BIN HIER, UM MASH BUR-NEDEAD ZU HOLEN.
HYAAAAAAAAAHHH!!
KRALL
DIE WOLLEN SI-CHER KEINEN TEE MIT UNS TRINKEN!!!

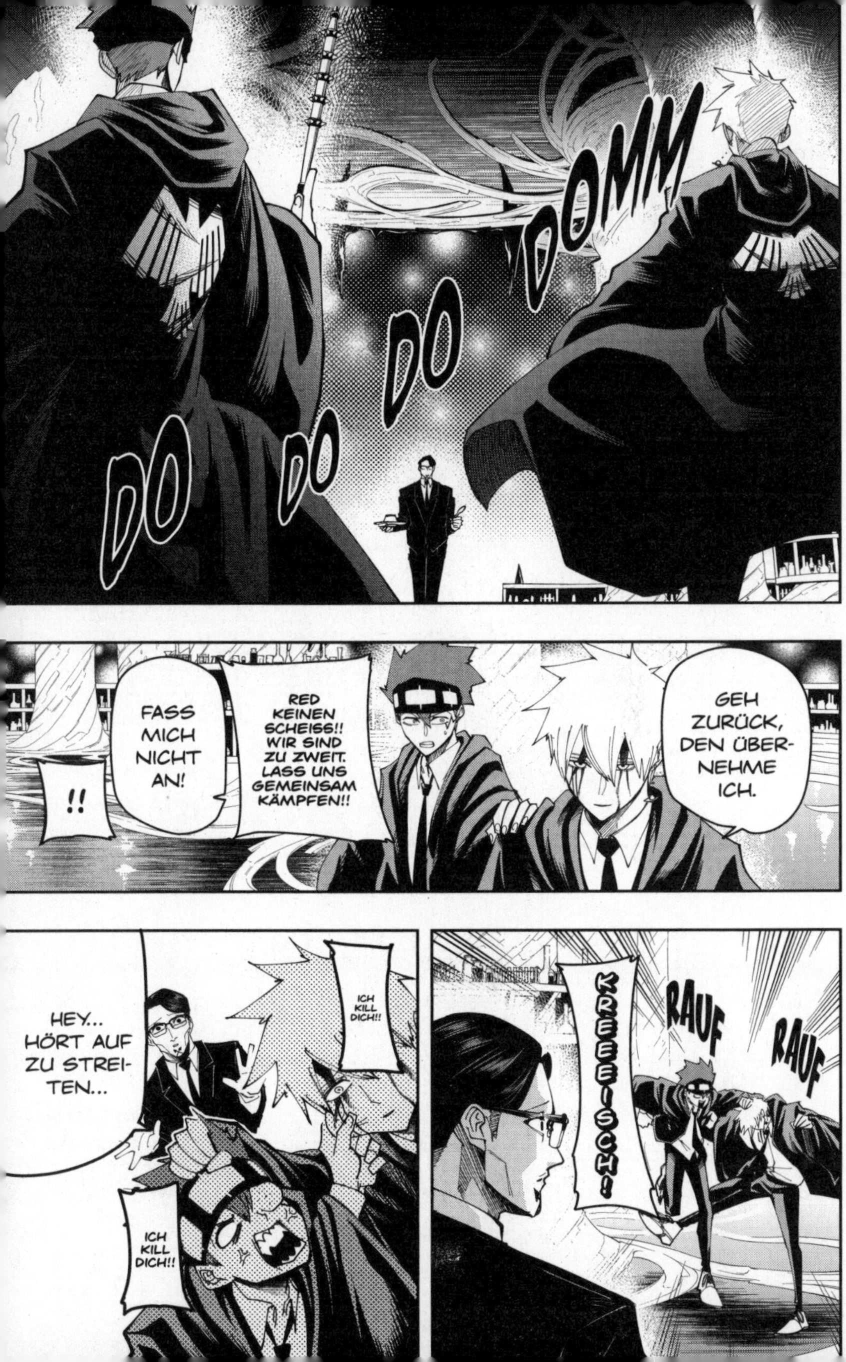

DO DO DO DO DOMM
GEH ZURÜCK, DEN ÜBERNEHME ICH.
RED KEINEN SCHEISS!! WIR SIND ZU ZWEIT. LASS UNS GEMEINSAM KÄMPFEN!!
FASS MICH NICHT AN!
!!
RAUF RAUF
KREEEISCH!
ICH KILL DICH!!
HEY... HÖRT AUF ZU STREITEN...
ICH KILL DICH!!

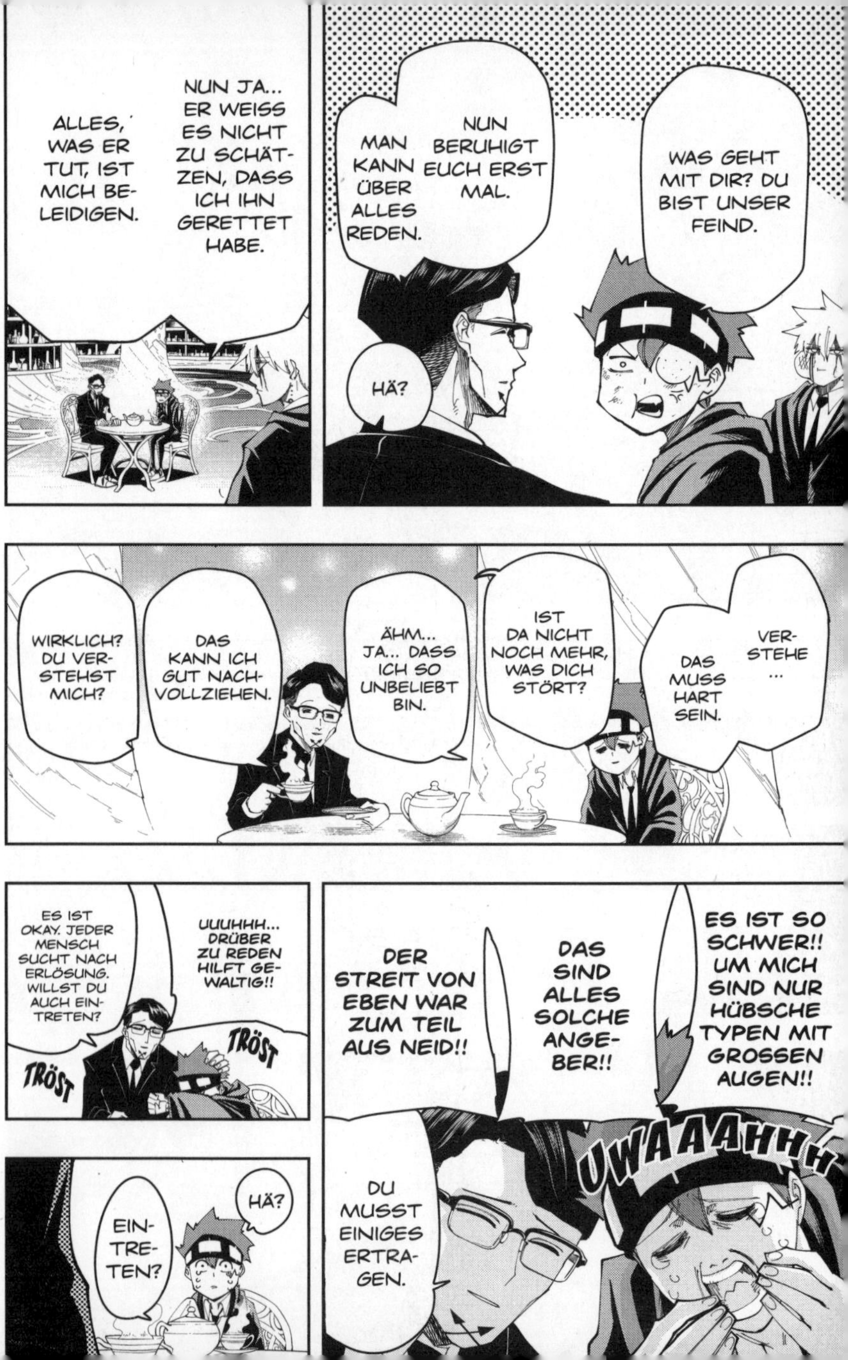
WAS GEHT MIT DIR? DU BIST UNSER FEIND.
NUN BERUHIGT EUCH ERST MAL.
MAN KANN ÜBER ALLES REDEN.
HÄ?
NUN JA... ER WEISS ES NICHT ZU SCHÄTZEN, DASS ICH IHN GERETTET HABE.
ALLES, WAS ER TUT, IST MICH BELEIDIGEN.
VERSTEHE ...
DAS MUSS HART SEIN.
IST DA NICHT NOCH MEHR, WAS DICH STÖRT?
ÄHM... JA... DASS ICH SO UNBELIEBT BIN.
DAS KANN ICH GUT NACHVOLLZIEHEN.
WIRKLICH? DU VERSTEHST MICH?
ES IST SO SCHWER!! UM MICH SIND NUR HÜBSCHE TYPEN MIT GROSSEN AUGEN!!
DAS SIND ALLES SOLCHE ANGEBER!!
DER STREIT VON EBEN WAR ZUM TEIL AUS NEID!!
UWAAAAHHH
DU MUSST EINIGES ERTRAGEN.
UUUHHH... DRÜBER ZU REDEN HILFT GEWALTIG!!
TRÖST
TRÖST
ES IST OKAY. JEDER MENSCH SUCHT NACH ERLÖSUNG. WILLST DU AUCH EINTRETEN?
HÄ?
EINTRETEN?

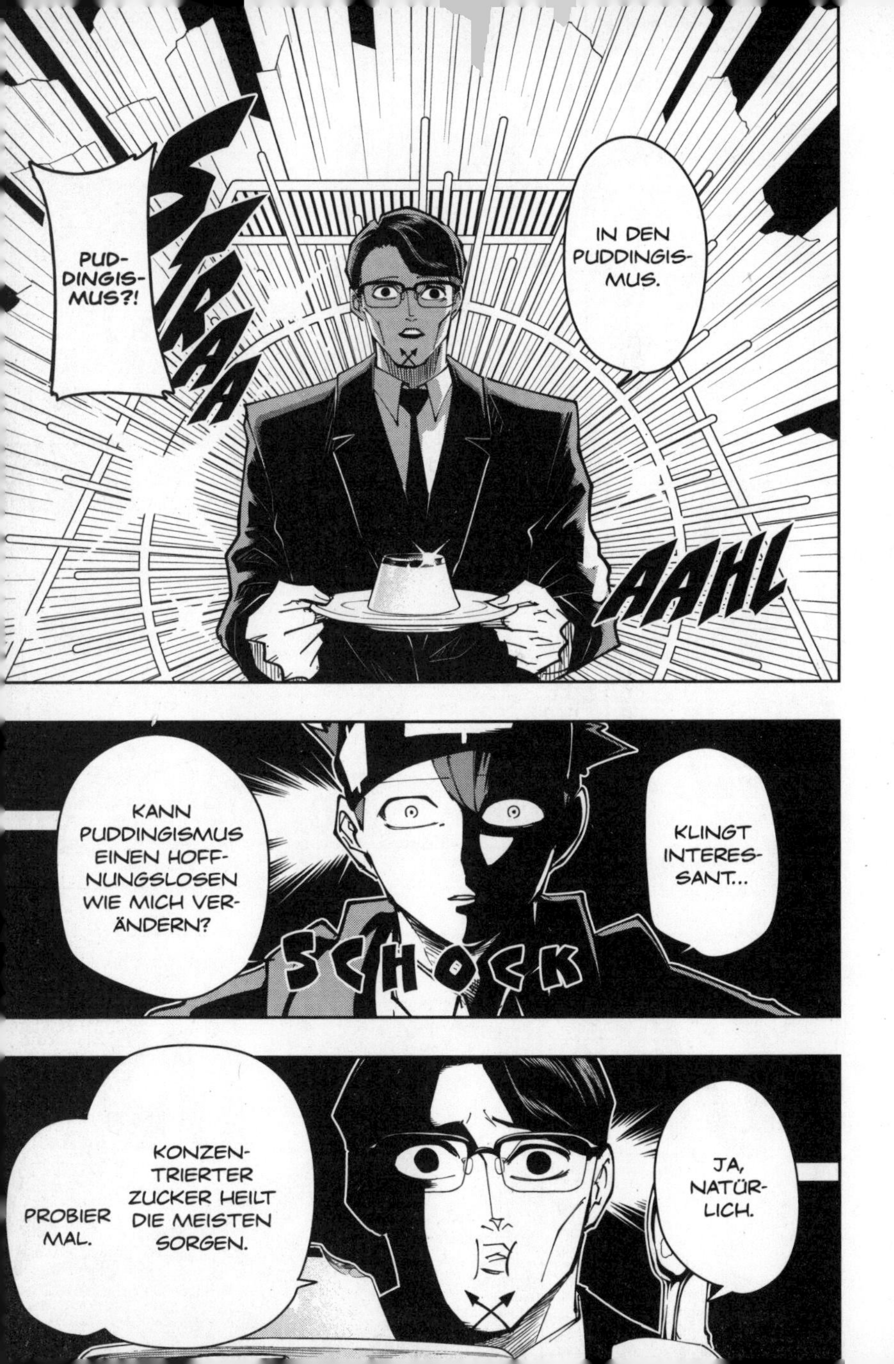
IN DEN PUDDINGIS-MUS.
PUD-DINGIS-MUS?!
AAHL
KLINGT INTERES-SANT...
KANN PUDDINGISMUS EINEN HOFF-NUNGSLOSEN WIE MICH VER-ÄNDERN?
SCHOCK
JA, NATÜR-LICH.
KONZEN-TRIERTER ZUCKER HEILT DIE MEISTEN SORGEN.
PROBIER MAL.

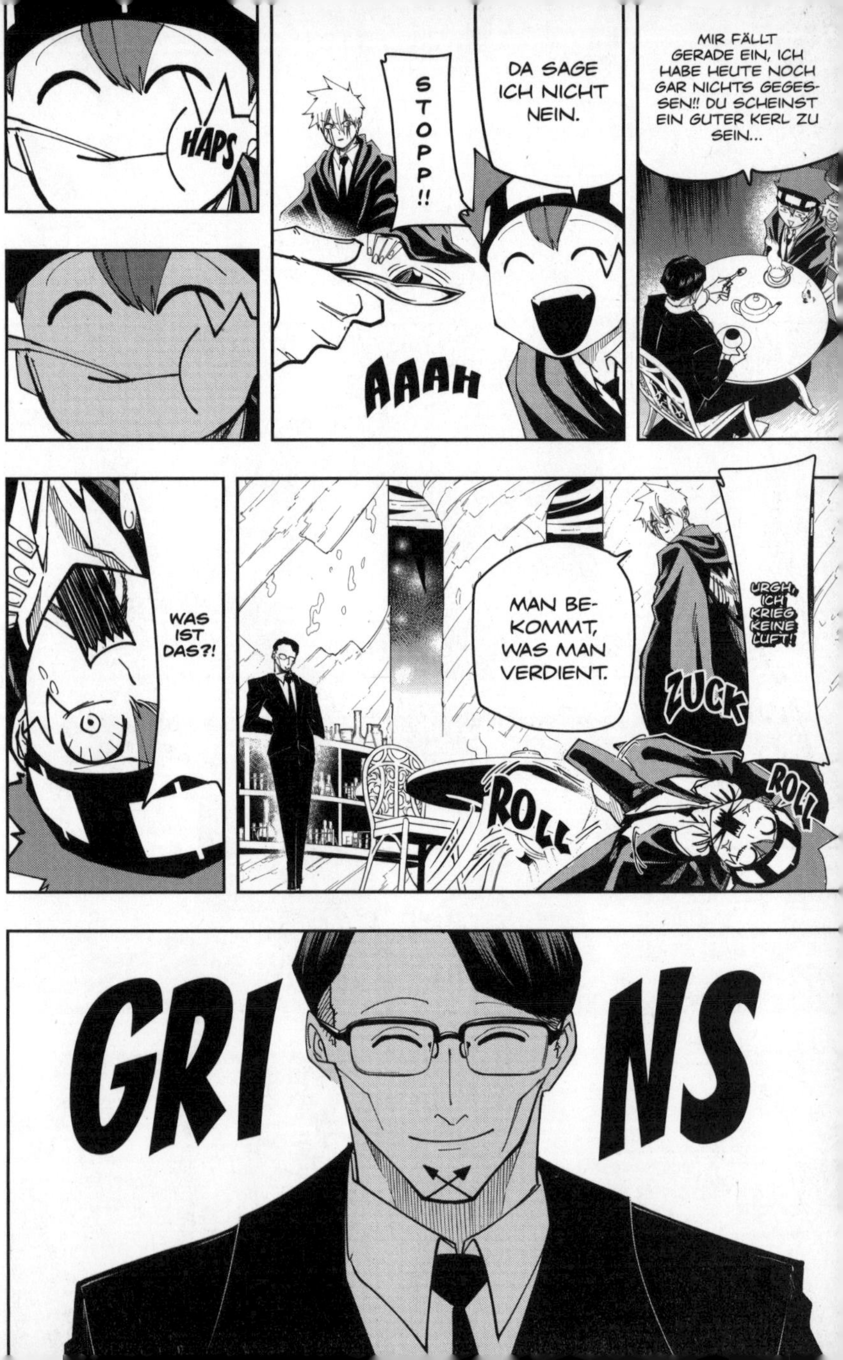
MIR FÄLLT GERADE EIN, ICH HABE HEUTE NOCH GAR NICHTS GEGES-SEN!! DU SCHEINST EIN GUTER KERL ZU SEIN...
DA SAGE ICH NICHT NEIN.
STOPP!!
AAAH
HAPS
URGH, ICH KRIEG KEINE LUFT!!
ZUCK
ROLL
ROLL
MAN BE-KOMMT, WAS MAN VERDIENT.
WAS IST DAS?!
GRINS

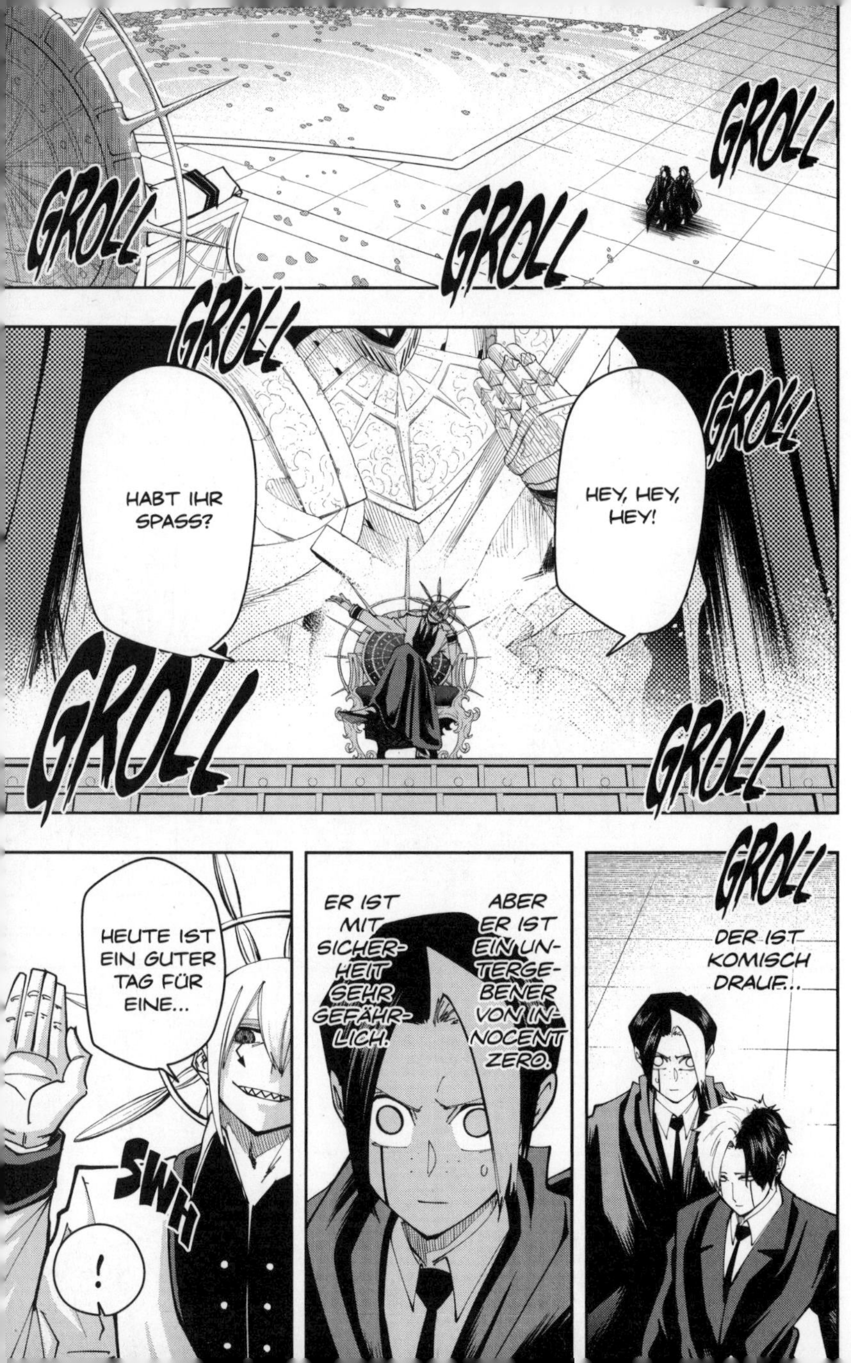
GROLL
GROLL
GROLL
GROLL
GROLL
HEY, HEY, HEY!
HABT IHR SPASS?
GROLL
GROLL
GROLL
DER IST KOMISCH DRAUF...
ABER ER IST EIN UNTERGEBENER VON INNOCENT ZERO.
ER IST MIT SICHERHEIT SEHR GEFÄHRLICH.
HEUTE IST EIN GUTER TAG FÜR EINE...
SWH
!

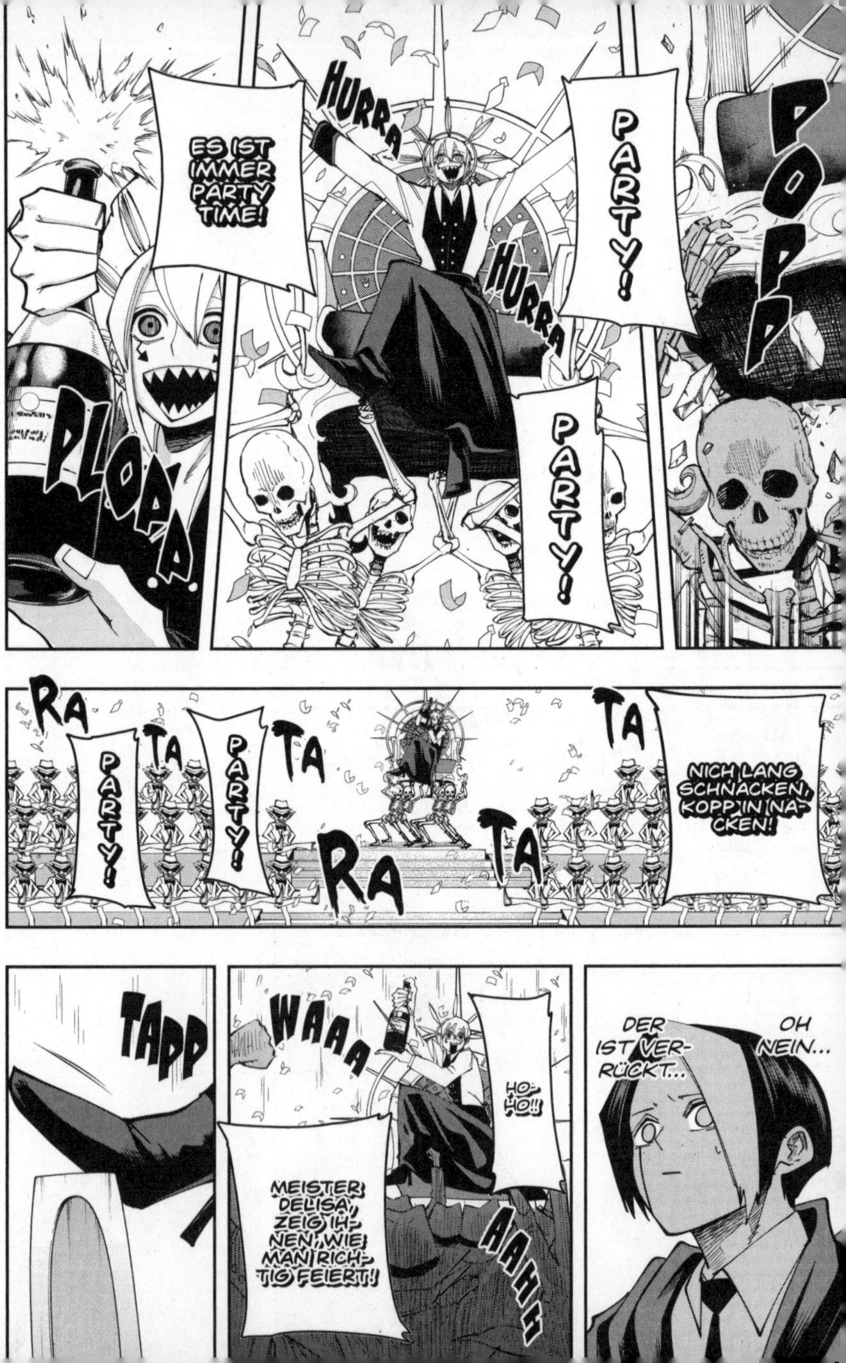
POPP
PARTY!
HURRA
HURRA
PARTY!
ES IST IMMER PARTY TIME!
PLOPP
NICH LANG SCHNACKEN, KOPP IN NACKEN!
TA
RA TA TA RA TA
PARTY!
PARTY!
OH NEIN...
DER IST VERRÜCKT...
HO-HO!!
MEISTER DELISA, ZEIG IHNEN, WIE MAN RICHTIG FEIERT!
WAAA
AAHH
TAPP

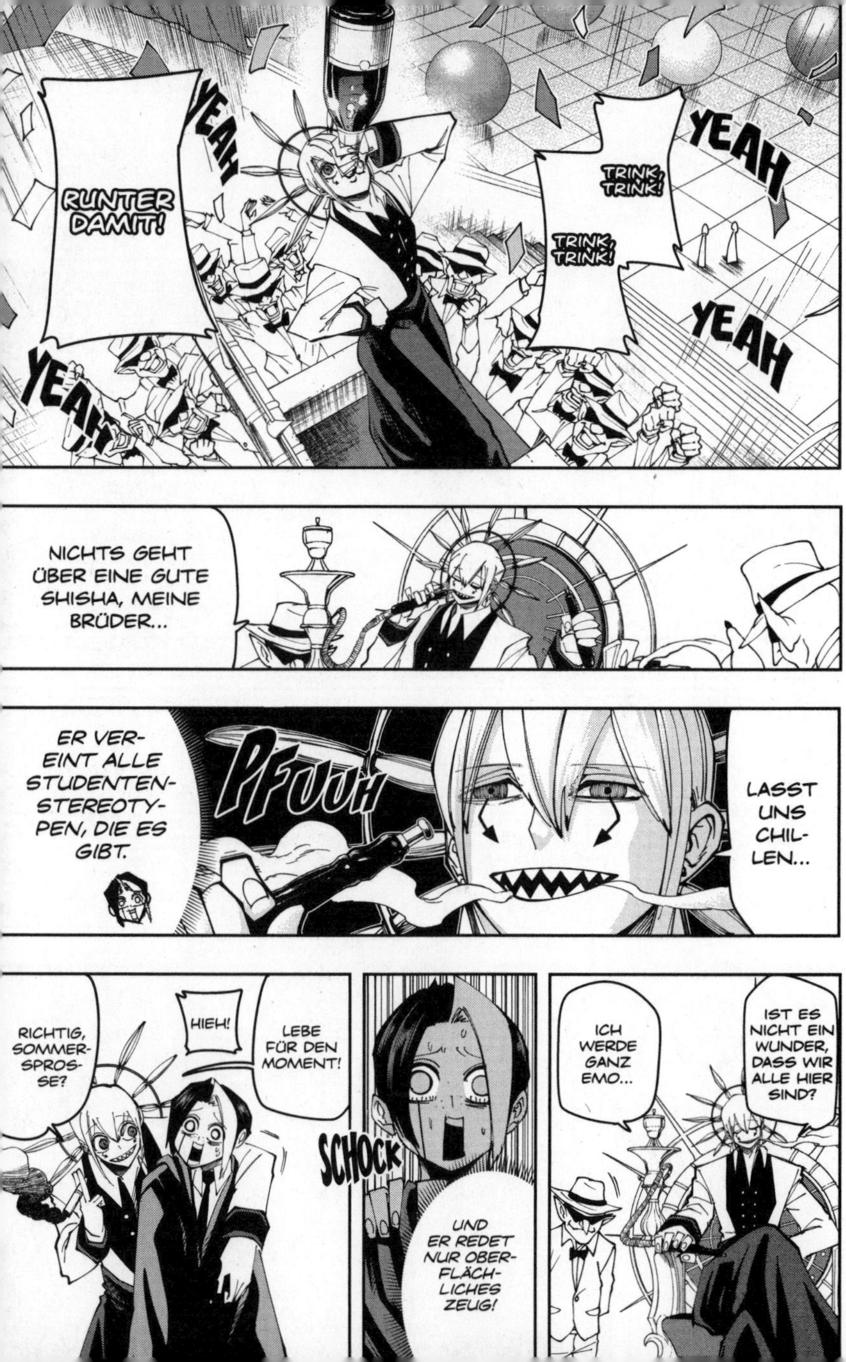

YEAH
TRINK, TRINK!
TRINK, TRINK!
YEAH
RUNTER DAMIT!
YEAH
YEAH
YEAH
NICHTS GEHT ÜBER EINE GUTE SHISHA, MEINE BRÜDER...
LASST UNS CHILLEN...
PFUUH
ER VEREINT ALLE STUDENTENSTEREOTYPEN, DIE ES GIBT.
IST ES NICHT EIN WUNDER, DASS WIR ALLE HIER SIND?
ICH WERDE GANZ EMO...
SCHOCK
UND ER REDET NUR OBERFLÄCHLICHES ZEUG!
LEBE FÜR DEN MOMENT!
HIEH!
RICHTIG, SOMMERSPROSSE?

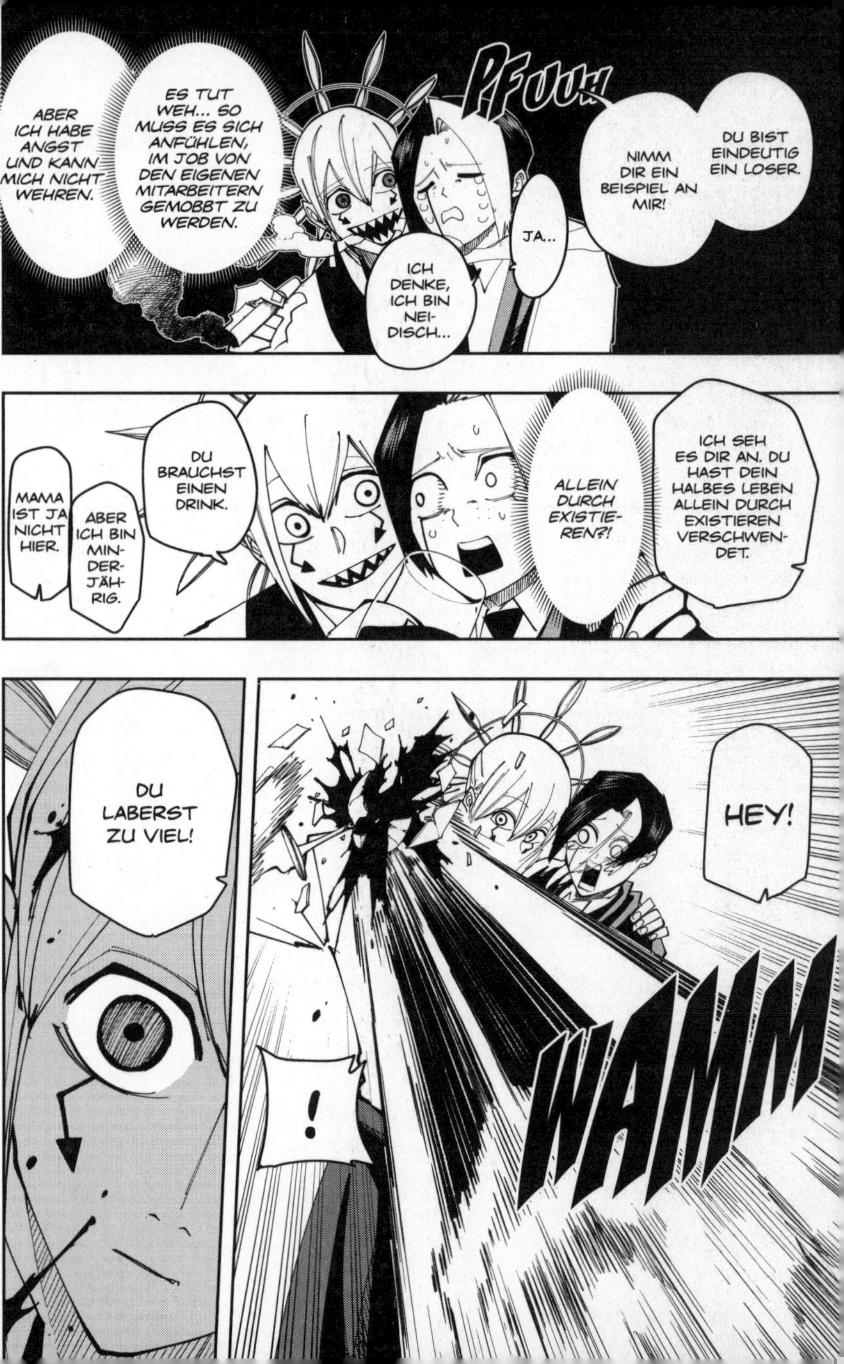
PFUUH!
DU BIST EINDEUTIG EIN LOSER.
NIMM DIR EIN BEISPIEL AN MIR!
JA...
ICH DENKE, ICH BIN NEIDISCH...
ES TUT WEH... SO MUSS ES SICH ANFÜHLEN, IM JOB VON DEN EIGENEN MITARBEITERN GEMOBBT ZU WERDEN.
ABER ICH HABE ANGST UND KANN MICH NICHT WEHREN.
ICH SEH ES DIR AN. DU HAST DEIN HALBES LEBEN ALLEIN DURCH EXISTIEREN VERSCHWENDET.
ALLEIN DURCH EXISTIEREN?!
DU BRAUCHST EINEN DRINK.
ABER ICH BIN MINDERJÄHRIG.
MAMA IST JA NICHT HIER.
HEY!
WAMM
!
DU LABERST ZU VIEL!

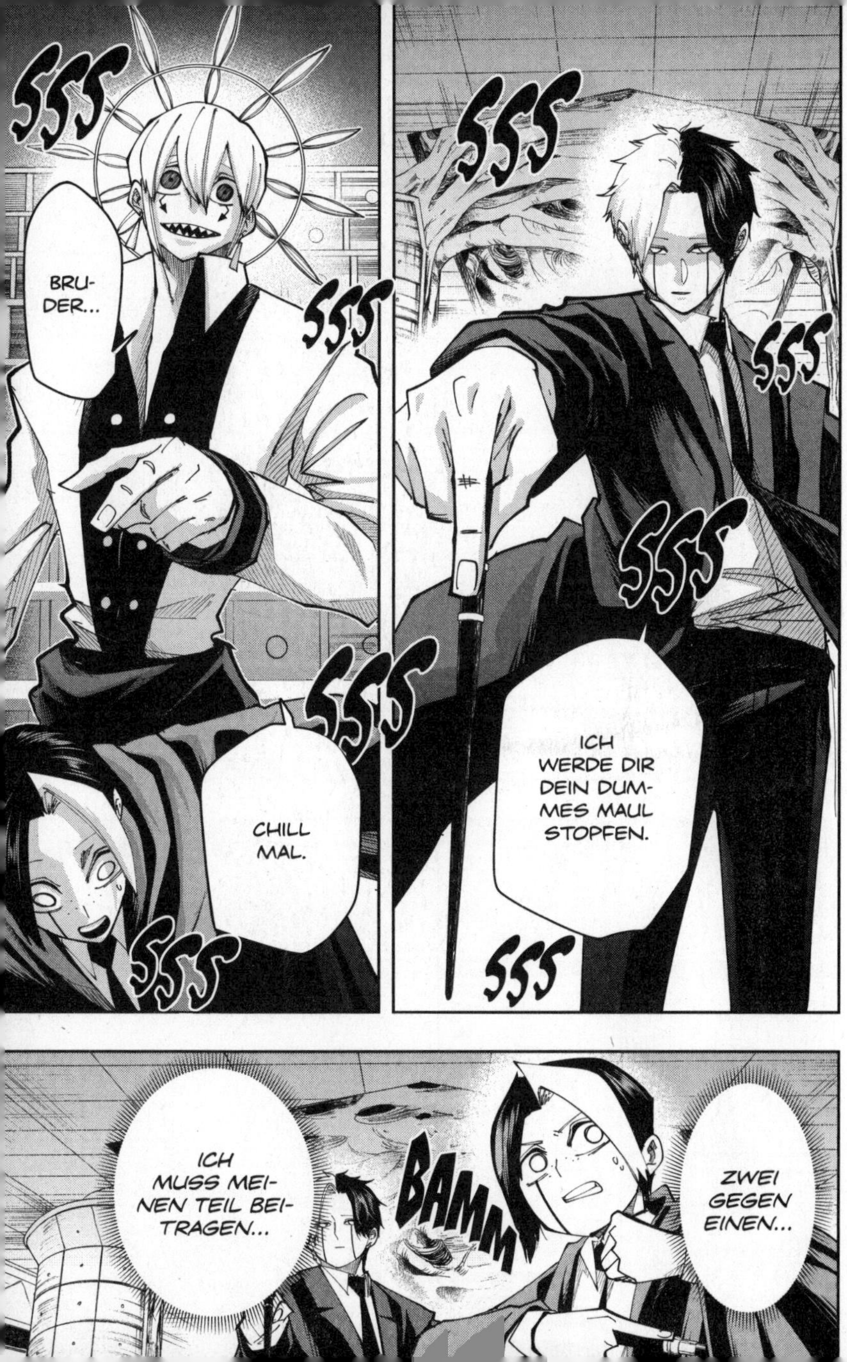
SSS
SSS
ICH WERDE DIR DEIN DUM-MES MAUL STOPFEN.
SSS
SSS
SSS
BRU-DER...
SSS
SSS
CHILL MAL.
SSS
ZWEI GEGEN EINEN...
BAMM
ICH MUSS MEI-NEN TEIL BEI-TRAGEN...

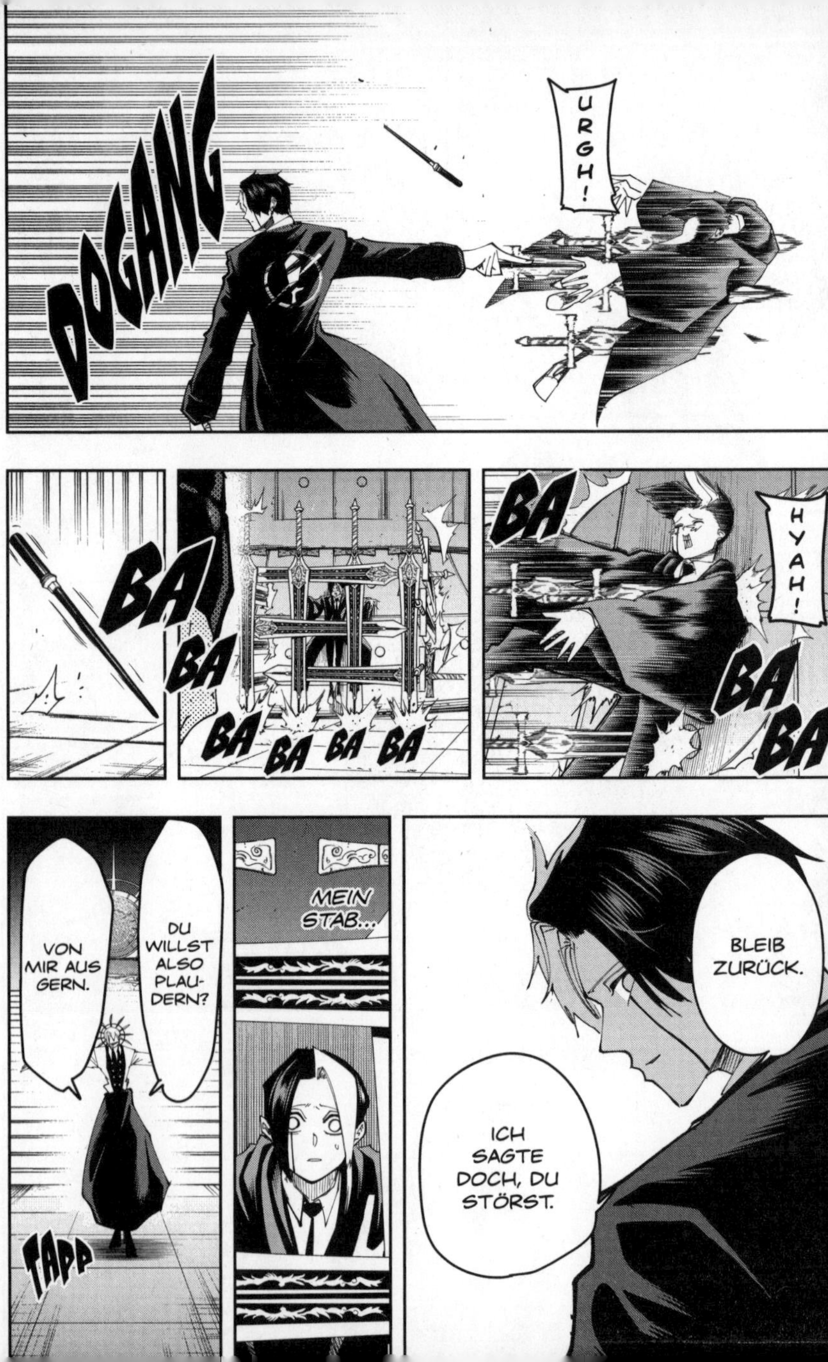
URGH!
DOGANG
HYAH!
BA
BA BA BA
BA
BA
BA
BA BA BA
BA
BLEIB ZURÜCK.
ICH SAGTE DOCH, DU STÖRST.
MEIN STAB...
DU WILLST ALSO PLAUDERN?
VON MIR AUS GERN.
TAPP

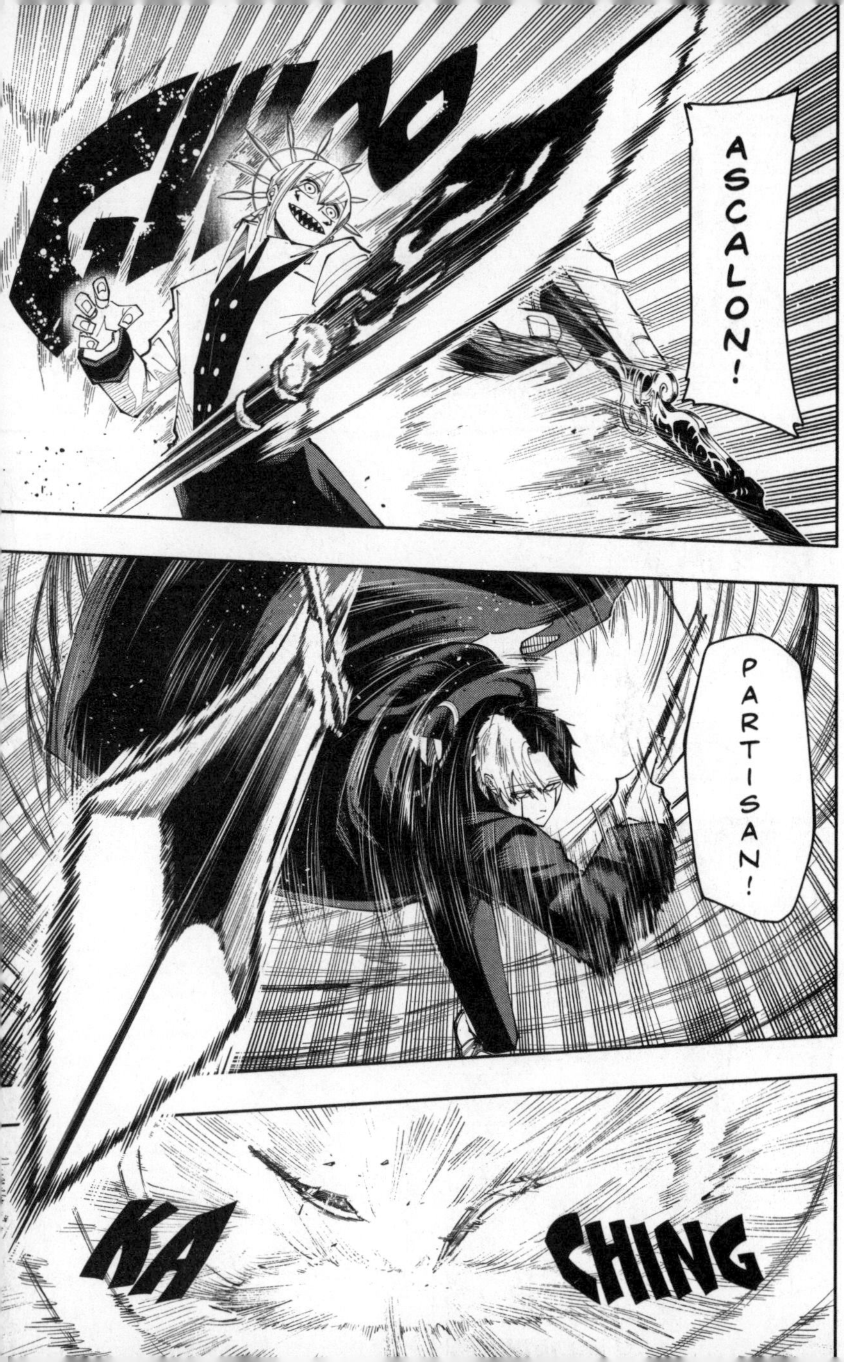
ASCALON!
PARTISAN!
KA
CHING

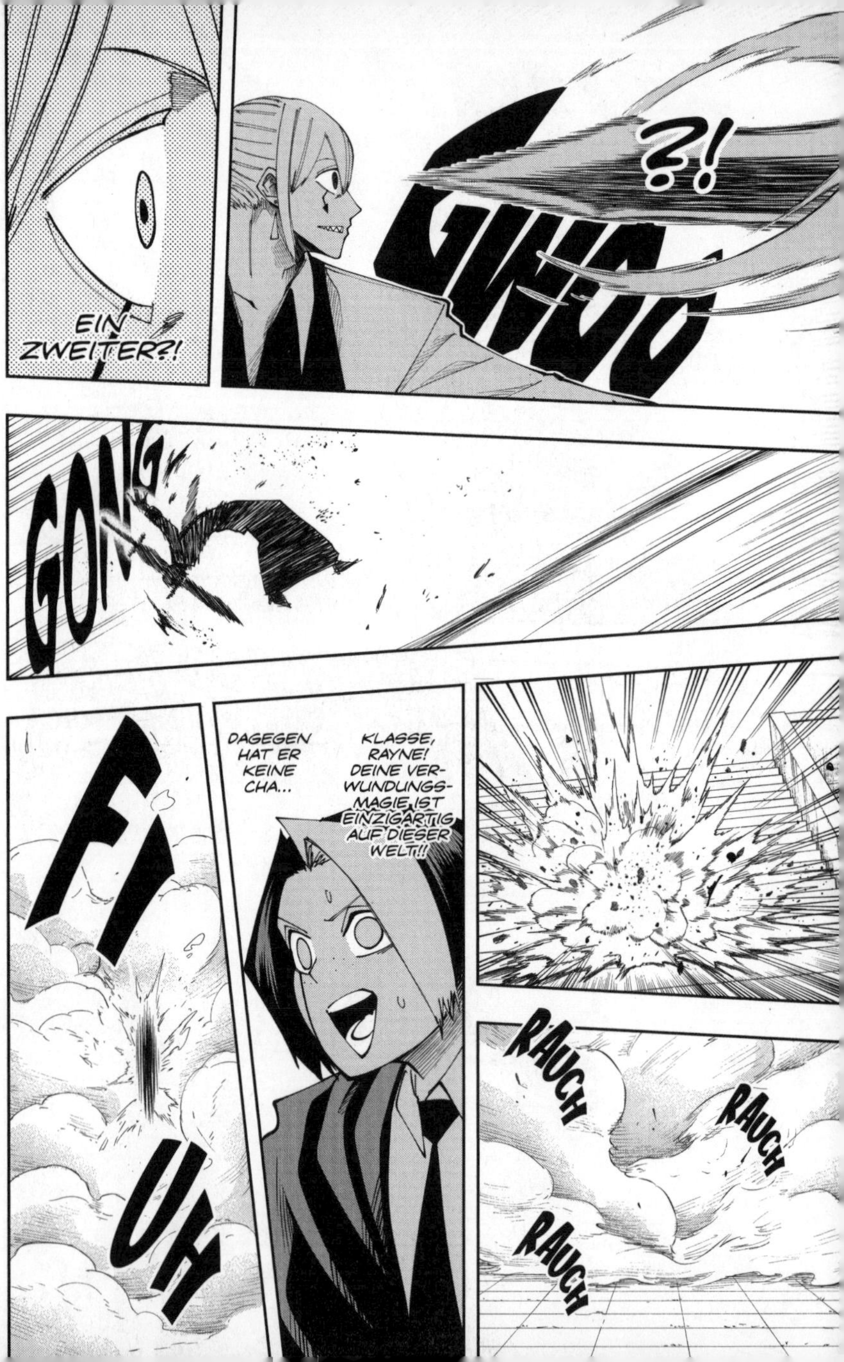
?!
GWUO
EIN ZWEITER?!
GONG
RAUCH
RAUCH
RAUCH
KLASSE, RAYNE! DEINE VERWUNDUNGS-MAGIE IST EINZIGARTIG AUF DIESER WELT!!
DAGEGEN HAT ER KEINE CHA...
FIUH

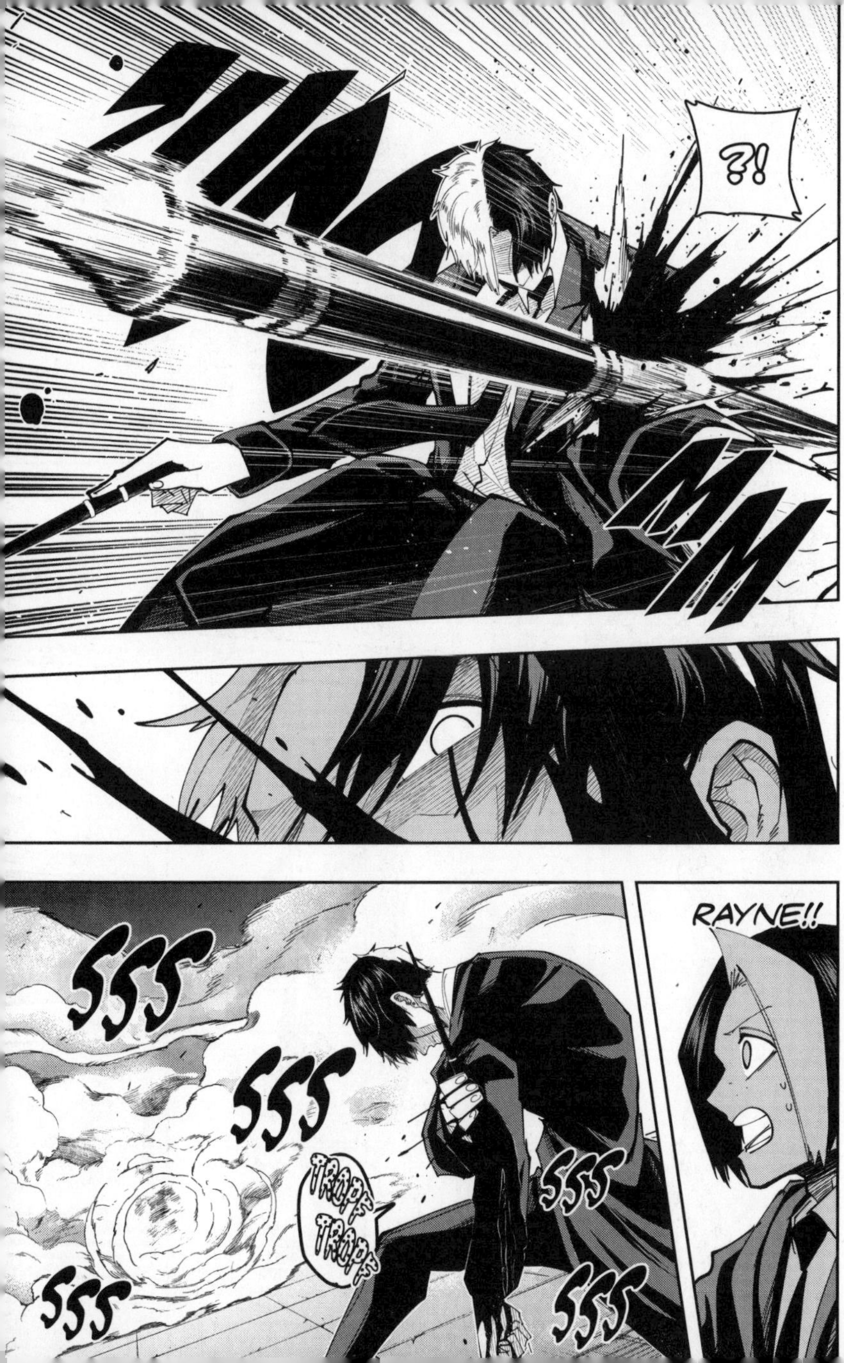
?!
RAYNE!!
SSS
SSS
SSS
TROPF TROPF
SSS
SSS

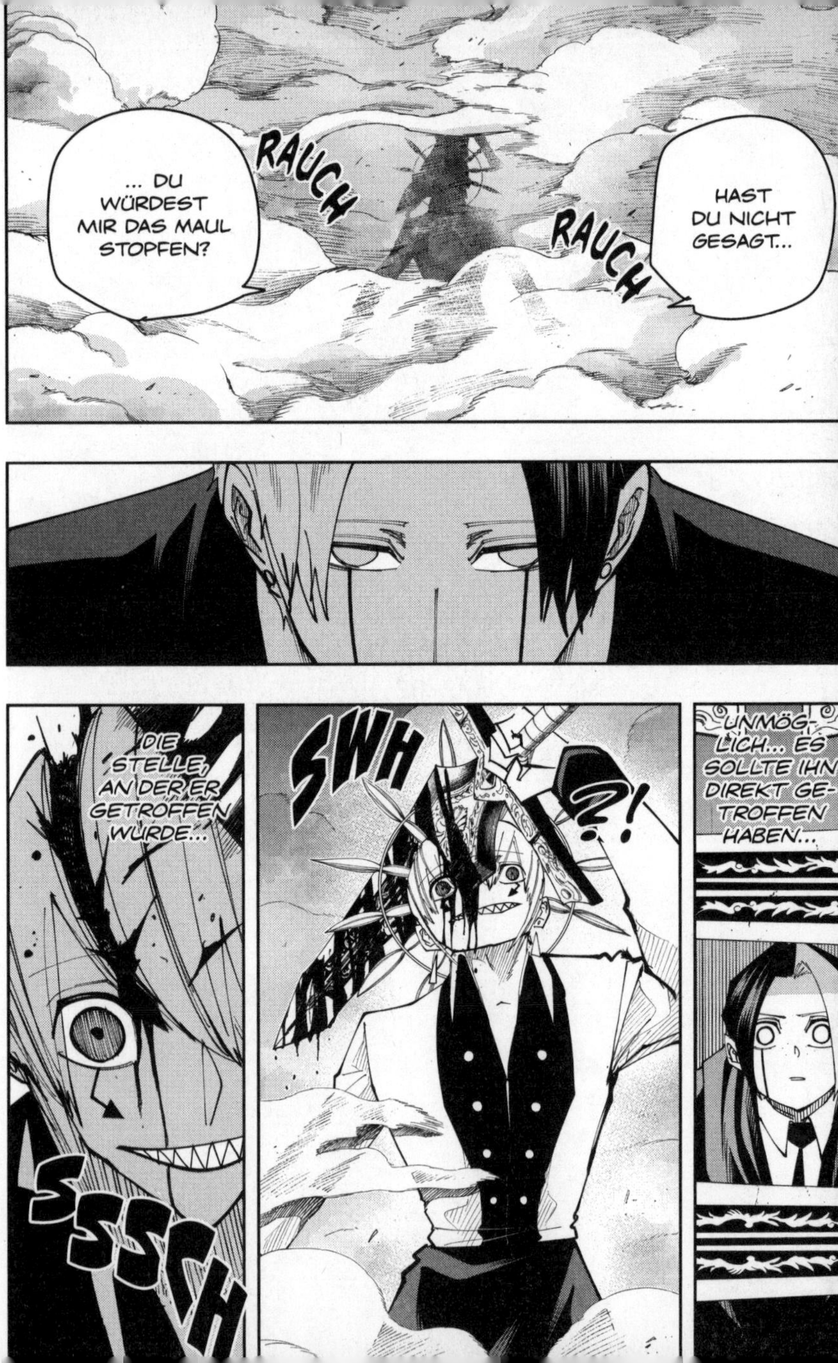
HAST DU NICHT GESAGT...
RAUCH
RAUCH
... DU WÜRDEST MIR DAS MAUL STOPFEN?
UNMÖGLICH... ES SOLLTE IHN DIREKT GETROFFEN HABEN...
?!
SWH
DIE STELLE, AN DER ER GETROFFEN WURDE...
SSSCH

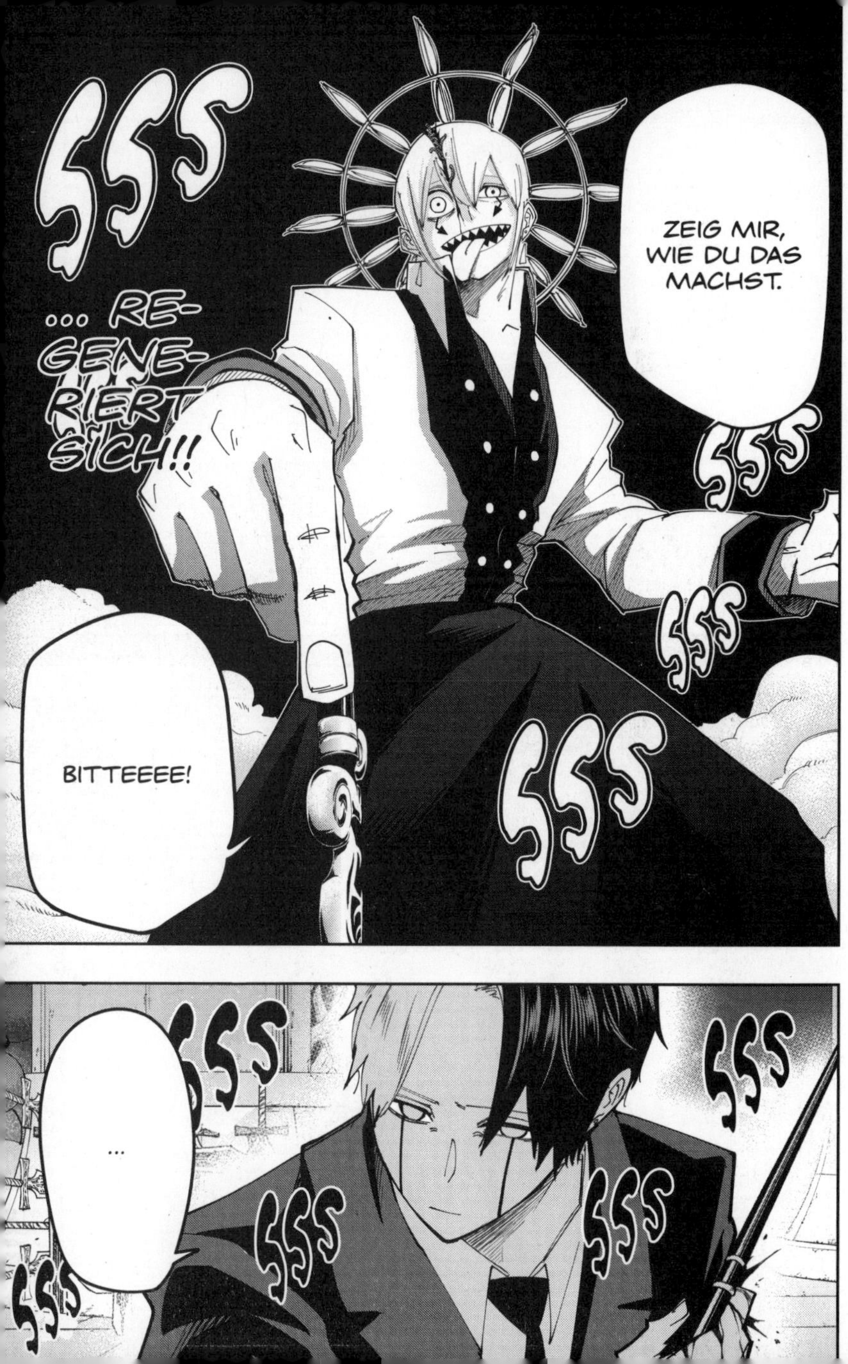
SSS
ZEIG MIR, WIE DU DAS MACHST.
... RE-GENE-RIERT SICH!!
SSS
SSS
SSS
BITTEEEE!
SSS
SSS
...
SSS
SSS
SSS

Extra 8

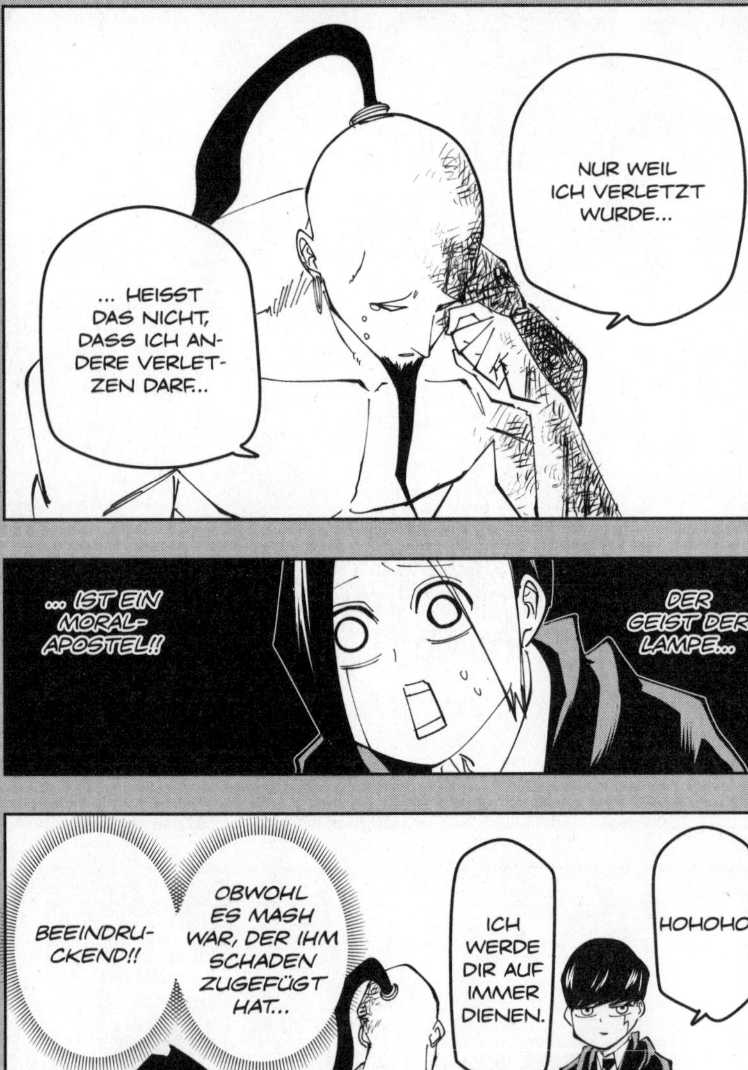

Ende des Extras

118. Kapitel Rayne Ames und die feste Entschlossenheit

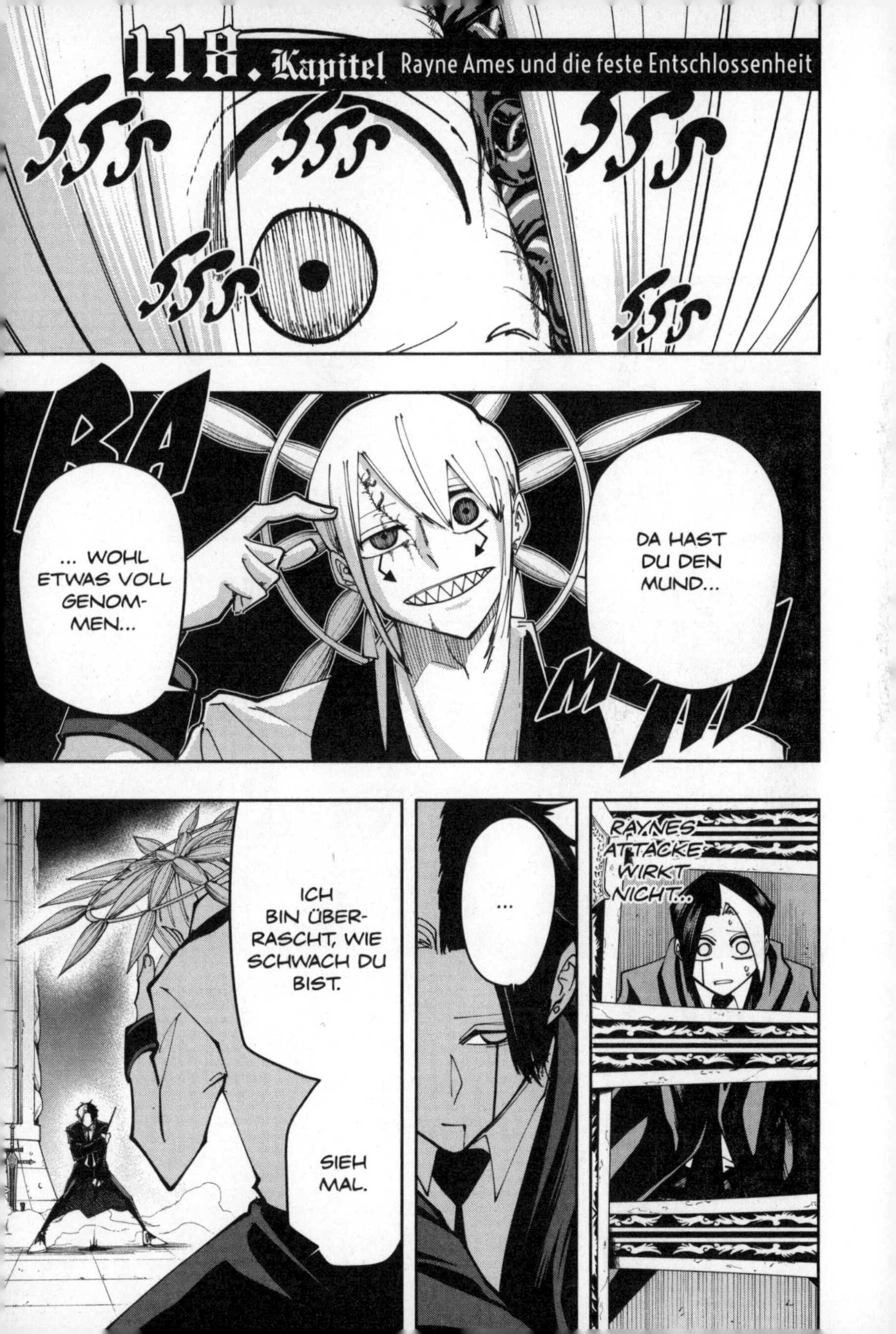

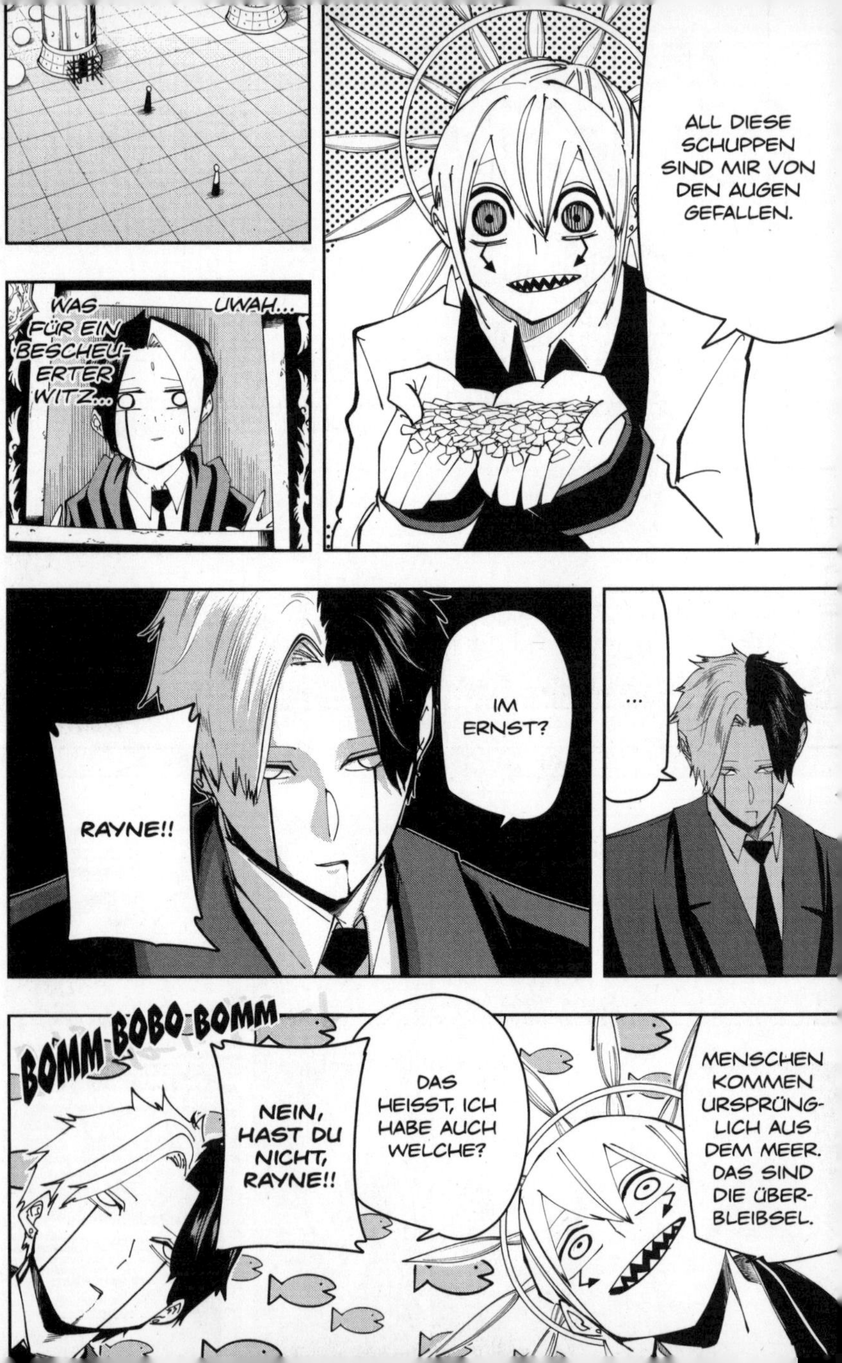
ALL DIESE SCHUPPEN SIND MIR VON DEN AUGEN GEFALLEN.
UWAH...
WAS FÜR EIN BESCHEU-ERTER WITZ...
...
IM ERNST?
RAYNE!!
MENSCHEN KOMMEN URSPRÜNG-LICH AUS DEM MEER. DAS SIND DIE ÜBER-BLEIBSEL.
DAS HEISST, ICH HABE AUCH WELCHE?
NEIN, HAST DU NICHT, RAYNE!!
BOMM BOBO BOMM

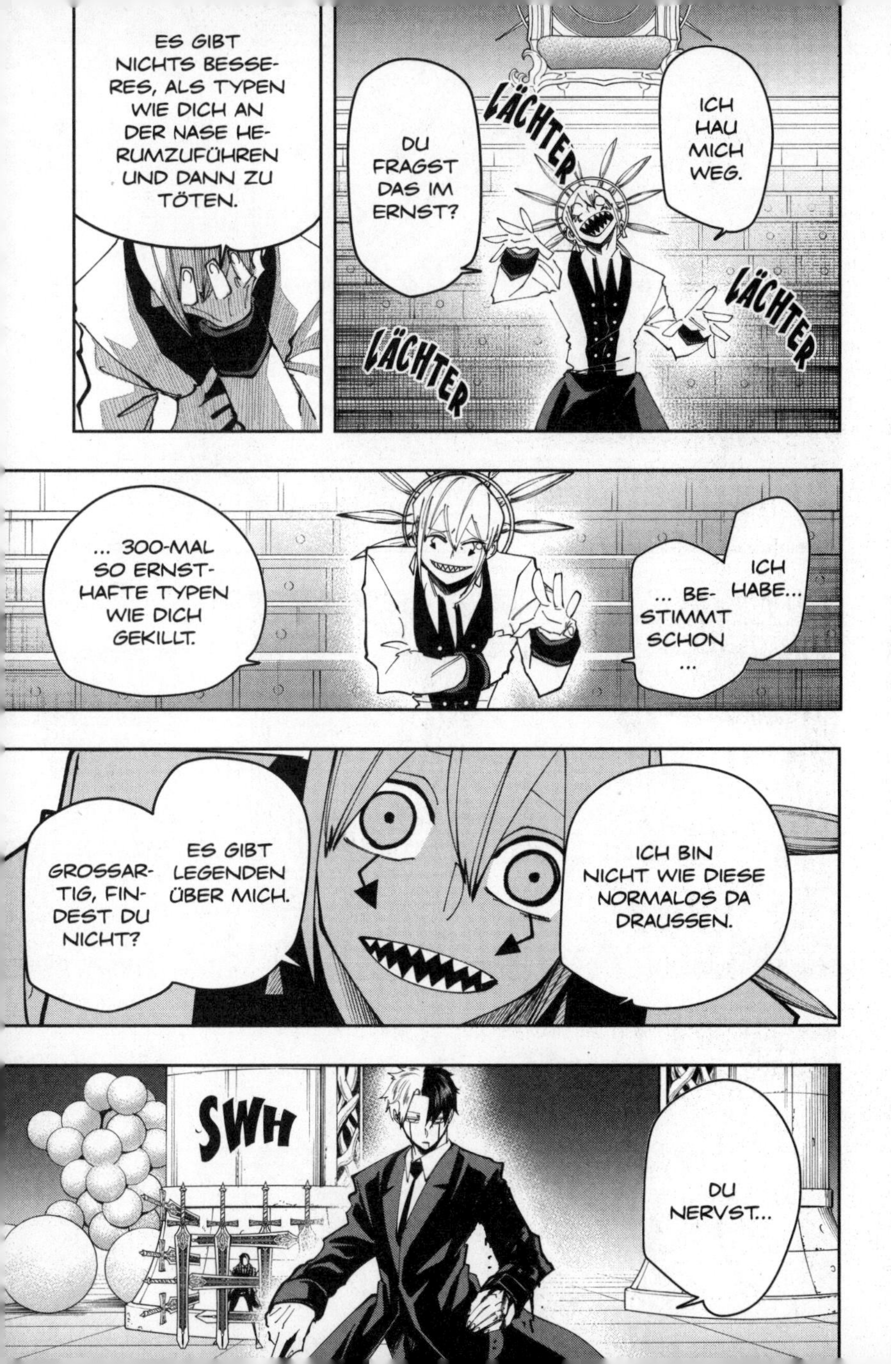
ICH HAU MICH WEG.
LÄCHTER
DU FRAGST DAS IM ERNST?
LÄCHTER
LÄCHTER
ES GIBT NICHTS BESSERES, ALS TYPEN WIE DICH AN DER NASE HERUMZUFÜHREN UND DANN ZU TÖTEN.
ICH HABE...
... BESTIMMT SCHON ...
... 300-MAL SO ERNSTHAFTE TYPEN WIE DICH GEKILLT.
ICH BIN NICHT WIE DIESE NORMALOS DA DRAUSSEN.
ES GIBT LEGENDEN ÜBER MICH.
GROSSARTIG, FINDEST DU NICHT?
DU NERVST...
SWH

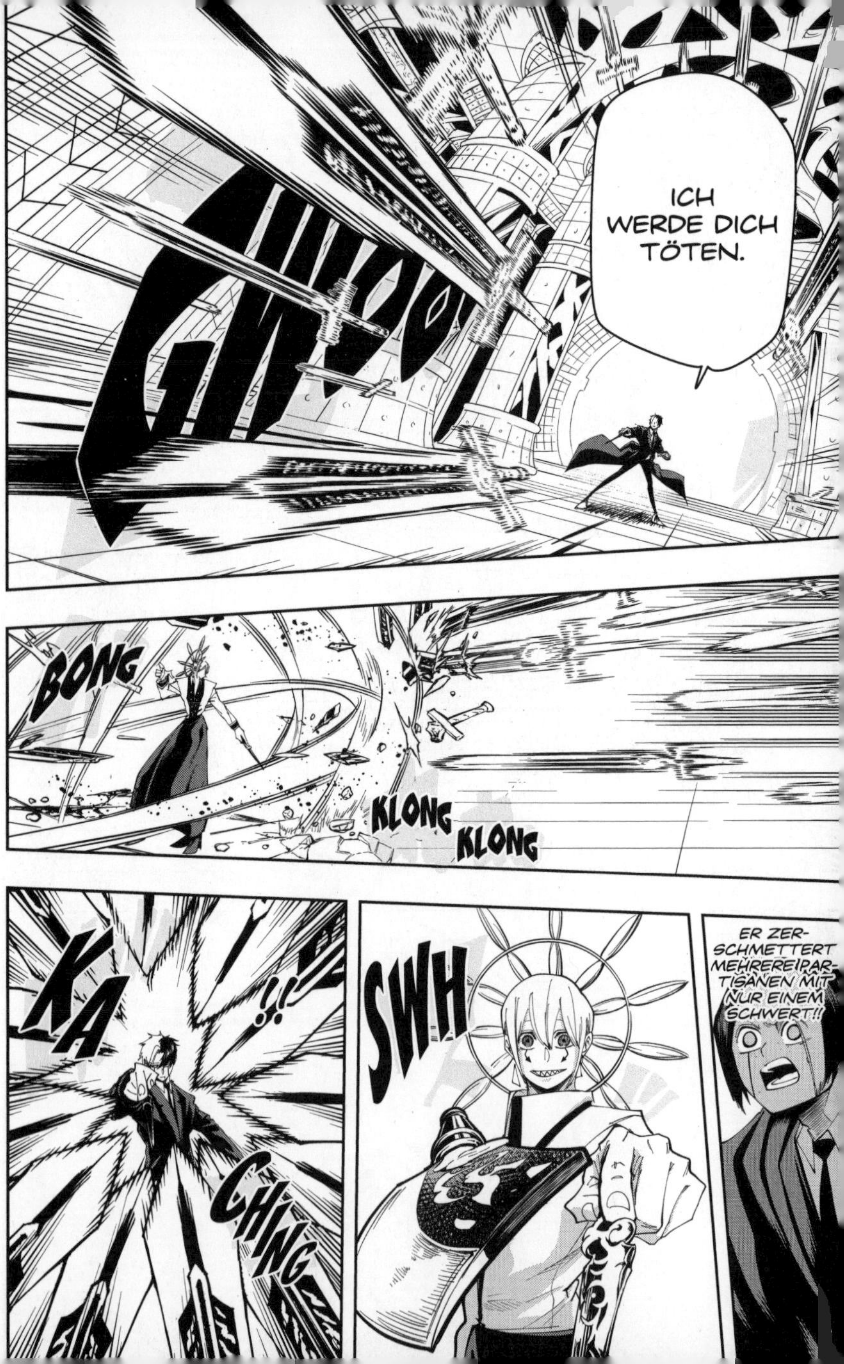
ICH WERDE DICH TÖTEN.
BONG
KLONG
KLONG
ER ZER-
SCHMETTERT
MEHRERE PAR-
TISANEN MIT
NUR EINEM
SCHWERT!!
SWH
KA
!?
CHING

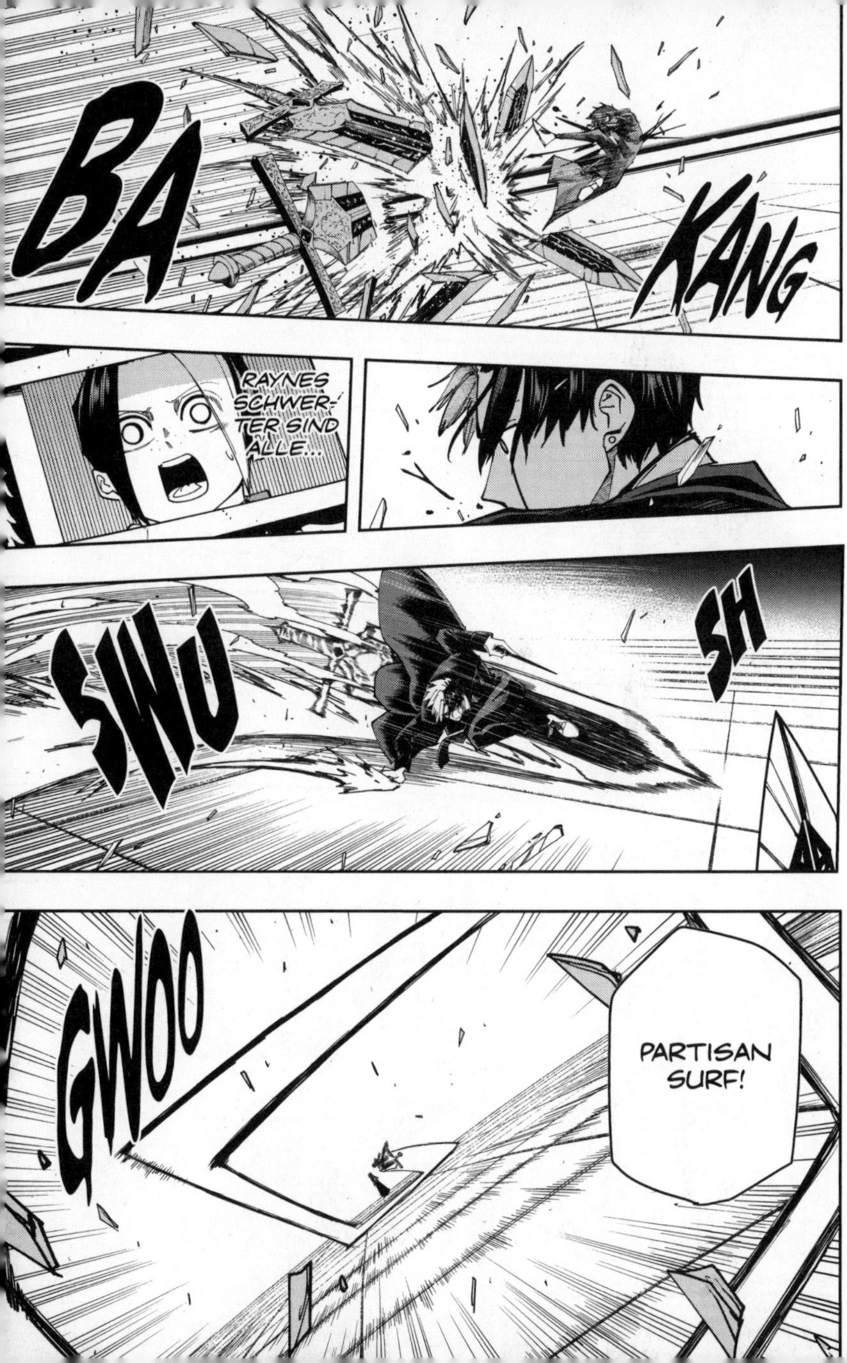
BA
KANG
RAYNES SCHWER-TER SIND ALLE...
SWU
SH
GWOO
PARTISAN SURF!

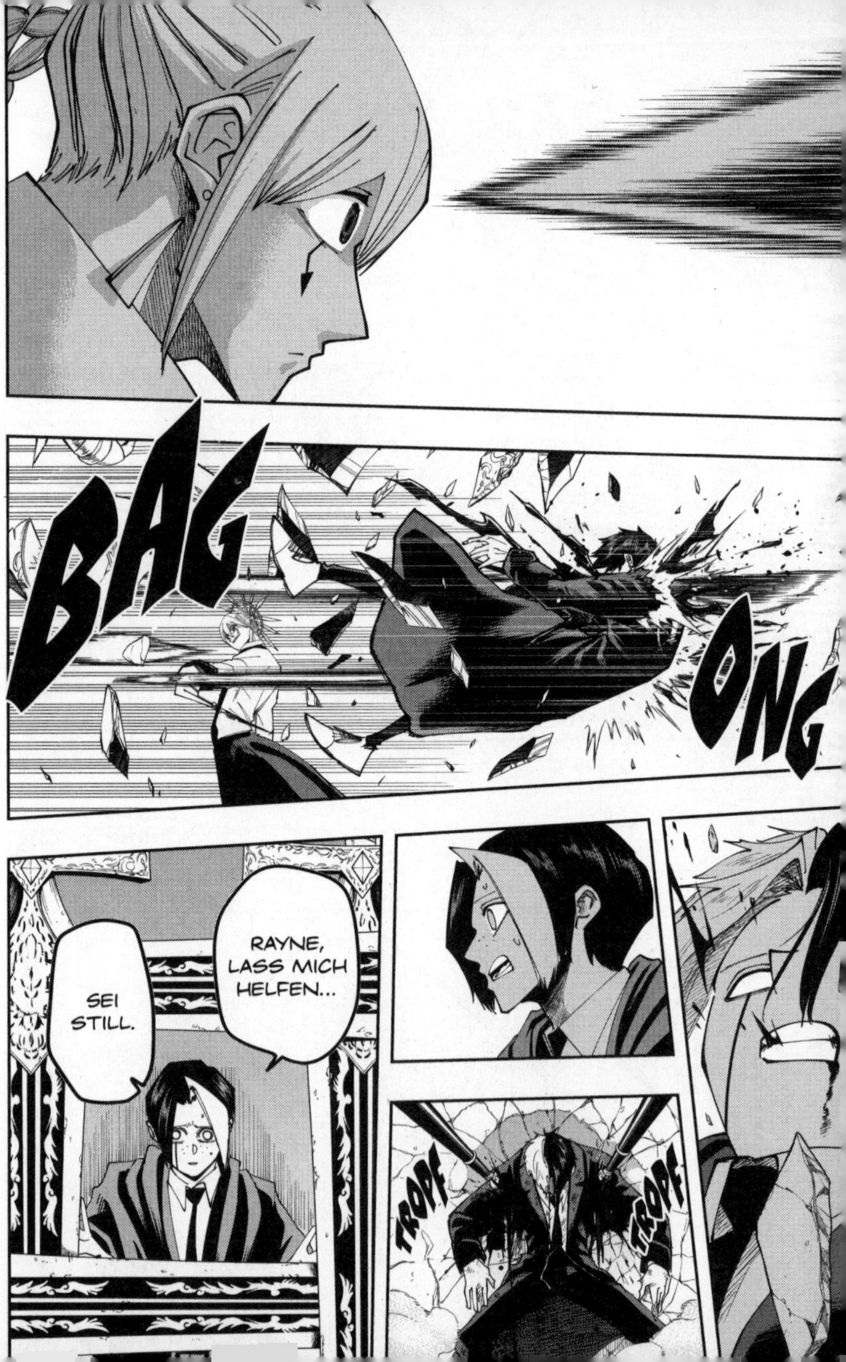

BAG
ONG
RAYNE, LASS MICH HELFEN...
SEI STILL.
TROPF
TROPF

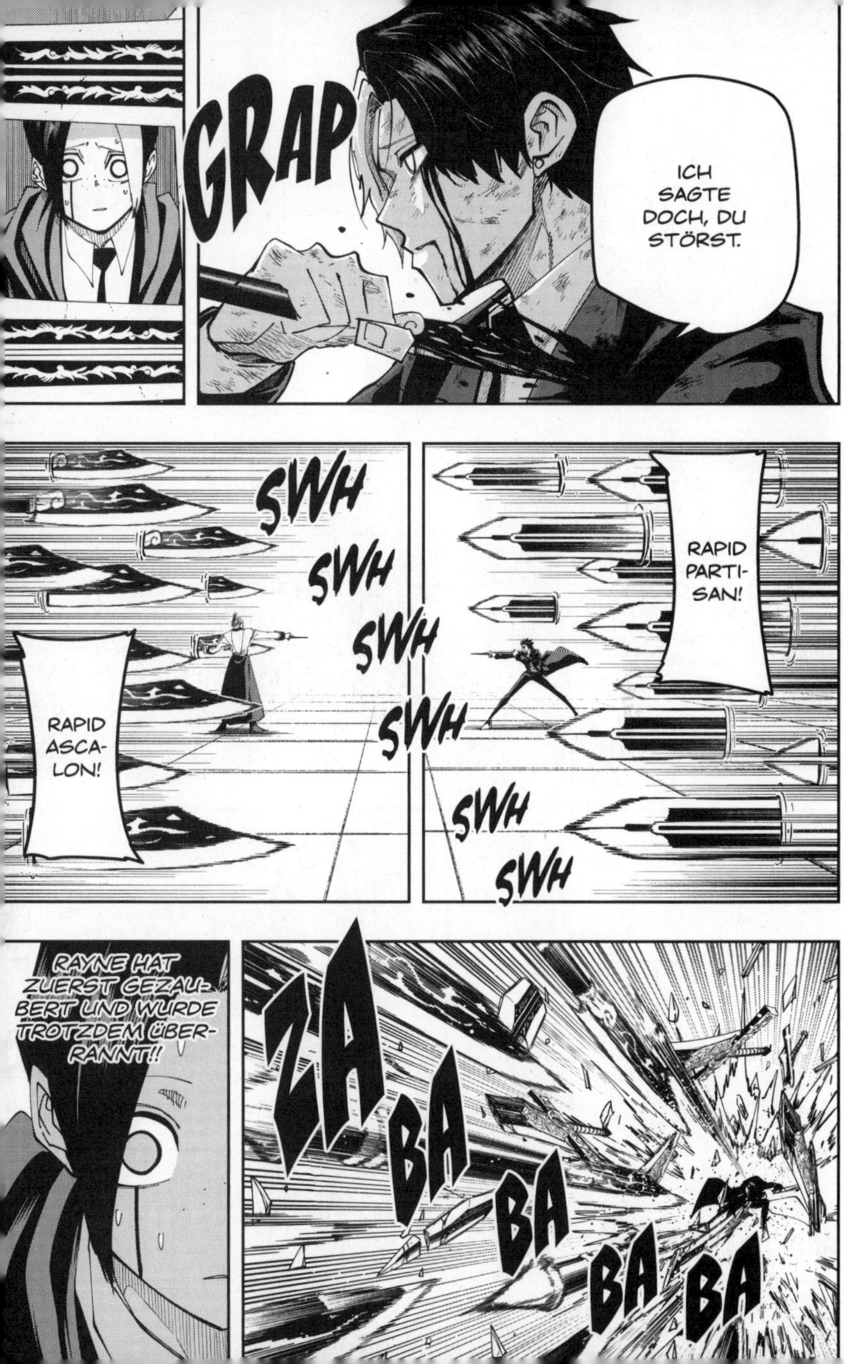
ICH SAGTE DOCH, DU STÖRST.
GRAP
RAPID PARTI-SAN!
RAPID ASCA-LON!
SWH
SWH
SWH
SWH
SWH
SWH
RAYNE HAT ZUERST GEZAU-BERT UND WURDE TROTZDEM ÜBER-RANNT!!
ZA
BA
BA
BA
BA

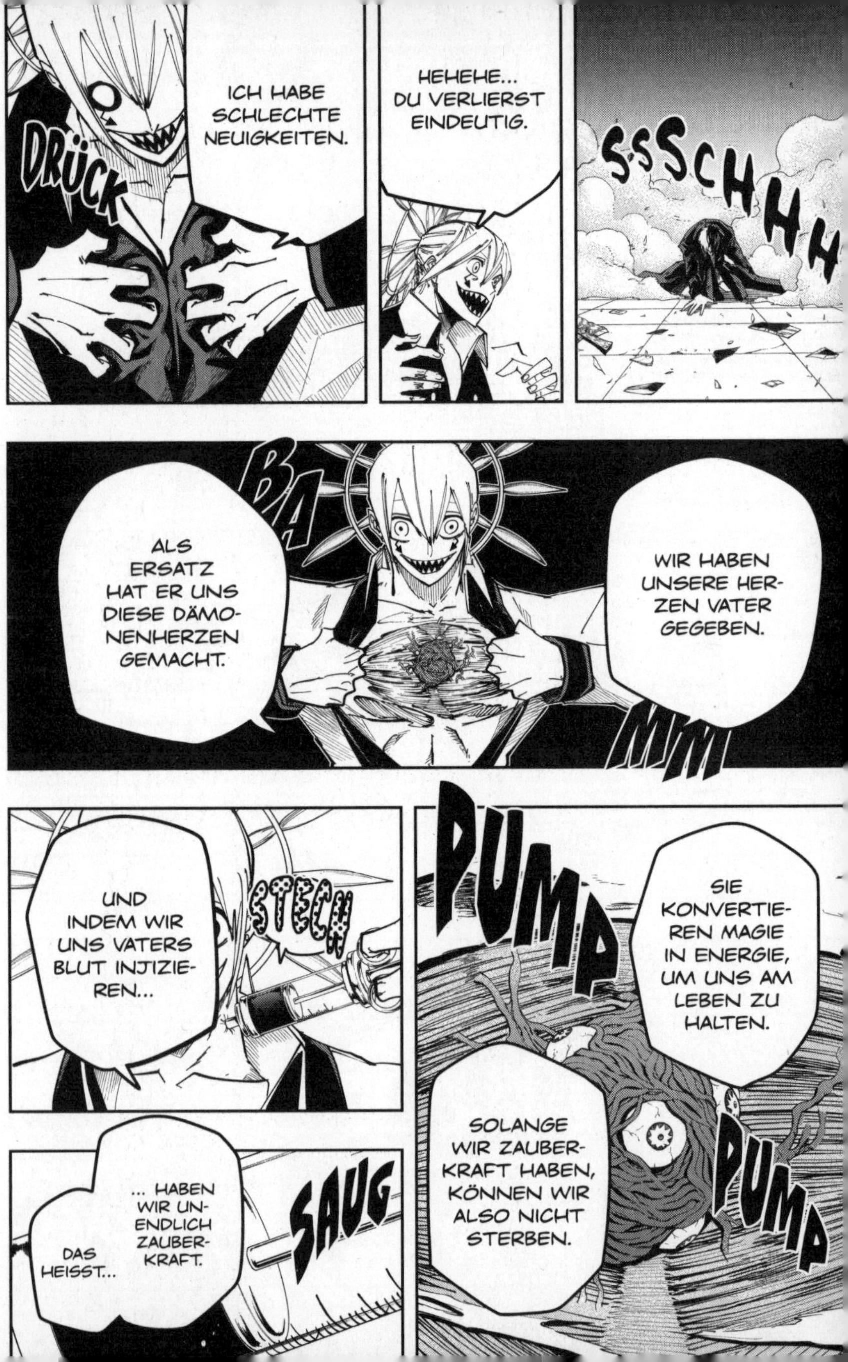
SSSCHHHH
HEHEHE... DU VERLIERST EINDEUTIG.
ICH HABE SCHLECHTE NEUIGKEITEN.
DRÜCK
BA
WIR HABEN UNSERE HERZEN VATER GEGEBEN.
ALS ERSATZ HAT ER UNS DIESE DÄMONENHERZEN GEMACHT.
MIM
PUMP
SIE KONVERTIEREN MAGIE IN ENERGIE, UM UNS AM LEBEN ZU HALTEN.
SOLANGE WIR ZAUBERKRAFT HABEN, KÖNNEN WIR ALSO NICHT STERBEN.
PUMP
UND INDEM WIR UNS VATERS BLUT INJIZIEREN...
STECH
... HABEN WIR UNENDLICH ZAUBERKRAFT.
SAUG
DAS HEISST...

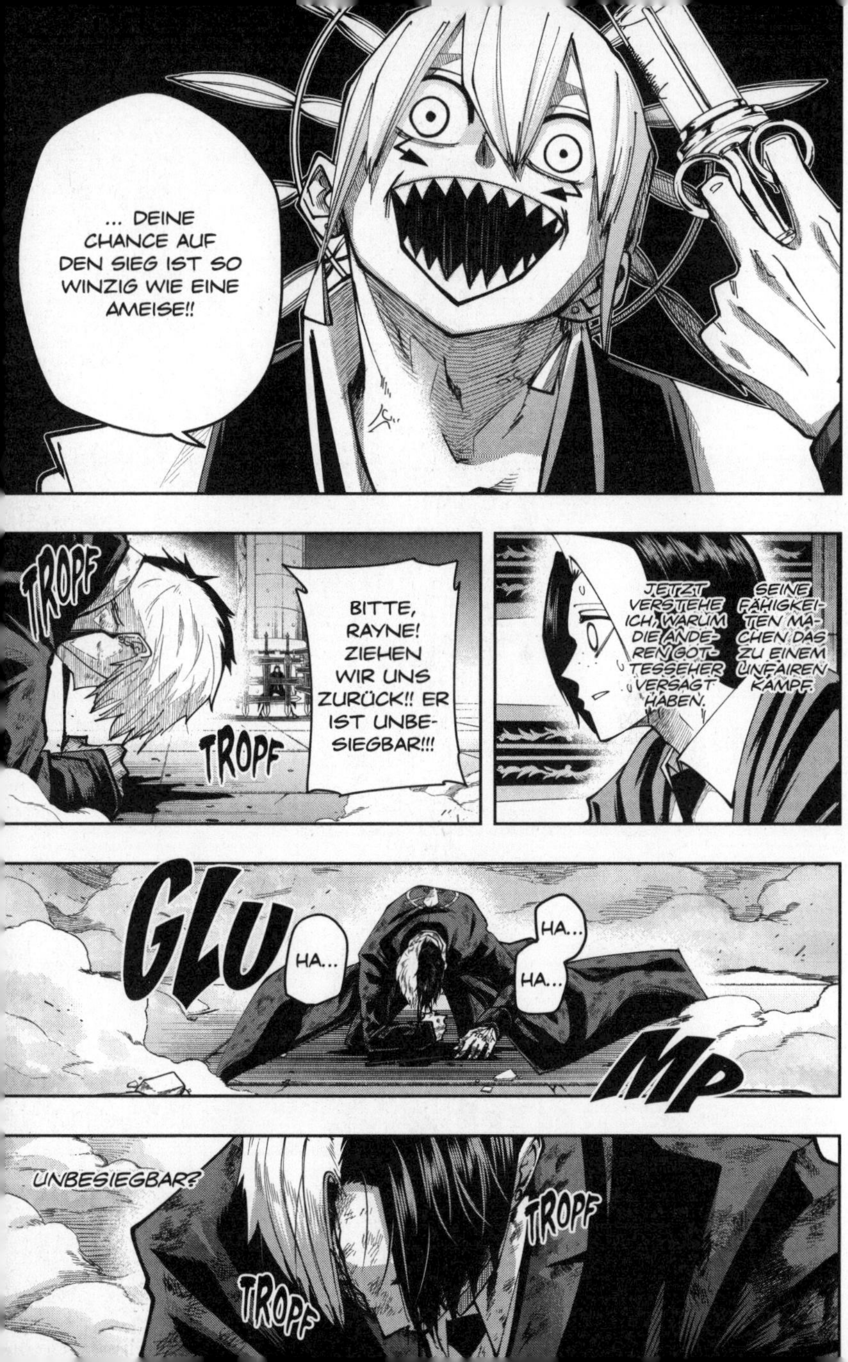

... DEINE CHANCE AUF DEN SIEG IST SO WINZIG WIE EINE AMEISE!!
SEINE FÄHIGKEITEN MACHEN DAS ZU EINEM UNFAIREN KAMPF.
JETZT VERSTEHE ICH, WARUM DIE ANDEREN GOTTESSEHER VERSAGT HABEN.
BITTE, RAYNE! ZIEHEN WIR UNS ZURÜCK!! ER IST UNBESIEGBAR!!!
TROPF
TROPF
HA...
HA...
HA...
GLUMP
UNBESIEGBAR?
TROPF
TROPF

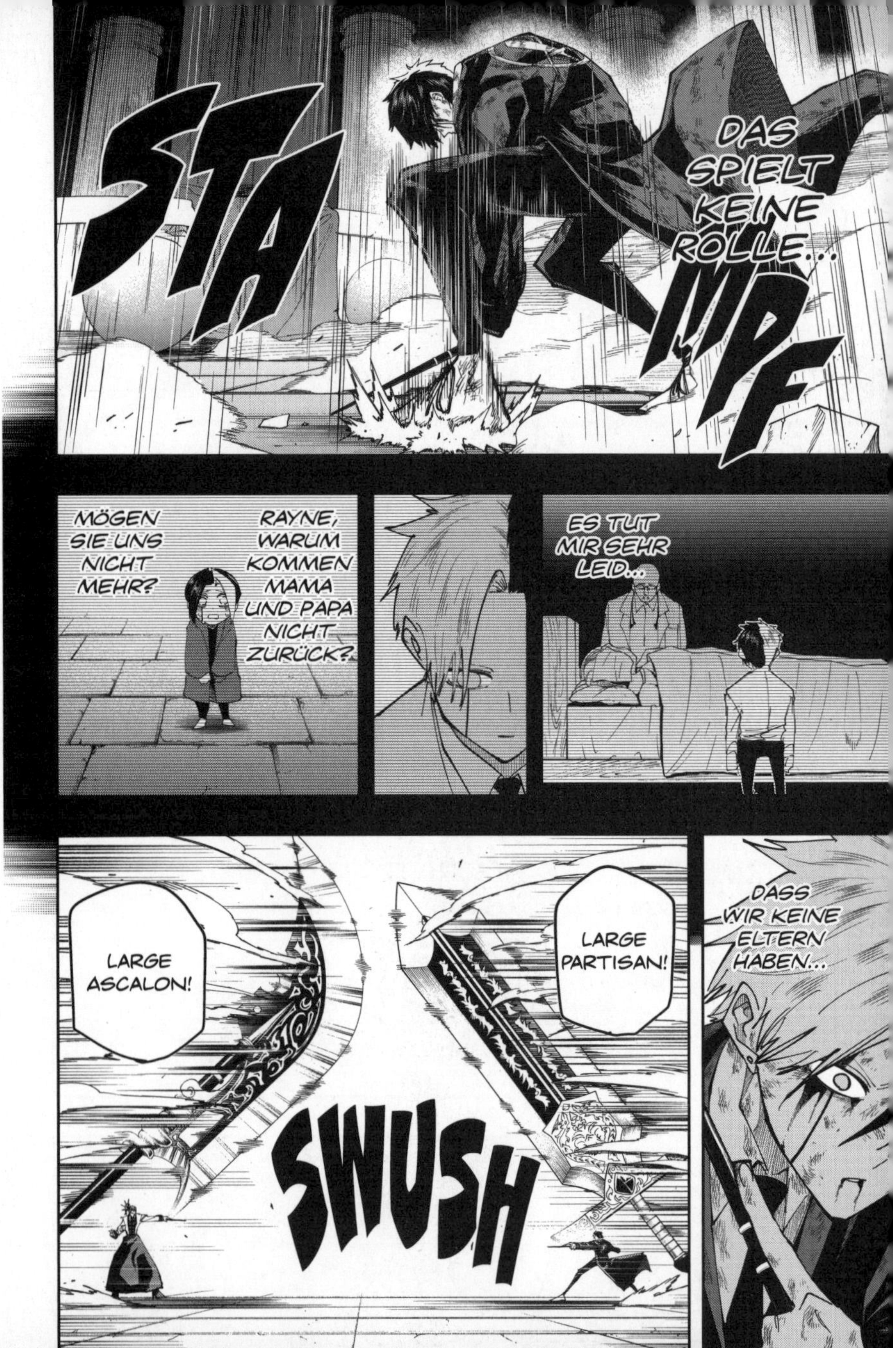
DAS SPIELT KEINE ROLLE...
STAMPF
ES TUT MIR SEHR LEID...
RAYNE, WARUM KOMMEN MAMA UND PAPA NICHT ZURÜCK?
MÖGEN SIE UNS NICHT MEHR?
DASS WIR KEINE ELTERN HABEN...
LARGE PARTISAN!
LARGE ASCALON!
SWUSH

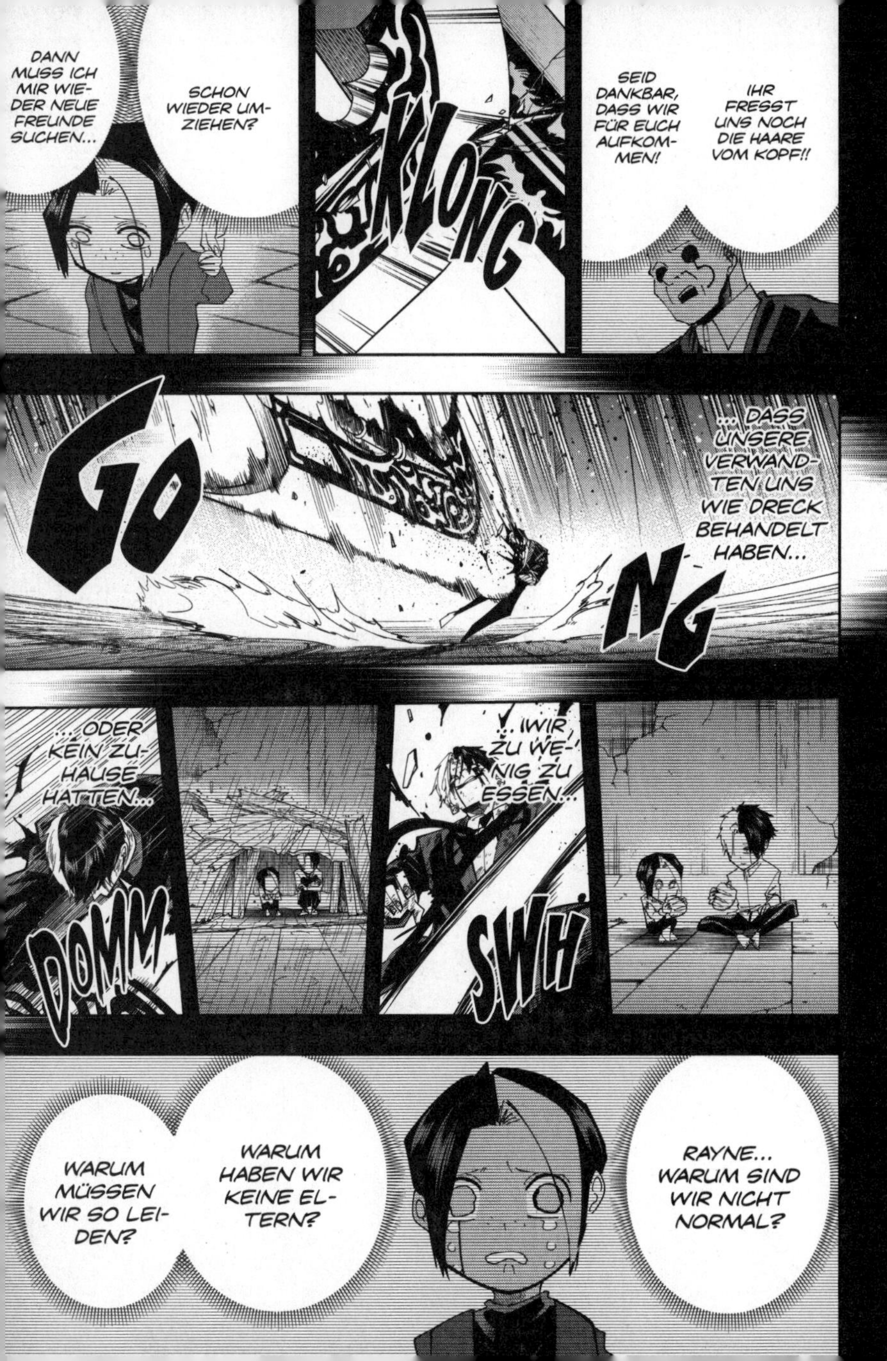

IHR FRESST UNS NOCH DIE HAARE VOM KOPF!!
SEID DANKBAR, DASS WIR FÜR EUCH AUFKOMMEN!
KLONG
SCHON WIEDER UMZIEHEN?
DANN MUSS ICH MIR WIEDER NEUE FREUNDE SUCHEN...
... DASS UNSERE VERWANDTEN UNS WIE DRECK BEHANDELT HABEN...
GONG
...WIR ZU WENIG ZU ESSEN...
SWH
... ODER KEIN ZUHAUSE HATTEN...
DOMM
RAYNE... WARUM SIND WIR NICHT NORMAL?
WARUM HABEN WIR KEINE ELTERN?
WARUM MÜSSEN WIR SO LEIDEN?

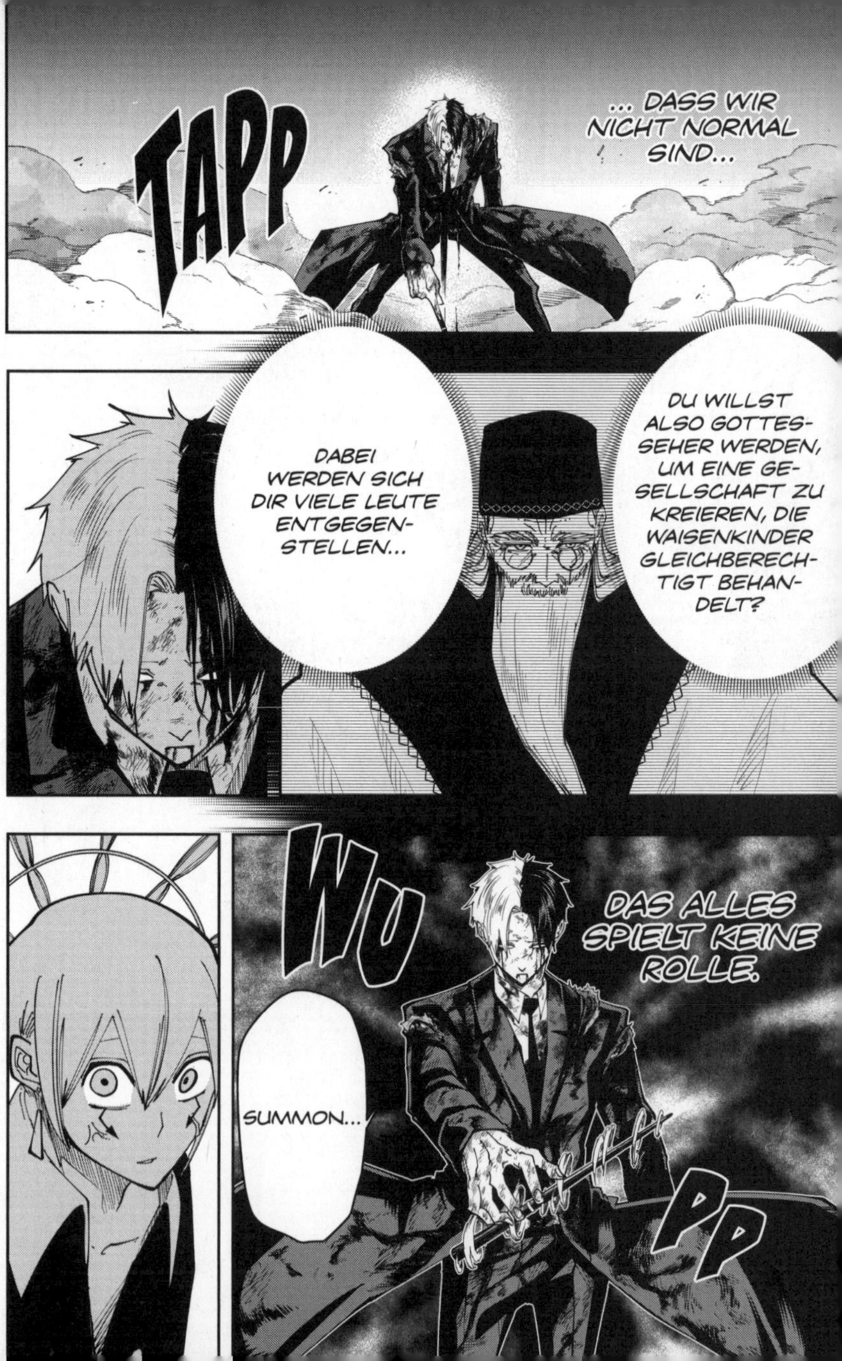
... DASS WIR NICHT NORMAL SIND...
TAPP
DU WILLST ALSO GOTTES-SEHER WERDEN, UM EINE GE-SELLSCHAFT ZU KREIEREN, DIE WAISENKINDER GLEICHBERECH-TIGT BEHAN-DELT?
DABEI WERDEN SICH DIR VIELE LEUTE ENTGEGEN-STELLEN...
DAS ALLES SPIELT KEINE ROLLE.
WU
PP
SUMMON...

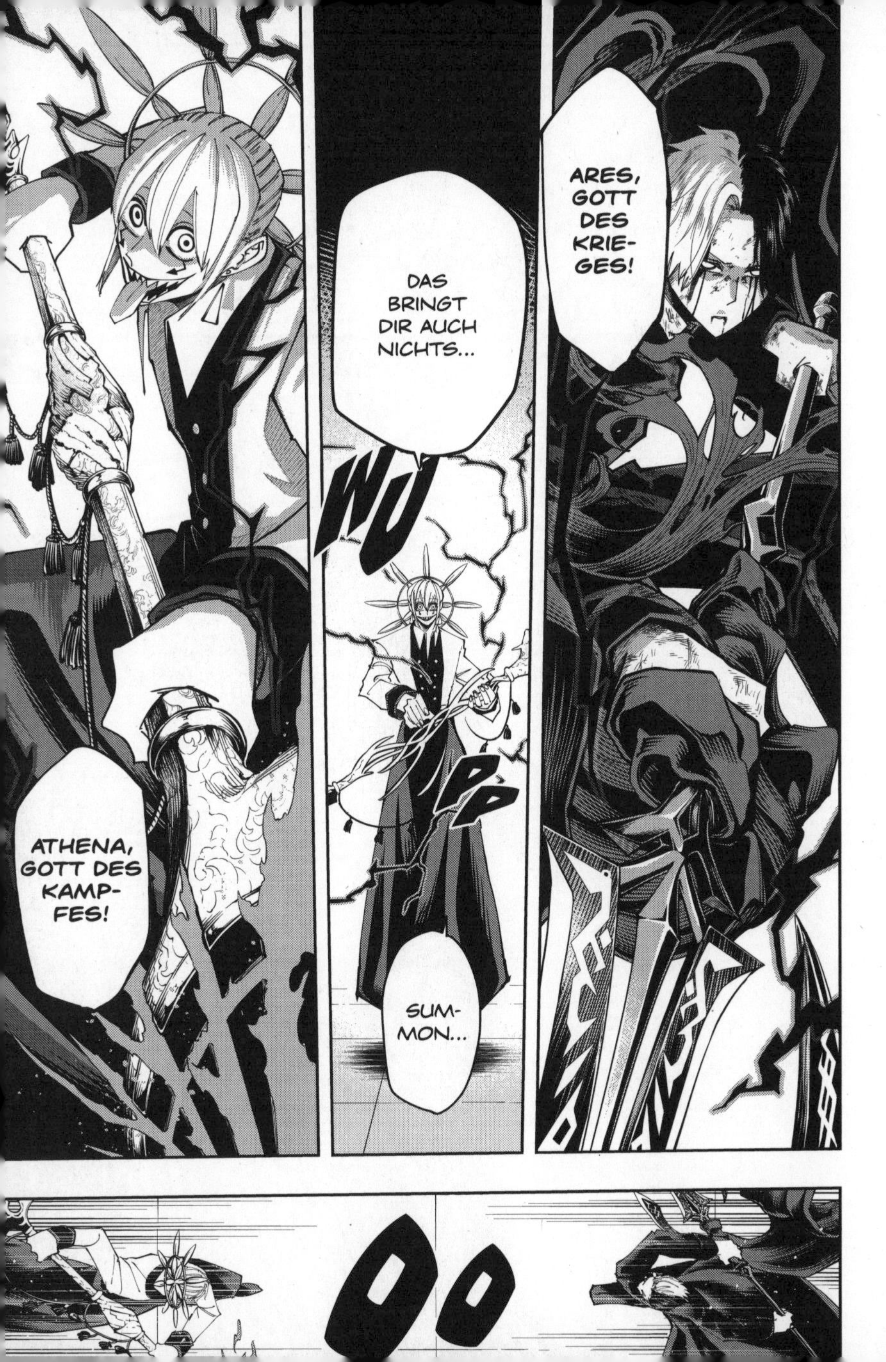
ARES, GOTT DES KRIE-GES!
DAS BRINGT DIR AUCH NICHTS...
WU
SUM-MON...
ATHENA, GOTT DES KAMP-FES!

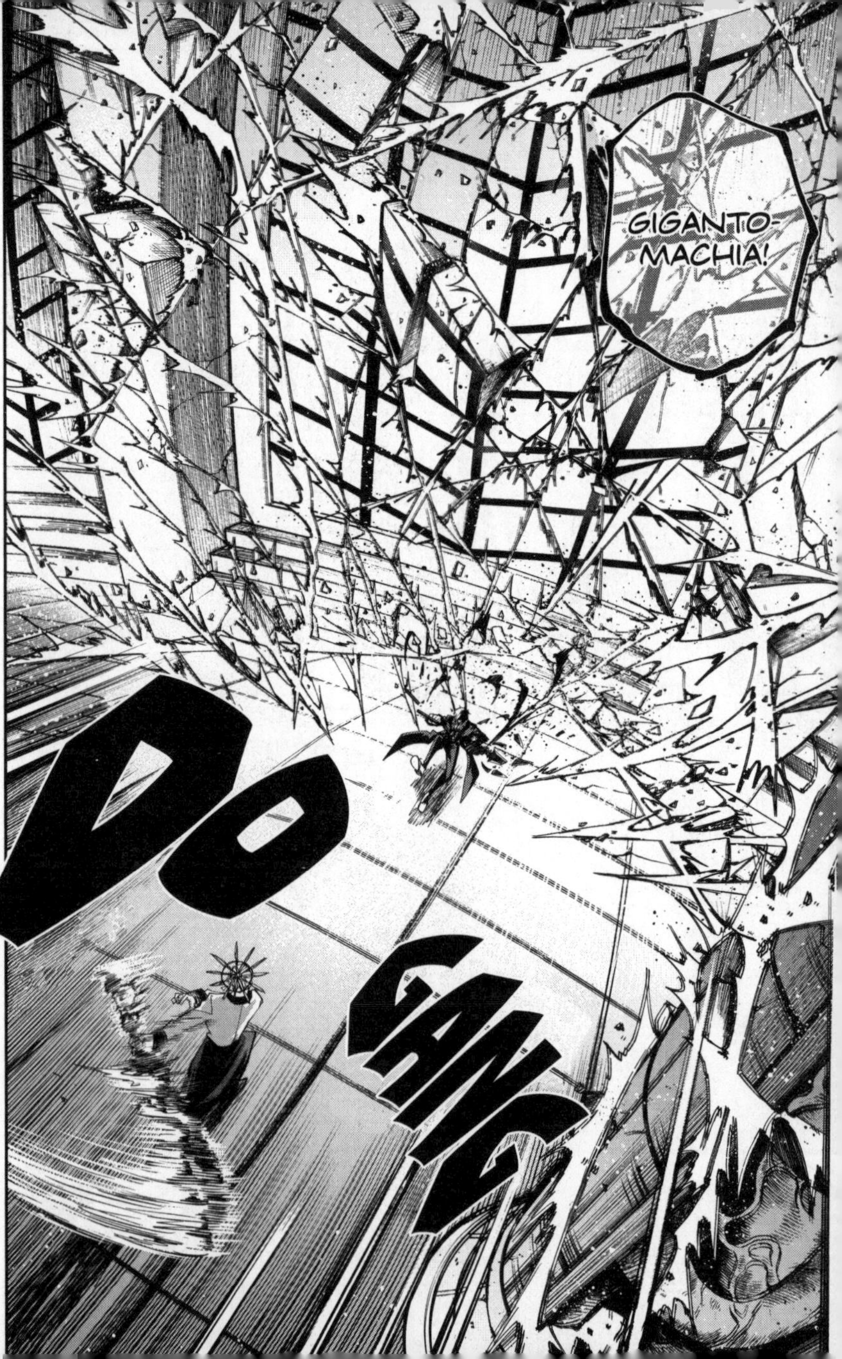
GIGANTO-
MACHIA!
DO
GANG

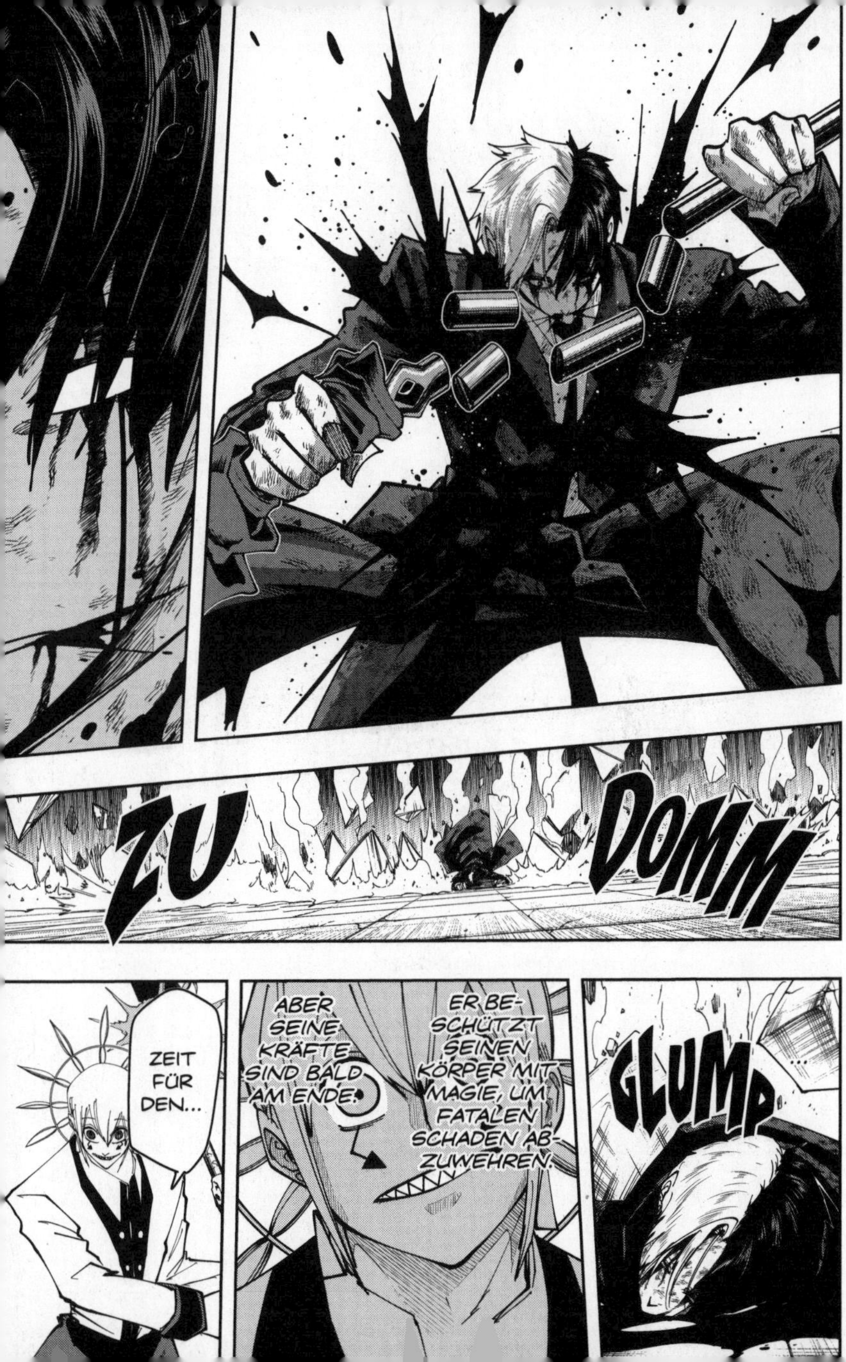
ZU
DOMM
GLUMP
ER BESCHÜTZT SEINEN KÖRPER MIT MAGIE, UM FATALEN SCHADEN ABZUWEHREN.
ABER SEINE KRÄFTE SIND BALD AM ENDE.
ZEIT FÜR DEN...

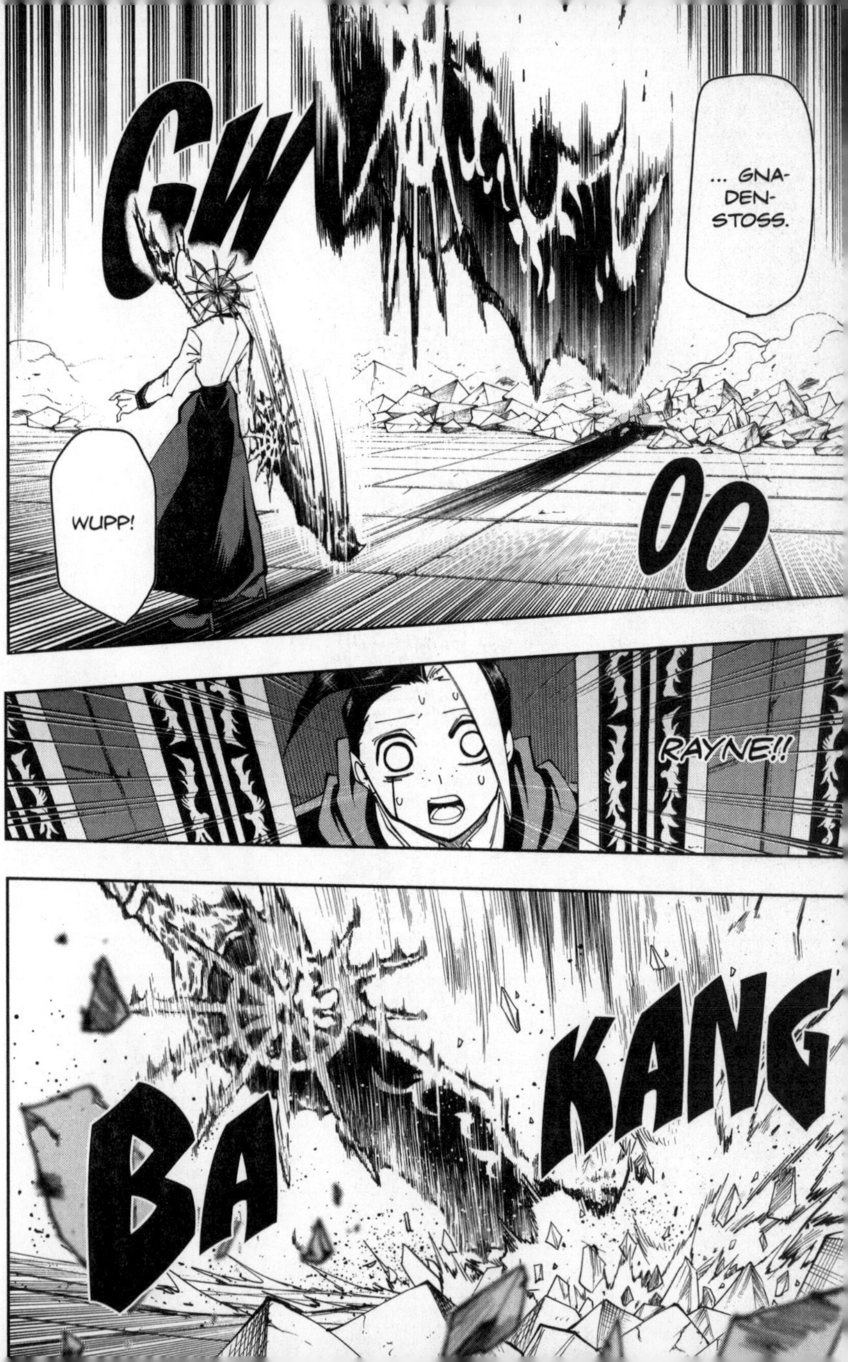
... GNA-DEN-STOSS.
GW
OO
WUPP!
RAYNE!!
KANG
BA

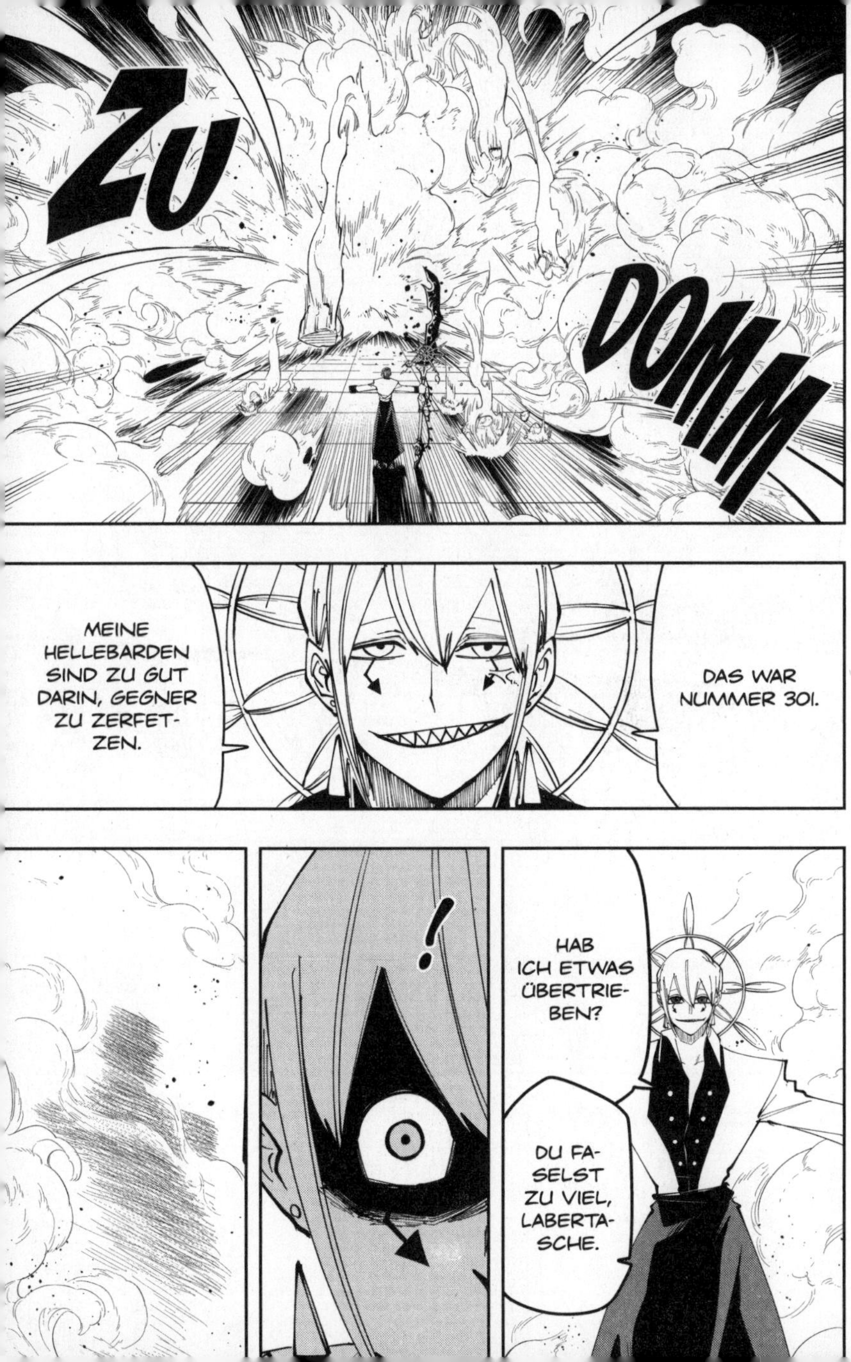
ZU
DOMM
DAS WAR NUMMER 301.
MEINE HELLEBARDEN SIND ZU GUT DARIN, GEGNER ZU ZERFETZEN.
HAB ICH ETWAS ÜBERTRIEBEN?
DU FASELST ZU VIEL, LABERTASCHE.
!

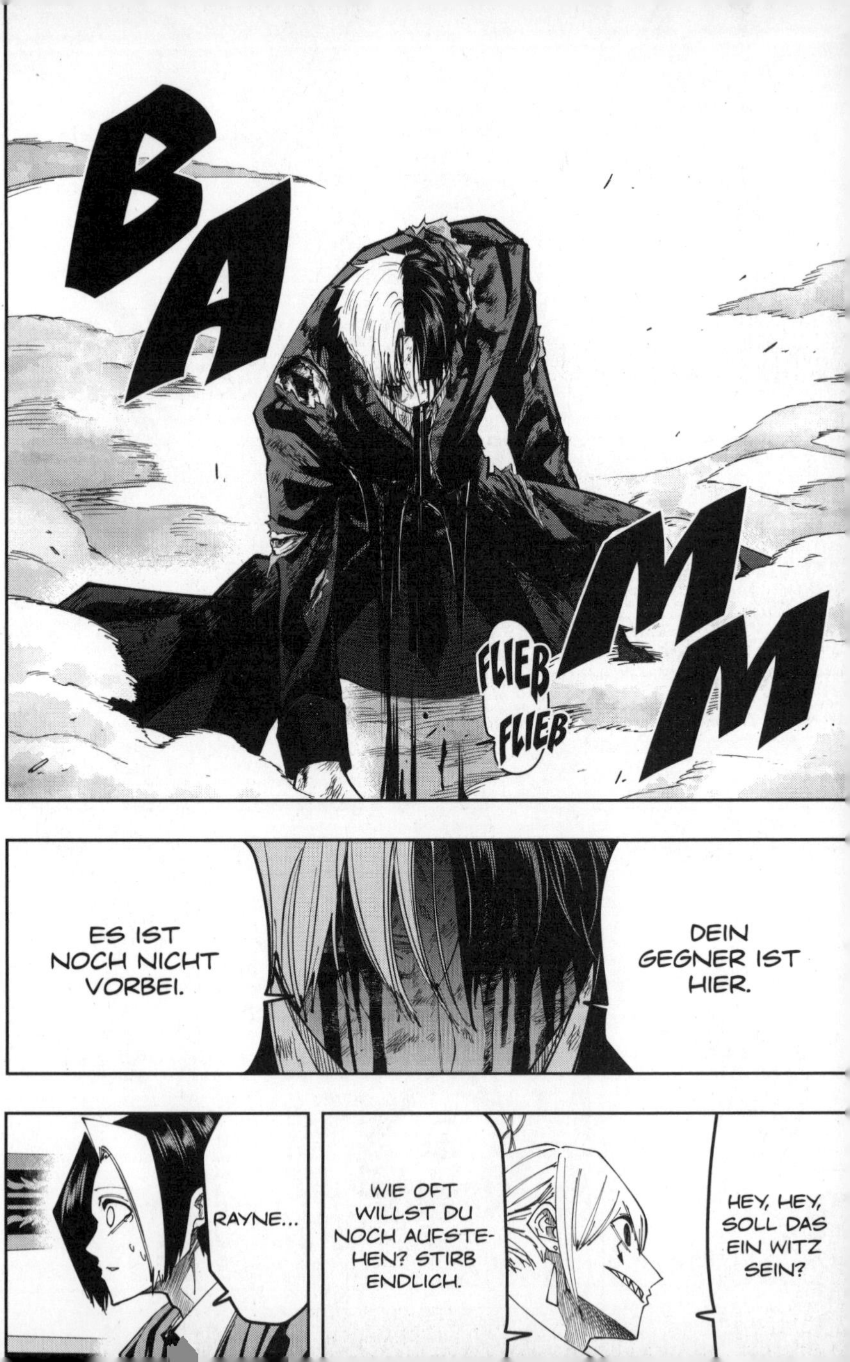
BA
MM
FLIEB
FLIEB
DEIN GEGNER IST HIER.
ES IST NOCH NICHT VORBEI.
HEY, HEY, SOLL DAS EIN WITZ SEIN?
WIE OFT WILLST DU NOCH AUFSTE-HEN? STIRB ENDLICH.
RAYNE...

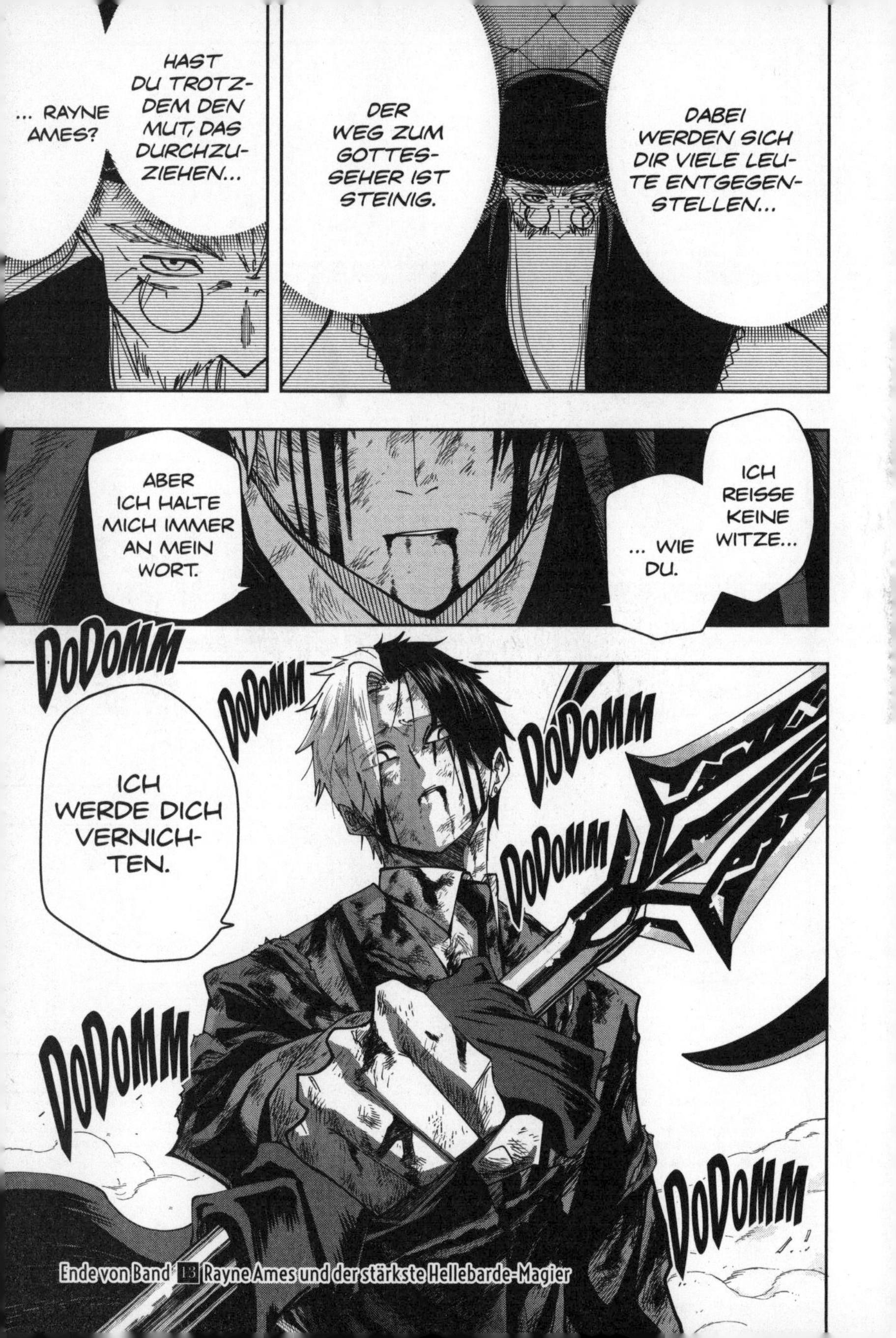

Ende von Band 13 Rayne Ames und der stärkste Hellebarde-Magier

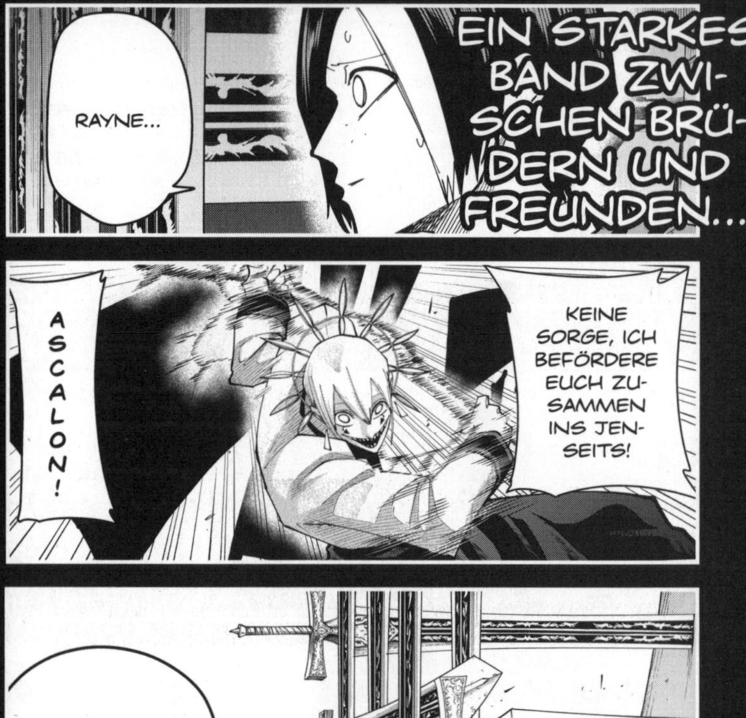
EIN STARKES BAND ZWISCHEN BRÜDERN UND FREUNDEN...
RAYNE...
KEINE SORGE, ICH BEFÖRDERE EUCH ZUSAMMEN INS JENSEITS!
ASCALON!
BIS VOR KURZEM HAST DU MIR NOCH DIE OHREN VOLLGEHEULT...

14 MASHLE

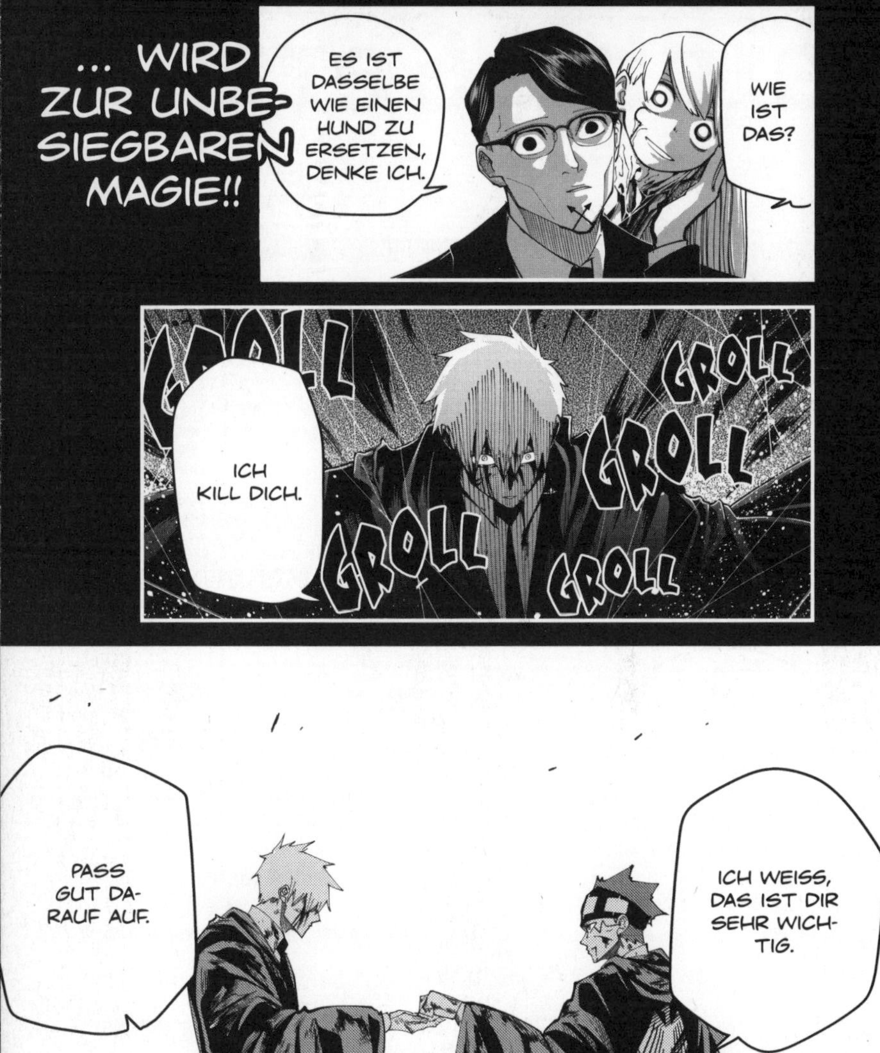

ALLES UND NOCH MEHR IN

reiche Serien

Boruto
von Masashi Kishimoto, Ukyo Kodachi und Mikio Ikemoto

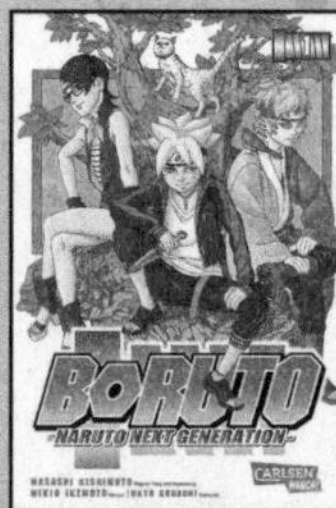

Narutos Sohn Boruto gilt als Wunderkind und ist genauso rebellisch wie einst sein Vater. Er bittet Sasuke ihn zu trainieren, um ein besserer Ninja als Naruto zu werden…

Naruto
von Masashi Kishimoto

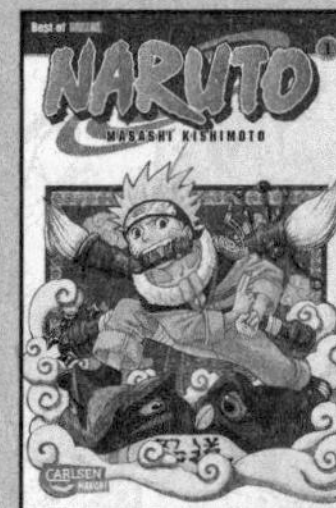

Naruto will der beste Ninja der Welt werden. Weil in ihm ein mächtiges Geheimnis schlummert, wird er von vielen bösen und gefährlichen Ninja verfolgt…

Fairy Tail
von Hiro Mashima

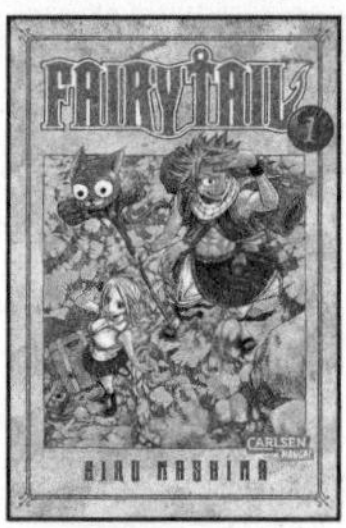

Verrückte Magier, geflügelte Katzen und gefährliche Monster – das ist die Welt von »Fairy Tail«. So nennt sich eine Gilde von sympathischen Outlaws, die mit ihren Zauberkünsten gegen das Böse in der Welt kämpfen, dabei aber mehr als einmal über das Ziel hinausschießen.

Edens Zero
von Hiro Mashima

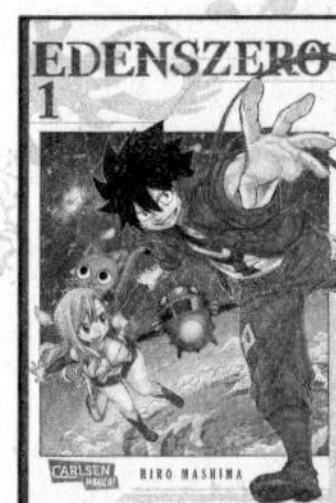

Im Reich der Träume, dem Vergnügungspark Granbell, lebt Shiki allein unter Robotern, doch dann treffen die ersten Gäste seit 100 Jahren ein: Rebecca und ihre blaue Katze Happy. Die drei verstehen sich auf Anhieb gut und werden Freunde… Allerdings birgt dieses kleine Aufeinandertreffen große Veränderungen für ihr Schicksal!

Assassination Classroom
von Yusei Matsui

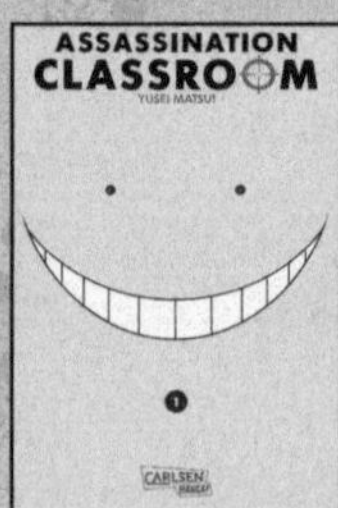

Ein übermächtiges Tentakelmonster mit Smileygesicht droht die Erde zu zerstören. Aber erst nächstes Jahr … Bis dahin unterrichtet das Monster die Klasse 9-E der Kunugigaoka Junior Highschool.

Soul Eater Massiv
von Atsushi Ohkubo

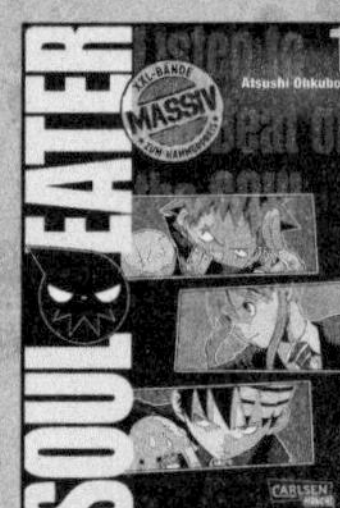

Maka ist Waffenschmiedin in einer spezieller Ausbildung. Ihre Sense namens Soul Eater hat ein Eigenleben und nimmt außerhalb des Kampfes die Gestalt eines ultracoolen Jungen an.

Manga Heroes

Action

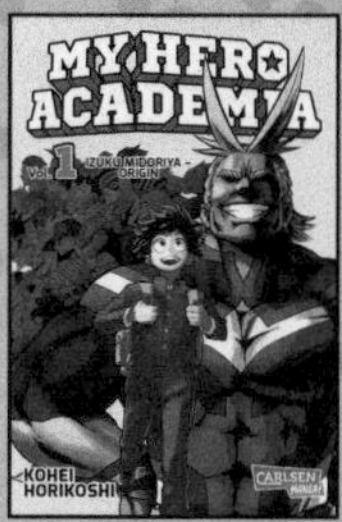

My Hero Academia

von Kohei Horikoshi

In der Welt von Izuku Midoriya besitzt 80% der Bevölkerung Superkräfte.
Doch wie und wo könnten die Helden lernen, ihre Fähigkeiten, die sogenannten »Macken« (jp. Kosei) effizienter zu nutzen? Natürlich an der MY HERO ACADEMIA!

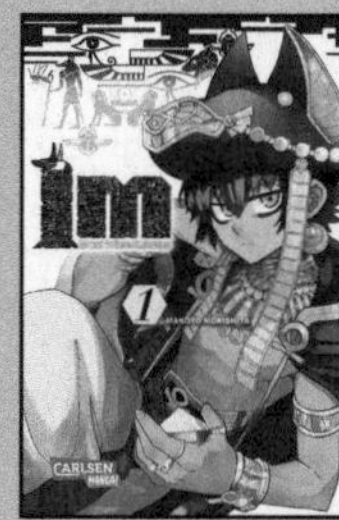

IM – Great Priest Imhotep

von Makoto Morishita

Der Hohepriester Imhotep aus dem antiken Ägypten weilt wieder unter den Lebenden. Im modernen Japan gestrandet, ist er ein Jäger, der die Menschen vor dem uralten Übel der Magai bewahren soll – gottgleichen Wesen, die nach der Vernichtung der Menschen trachten.

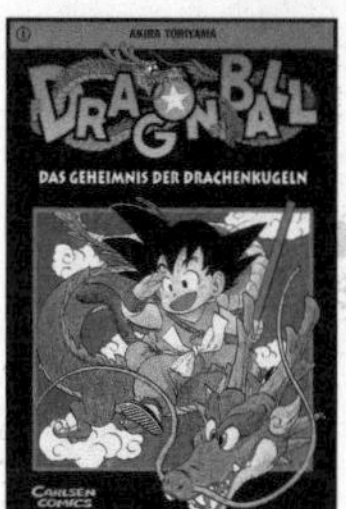

Dragon Ball

von Akira Toriyama

Der Legende nach gibt es sieben »Dragon Balls« auf der Welt. Bringt man alle zusammen, so erscheint der mächtige Drache Shenlong und erfüllt einen Wunsch. Nicht auszudenken, was passiert, sollten die »Dragon Balls« in falsche Hände geraten …

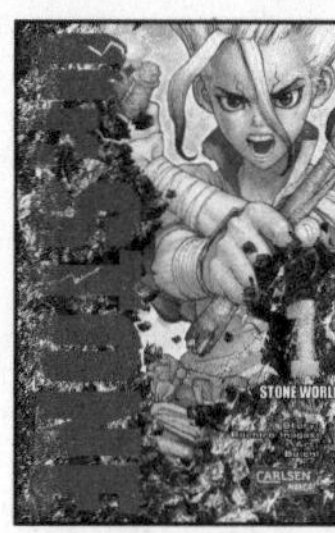

Dr. Stone

von Riichiro Inagaki und Boichi

Ein Augenblick, und die Menschheit erstarrt auf mysteriöse Weise zu Stein. Als die beiden Highschool-Schüler Senku und Taiju mehr als dreitausend Jahre später erwachen, beschließen sie, die menschliche Zivilisation im Alleingang neu aufzubauen!

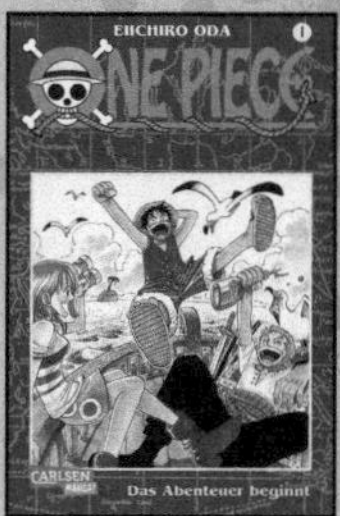

One Piece

von Eiichiro Oda

Monkey D. Ruffy und seine lustige Piraten-Crew sind auf der Suche nach dem größten Schatz der Welt: dem One Piece! Klar, dass sie da nicht die einzigen Piraten auf den Meeren sind…

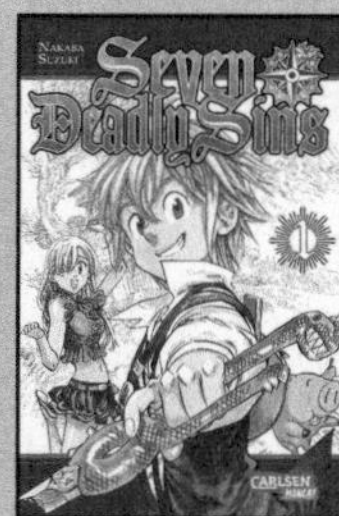

Seven Deadly Sins

von Nakaba Suzuki

Die »Seven Deadly Sins« gelten als die schlimmsten Verbrecher Britannias, Prinzessin Elisabeth macht sich dennoch auf die Suche nach ihnen, denn sie braucht dringend ihre Hilfe…

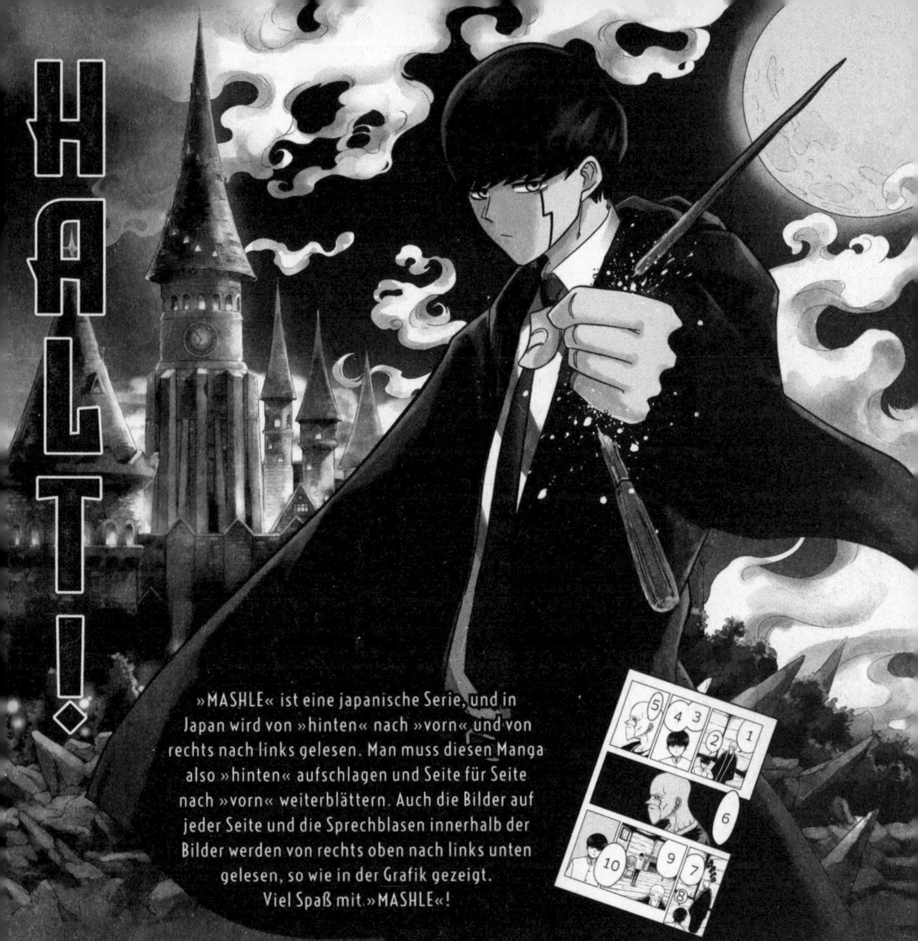

»MASHLE« ist eine japanische Serie, und in Japan wird von »hinten« nach »vorn« und von rechts nach links gelesen. Man muss diesen Manga also »hinten« aufschlagen und Seite für Seite nach »vorn« weiterblättern. Auch die Bilder auf jeder Seite und die Sprechblasen innerhalb der Bilder werden von rechts oben nach links unten gelesen, so wie in der Grafik gezeigt.
Viel Spaß mit »MASHLE«!

CARLSEN MANGA! NEWS jeden Monat neu per E-Mail
www.carlsenmanga.de · www.carlsen.de

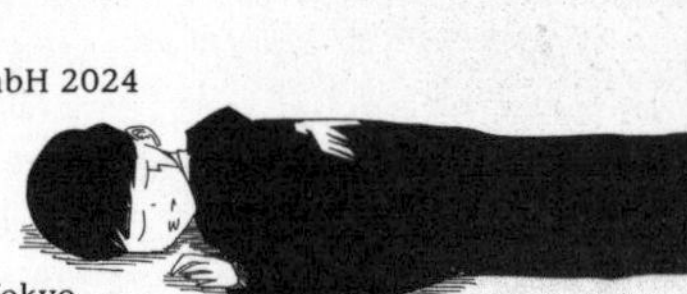

CARLSEN MANGA
Deutsche Ausgabe/German Edition © Carlsen Verlag GmbH 2024
Völckersstraße 14-20 · 22765 Hamburg
Aus dem Japanischen von Katrin Stamm

First published in Japan in 2020 by SHUEISHA Inc., Tokyo.
German translation rights in Germany, Austria, Luxembourg and German-speaking Switzerland arranged by SHUEISHA Inc. through VME PLB SAS, France.
Redaktion: Lisa Gocke · Textbearbeitung: Steffi Korda
Produktionsmanagement: Tobias Hametner
 · ISBN: 978-3-551-78948-8

FSC www.fsc.org MIX Papier | Fördert gute Waldnutzung FSC® C083411
Klimaneutrales Produkt